나만의

VOCA
PLANNER

저자
신문섭
안세정
황우연

고등 필수

DARAKWON

신문섭 혜화여자고등학교 교사
서울대학교 사범대학 영어교육과 졸업

안세정 중경고등학교 교사
서울대학교 사범대학 영어교육과 졸업

황우연 잠일고등학교 교사
서울대학교 사범대학 영어교육과 졸업

VOCA PLANNER 고등 필수

지은이 신문섭, 안세정, 황우연
펴낸이 정규도
펴낸곳 (주)다락원

초판 1쇄 발행 2019년 2월 11일
초판 8쇄 발행 2024년 11월 12일

편집 김민주, 정연순, 서민정
디자인 박나래
영문 감수 Michael A. Putlack

다락원 경기도 파주시 문발로 211
내용 문의 (02)736-2031 내선 501
구입 문의 (02)736-2031 내선 250~252
Fax (02)732-2037
출판 등록 1977년 9월 16일 제406-2008-000007호

ISBN 978-89-277-0843-8 54740
  978-89-277-0840-7 54740 (set)

http://www.darakwon.co.kr
다락원 홈페이지를 방문하시면 상세한 출판 정보와 함께 MP3 자료
등의 다양한 어학 정보를 얻으실 수 있습니다.

인사말

VOCA PLANNER 시리즈는 최신 2015년 개정 교육과정 초·중·고 권장 어휘와 주요 중·고등 교과서 및 수능 기출, 모의평가, 학력평가에 나온 어휘들을 철저히 분석하여 중·고등학생이 꼭 알아야 할 필수 어휘들을 각 레벨에 맞게 선정하여 주제별로 분류했습니다. **VOCA PLANNER** 시리즈는 〈중등 필수〉, 〈중등 심화〉, 〈고등 필수〉, 〈수능 필수〉 단계로 총 4권으로 구성되어 있습니다. 각 권 사이의 단어 중복률은 10~20%로, 다음 단계의 책으로 넘어가더라도 중요 어휘는 한 번 더 점검할 수 있도록 했습니다.

또한 단순히 큰 주제별로 단어 수십 개씩을 모아놓은 것이 아니라, 소주제로 주제를 세분화하여 어휘의 뜻을 주제에 맞게 연상하여 학습할 수 있도록 했습니다. 주제에 맞는 유용한 예문과 다양한 팁, 생생한 사진 등을 보며 흥미 있게 어휘를 학습할 수 있을 것입니다.

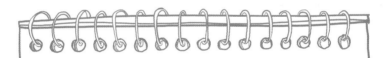

VOCA PLANNER 단계

중등 필수
>> 어휘 1,000개 수록
>> 대상 중1~중2 | 중학생이 기본적으로 알아야 할 초·중급 어휘

중등 심화
>> 이휘 1,000개 수록
>> 대상 중3~예비고 | 중학 고급 ~ 예비고 수준의 어휘

고등 필수
>> 어휘 1,500개 수록
>> 대상 고1~고2 | 고등학생이 꼭 알아야 할 고등 기본 어휘

수능 필수
>> 어휘 1,500개 수록
>> 대상 고3~수능 대비 | 수능 및 모평에 자주 등장하는 필수 어휘

VOCA PLANNER 특징 및 활용법

VOCA PLANNER 고등 필수 는 최신 2015년 개정 교육과정 권장 어휘와 주요 고등 교과서에 나온 어휘를 철저히 분석하여 고등학생이 꼭 알아야 할 기본 필수 어휘들로 구성했습니다.

본책

워크북

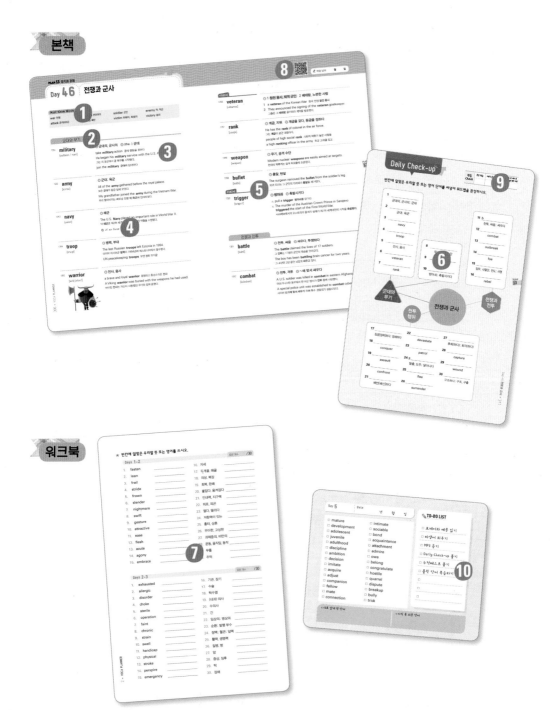

VOCA PLANNER 100% 활용하기!

❶ Must-Know Words
고등 레벨에서 이미 알고 있어야 하는 어휘들이 제시됩니다. 어휘의 뜻을 알고 있는지 확인하면서 자신의 실력을 점검하세요. 만약 모르는 어휘가 많다면 아래 단계부터 차근차근 학습하기를 권합니다.

❷ 세분화한 소주제에 관련된 표제어를 묶어서 효과적으로 암기
소주제로 묶여 서로 연관된 어휘들의 뜻을 연상하면서 암기합니다.

❸ 표제어의 뜻을 잘 보여주는 최적의 예문 수록
어휘의 뜻을 잘 보여주는 예문을 읽으며 어휘의 쓰임을 익힙니다.

❹ 어휘 학습에 도움을 주는 다양한 팁 제공
혼동하기 쉬운 어휘, 영영 풀이, 어원, 동·반의어, 파생어 등 다양한 팁을 읽어 보며 어휘를 확실하게 익힙니다.

❺ 다의어는 특별 관리
다의어의 경우, 한 가지 대표 의미만 알고 넘어가는 경우가 많습니다. 각각의 뜻에 대한 어구와 예문을 보며 다의어를 정복합니다. 해당 주제에 맞는 뜻에는 노란색 표시가 되어 있습니다.

❻ 워드맵으로 그날그날 복습
소주제에 맞춰 구성한 워드맵을 채우며 그날 학습한 어휘를 철저하게 복습합니다.

❼ 매일매일 누적테스트
Days 1-2, Days 2-3 방식으로 하루씩 누적한 테스트로 앞에 학습한 단어도 누적하여 복습합니다.

❽ 매 Day별 MP3 음원을 QR 코드로 찍어 바로 듣기
〈표제어 듣기〉, 〈표제어+우리말 뜻 듣기〉, 〈표제어+우리말 뜻+예문 듣기〉 다양한 버전의 MP3를 제공합니다. 표제어만 들어보며 뜻을 떠올려보고, 〈표제어+우리말 뜻 듣기〉로 뜻 확인 후, 예문까지 모두 들으며 어휘의 쓰임과 발음을 확실하게 학습합니다.

이래서 나만의 VOCA PLANNER!

❾ Day별 학습 진도 체크 표
하루하루 해야 할 학습 진도표에 학습했는지 여부를 체크하면서 학습하세요!

❿ 나만의 어휘 학습 플래너
매일 매일 나만의 어휘 학습 계획을 세워 체크하고, 외운 단어와 외우지 못한 단어 등을 한 번 더 체크해 볼 수 있어요.

✕ 온라인 부가자료 (www.darakwon.co.kr)
- 다락원 홈페이지에서 무료로 다양한 부가자료를 다운로드 하거나 웹에서 이용할 수 있습니다.
  ✓단어테스트지 제공
  ✓다양한 문제 유형으로 구성된 Review Test
- 받아쓰기, 동·반의어, 어구 완성, 다의어, 문장 빈칸 완성의 5가지 유형의 문제를 통해 매 PLAN마다 핵심 어휘들을 최종으로 한 번 더 정검합니다.
  ✓4가지 버전의 MP3 듣기 파일
- 표제어 전체 듣기 | 표제어 개별 듣기 | 표제어와 우리말 뜻 듣기 | 표제어+우리말 뜻+예문 듣기
  ✓5가지 유형의 문제 출제가 가능한 문제출제프로그램 제공
- 영어 단어 쓰기 | 우리말 뜻 쓰기 | 영영 풀이를 보고 단어 쓰기 | 문장이나 어구 빈칸 채우기
  | 음성 받아쓰기(단어를 듣고 단어와 우리말 뜻 쓰기)

✕ 학습하기 전 알아두기
Ⓝ 명사 | Ⓥ 동사 | Ⓐ 형용사 | 🄰🄳 부사 | prep 전치사 | conj 접속사
✪ 어원과 팁 표시 | ⚒ 예문의 핵심 표현 및 어구 | 영영 영영 풀이 표시 | ➕ 파생어 표시

VOCA PLANNER 고등 필수 목차

VOCA PLANNER 학습 계획표

매일매일 계획을 세워 Day별로 날짜를 쓰면서 단어를 외워보세요. 한 책을 다 학습한 후 2회독하면 더욱 더
고등 필수 어휘를 내 것으로 만들 수 있어요.

		1회독			2회독		
PLAN 1	Day 1	년	월	일	년	월	일
	Day 2	년	월	일	년	월	일
	Day 3	년	월	일	년	월	일
PLAN 2	Day 4	년	월	일	년	월	일
	Day 5	년	월	일	년	월	일
	Day 6	년	월	일	년	월	일
	Day 7	년	월	일	년	월	일
PLAN 3	Day 8	년	월	일	년	월	일
	Day 9	년	월	일	년	월	일
	Day 10	년	월	일	년	월	일
PLAN 4	Day 11	년	월	일	년	월	일
	Day 12	년	월	일	년	월	일
	Day 13	년	월	일	년	월	일
	Day 14	년	월	일	년	월	일
PLAN 5	Day 15	년	월	일	년	월	일
	Day 16	년	월	일	년	월	일
	Day 17	년	월	일	년	월	일
	Day 18	년	월	일	년	월	일
PLAN 6	Day 19	년	월	일	년	월	일
	Day 20	년	월	일	년	월	일
	Day 21	년	월	일	년	월	일
	Day 22	년	월	일	년	월	일
PLAN 7	Day 23	년	월	일	년	월	일
	Day 24	년	월	일	년	월	일
	Day 25	년	월	일	년	월	일
	Day 26	년	월	일	년	월	일

		1회독			2회독		
		년	월	일	년	월	일
PLAN 8	Day 27	년	월	일	년	월	일
	Day 28	년	월	일	년	월	일
	Day 29	년	월	일	년	월	일
	Day 30	년	월	일	년	월	일
PLAN 9	Day 31	년	월	일	년	월	일
	Day 32	년	월	일	년	월	일
	Day 33	년	월	일	년	월	일
PLAN 10	Day 34	년	월	일	년	월	일
	Day 35	년	월	일	년	월	일
	Day 36	년	월	일	년	월	일
	Day 37	년	월	일	년	월	일
PLAN 11	Day 38	년	월	일	년	월	일
	Day 39	년	월	일	년	월	일
	Day 40	년	월	일	년	월	일
PLAN 12	Day 41	년	월	일	년	월	일
	Day 42	년	월	일	년	월	일
	Day 43	년	월	일	년	월	일
	Day 44	년	월	일	년	월	일
PLAN 13	Day 45	년	월	일	년	월	일
	Day 46	년	월	일	년	월	일
	Day 47	년	월	일	년	월	일
	Day 48	년	월	일	년	월	일
PLAN 14	Day 49	년	월	일	년	월	일
	Day 50	년	월	일	년	월	일

PLAN 1
인체와 건강

posture 자세
embrace 껴안다; 포옹
graceful 우아한

physical 육체[신체]의
recovery 회복, 완쾌
agony 심한 고통

동작과
외모

신체와
건강

인체와
건강

의학과
질병

surgery 수술
diagnose 진단하다
medicine 약; 의학

Day 1 · 동작과 외모

Must-Know Words

bend 굽히다; 구부리다	lay 놓다, 두다	fold 접다	blow 불다
appearance 외모	height 키	weigh 무게가 ~이다	curly 곱슬곱슬한

얼굴

0001 frown
[fraun]

Ⓥ (얼굴·눈살을) 찌푸리다, 찡그리다 Ⓝ 찌푸림, 찡그림

He **frowned** when he heard the bad news.
그는 그 나쁜 소식을 듣고 얼굴을 **찌푸렸다**.

A slight **frown** appeared on the old woman's brows.
그 노부인의 눈썹에 살짝 **찡그린 표정**이 나타났다.

0002 sneeze
[sniːz]

Ⓥ 재채기하다 Ⓝ 재채기 (소리)

I suddenly felt the urge to **sneeze**.
나는 갑자기 **재채기하려는** 충동을 느꼈다.

a loud **sneeze** 커다란 **재채기 소리**

0003 sigh
[sai]

Ⓥ 한숨을 쉬다 Ⓝ 한숨

I heard him **sigh** deeply and saw him close his eyes.
나는 그가 깊은 **한숨을 쉬는** 것을 들었고 눈을 감는 것을 보았다.

a **sigh** of relief 안도의 **한숨**

0004 swallow
[swɑ́lou]

Ⓥ 삼키다

You should chew your food well before **swallowing** it.
음식을 **삼키기** 전에 잘 씹어야 한다.

⛢ swallow ~ whole: ~을 통째로 삼키다

동작

0005 motion
[móuʃən]

Ⓝ 운동, 움직임, 동작

Why do infants like the rocking **motion** of the cradle?
왜 아기들은 요람의 흔들리는 **움직임**을 좋아할까?

He made a cutting **motion** with his hand.
그는 손으로 자르는 **동작**을 했다.

⛢ in motion 움직이고 있는, 진행 중인

0006 gesture
[ʤéstʃər]

ⓝ 몸짓, 손짓　ⓥ 몸짓[손짓]을 하다

They communicated almost entirely by **gesture**.
그들은 거의 전적으로 **몸짓**을 통해 의사소통을 했다.

He **gestured** for us to come in.
그는 우리에게 들어오라고 **손짓했다**.

0007 posture
[pɑ́stʃər]

ⓝ 자세

An upright **posture** gave humans free use of the hands.
직립 **자세**는 인간이 손을 자유롭게 쓸 수 있도록 해주었다.

correct one's **posture** **자세**를 교정하다

0008 swift
[swift]

ⓐ 신속한, 재빠른

a **swift** movement **신속한** 움직임, **빠른** 동작
We need to make a **swift** decision on how to act.
우리는 어떻게 행동할지에 대해 **신속한** 결정을 내려야 한다.

➕ swiftly ⓐⓓ 신속하게, 재빨리

〔다의어〕

0009 lean
[liːn]

ⓥ 1 기대다(against, on)　2 (몸을) 기울이다, 숙이다

1 **lean** against the wall 벽에 **기대다**
You can **lean** on me whenever you need help.
네가 도움이 필요할 때면 언제든 나에게 **기대도** 된다.
🔖 lean on ~: ~에게 기대다[의지하다]

2 She **leaned** out the window to greet me.
그녀는 나에게 인사를 하려고 창 밖으로 **몸을 기울였다**.

0010 stride
[straid]
stride-strode-
stridden

ⓥ 성큼성큼 걷다　ⓝ 걸음, 걸음걸이

He **strode** across the room toward her.
그는 방을 가로질러 그녀를 향해 **성큼성큼 걸어갔다**.

A cheetah can accelerate to a speed of 40mph in three **strides**.
치타는 세 **걸음**에 시속 40마일의 속도로 가속할 수 있다.

0011 leap
[liːp]
leap-leaped/leapt-
leaped/leapt

ⓥ 뛰다, 도약하다

Squirrels can easily **leap** from tree to tree.
다람쥐들은 나무에서 나무로 쉽게 **뛰어오를** 수 있다.

🔖 leap to one's feet 벌떡 일어서다

0012 embrace
[imbréis]

ⓥ 1 **껴안다, 포옹하다** ⓔhug   2 **(기꺼이) 받아들이다**   ⓝ **포옹**

v. 1 He **embraced** his wife when she came back home.
그는 아내가 집에 돌아왔을 때 아내를 **포옹했다.**

　　embrace each other   서로 **끌어안다**

　2 **embrace** change   변화를 **받아들이다**

n. a welcome **embrace**   환영의 **포옹**

0013 nod
[nɑd]

ⓥ 1 **(고개를) 끄덕이다**   2 **꾸벅꾸벅 졸다**

1 I asked her if she was ready to go, and she **nodded**.
나는 그녀에게 갈 준비가 되었는지 물었고, 그녀는 **고개를 끄덕였다.**
🔖 nod (one's) approval   고개를 끄덕여 동의하다

2 My grandfather sat **nodding** in his armchair.
할아버지는 팔걸이 의자에 앉아 **졸고** 계셨다.

0014 burst
[bəːrst]
burst-burst-burst

ⓥ 1 **터지다; 터뜨리다**   2 **갑자기 ~하다**

1 The balloon **burst** when the child stepped on it.
아이가 밟자 풍선이 **터졌다.**

2 The kids **burst** into laughter when the clown appeared.
어릿광대가 나타났을 때 아이들은 웃음을 **터뜨렸다.**
🔖 burst into laughter / tears   갑자기 웃음 / 울음을 터뜨리다

Our conversation ended when she **burst** into the room.
그녀가 **갑자기** 방 안으로 **들어와서** 우리의 대화는 끝이 났다.

0015 overhead
[òuvərhéd]

ⓐⓓ **머리 위에, 머리 위로**   ⓐ **머리 위를 지나는**

She stared at the stars **overhead**.
그녀는 **머리 위로** 별들을 응시했다.

an **overhead** cupboard   **머리 위의** 찬장

🔖 Danger overhead!   낙하물 주의!

0016 slip
[slip]

ⓥ **미끄러지다**   ⓝ **종잇조각**

v. He **slipped** on the wet floor and fell.
그는 젖어 있는 마룻바닥에서 **미끄러져** 넘어졌다.

n. a **slip** of paper   **종잇조각**, 쪽지

🔖 ~ slip one's mind[memory]   ~을 잊어버리다

0017 sneak
[sniːk]

ⓥ **살금살금 가다, 몰래 가다**

I **sneaked** into my brother's room while he was outside.
형이 나가 있는 동안에 나는 형 방에 **몰래 들어갔다.**

🔖 sneak into ~:   ~ 안으로 몰래 들어가다
　 sneak out of ~:   ~ 밖으로 몰래 나가다

| 0018 | **grab** [græb] | ⓥ 붙잡다, 움켜잡다 |

He **grabbed** the girl's hand and ran across the yard.
그는 여자아이의 손을 **붙잡고** 마당을 가로질러 뛰어갔다.

🏆 grab hold of ~: ~을 갑자기 움켜잡다

| 0019 | **snap** [snæp] | ⓥ (날카로운 소리를 내며) 부러뜨리다; 부러지다 |

He looked behind when he heard the branch **snap**.
나뭇가지가 뚝 **부러지는** 소리를 들었을 때 그는 뒤를 돌아보았다.

🏆 snap ~ in two[half]: ~을 두 동강 내다

다의어

| 0020 | **twist** [twist] | ⓥ 1 비틀다 2 꼬다; 구부리다   ⓝ 1 반전 2 비틀기 |

v. 1 He grabbed me and **twisted** my arm behind my back.
그는 나를 붙잡은 후 내 팔을 내 등 뒤로 **비틀었다.**
2 **twist** a straw rope 새끼줄을 **꼬다**
n. 1 an unexpected **twist** 예상하지 못한 **반전**
2 a **twist** of one's lips 일그러진 입술

| 0021 | **fasten** [fǽsn] | ⓥ 매다, 묶다, 고정하다 ↔ unfasten 풀다 |

fasten the seat belts 안전벨트를 **매다**
Fasten the leash to your dog's collar before going out for a walk. 산책을 나가기 전에 개의 목걸이에 목줄을 **고정해라.**

외모 묘사

| 0022 | **gorgeous** [gɔ́ːrʤəs] | ⓐ 아주 멋진, 화려한, 굉장한 |

You look **gorgeous** today. 너 오늘 **아주 멋져** 보인다.
Where did you buy these **gorgeous** clothes?
이 **멋진** 옷을 어디서 샀니?

| 0023 | **attractive** [ətrǽktiv] | ⓐ 매력 있는, 매력적인, 마음을 끄는 |

She is a very **attractive** woman with many admirers.
그녀는 많은 찬양자가 있는 매우 **매력적인** 여성이다.

➕ attract ⓥ 마음을 끌다 | attraction ⓝ 매력

다의어

| 0024 | **figure** [fígjər] | ⓝ 1 수치 2 몸매, 모습 3 인물   ⓥ 생각하다 |

n. 1 unemployment **figures** 실업 **수치**
2 That actor has a good **figure**. 그 배우는 **몸매**가 좋다.
3 a famous historical **figure** 유명한 역사적 **인물**
v. That's what I **figured**. 그것이 내가 **생각했던** 것이다.

🏆 keep/lose one's figure 몸매를 유지하다/몸매가 망가지다

0025 graceful
[gréisfəl]

ⓐ 우아한, 품위 있는

a **graceful** movement 우아한 동작
Maria has grown into a very **graceful** young woman.
Maria는 매우 **우아한** 아가씨로 성장했다.

➕ grace ⓝ 우아함, 기품

0026 elegant
[éligənt]

ⓐ 우아한, 고상한

elegant manners 우아한 몸가짐
The living room of the apartment has **elegant** furniture.
그 아파트의 거실에는 **고상한** 가구가 있다.

➕ elegance ⓝ 우아함, 고상함

다의어

0027 plain
[plein]

ⓐ 1 분명한, 명백한 ⊜ obvious
　 2 평범한, 단순한; 무늬 없는 ⊜ simple
　 3 솔직한, 있는 그대로의 ⊜ frank, candid
　 4 아름답지 않은, 매력 없는 ⊜ homely
ⓝ 평원

a. 1 The results are **plain** to see. 결과는 **분명하다[뻔하다]**.
　 2 a **plain** white shirt **무늬 없는** 흰색 셔츠
　 3 the **plain** truth **있는 그대로의** 진실
　 4 She's really kind of **plain**. 사실 그녀는 **아름답다고는 할 수 없다**.
n. the vast **plains** of the Serengeti 세렌게티의 광활한 **평원**

🔖 a plain Jane 평범한 여자, 아름답지 않은 여성

0028 slender
[sléndə:r]

ⓐ 날씬한, 호리호리한 ⊜ slim

a **slender** figure **날씬한** 몸매
The man was **slender** and tall and dressed in dark clothes.
그는 **날씬했고** 키가 컸으며, 어두운 색의 옷을 입고 있었다.

0029 overweight
[òuvərwéit]

ⓐ 과체중의, 비만의 ⊜ obese ⟷ underweight 저체중의

You are a little **overweight** and need to eat less.
넌 약간 **과체중이어서** 먹는 것을 줄일 필요가 있다.

0030 costume
[kástu:m]

ⓝ 의상, 복장

The **costumes** used in the play were amazing.
그 연극에 사용된 **의상**은 놀라웠다.

🔖 a folk[traditional] costume 민속[전통] 의상

Daily Check-up

빈칸에 알맞은 우리말 뜻 또는 영어 단어를 써넣어 워드맵을 완성하시오.

1 _____
찌푸리다; 찌푸림

2 _____
sneeze

3 _____
한숨을 쉬다; 한숨

4 _____
swallow

얼굴

동작과 외모

외모 묘사

22 _____
gorgeous

23 _____
attractive

24 _____
수치; 몸매; 인물; 생각하다

25 _____
graceful

26 e _____
우아한, 고상한

27 _____
분명한; 평범한; 솔직한; 아름답지 않은

28 _____
slender

29 _____
overweight

30 _____
costume

동작

5 _____
motion

6 _____
몸짓, 손짓; 몸짓을 하다

7 _____
posture

8 _____
swift

9 _____
기대다; 기울이다

10 _____
stride

11 _____
leap

12 _____
embrace

13 _____
끄덕이다; 꾸벅꾸벅 졸다

14 _____
터지다; 갑자기 ~하다

15 _____
overhead

16 _____
미끄러지다; 종잇조각

17 _____
sneak

18 _____
grab

19 _____
snap

20 _____
비틀다; 꼬다; 반전; 비틀기

21 _____
fasten

Day 2 신체와 건강

Must-Know Words

throat 목구멍   chest 흉부, 가슴   muscle 근육   stomach 위, 복부

healthy 건강한   relax 휴식을 취하다   prevent 예방하다   heal 낫다; 낫게 하다

다의어

0031 physical
[fízikəl]

ⓐ 1 **신체의, 육체의** ↔ mental, spiritual 정신의
   2 **물질의, 물리적인**

1 **physical** appearance **신체적 외모**
  Physical activity promotes good health.
  신체 활동이 건강을 증진시킨다.

2 the **physical** world **물질세계**
  physical science **물리학, 자연 과학**

신체 부위

0032 fist
[fist]

ⓝ **주먹**

a clenched **fist** 꽉 쥔 **주먹**
She hit the table with her **fist** to get everyone's attention.
그녀는 모든 사람들의 주목을 끌기 위해 **주먹**으로 탁자를 쳤다.

0033 lap
[læp]

ⓝ **무릎**

The baby was sitting on his mother's **lap**.
그 아기는 어머니의 **무릎** 위에 앉아 있었다.

ⓠ knee는 무릎 관절 부분을 가리키고, lap은 앉은 자세로 허벅지에서 무릎까지의 부분을 의미한다.
cf. a laptop (computer) 휴대용 컴퓨터, 노트북

0034 jaw
[dʒɔː]

ⓝ **턱**

He couldn't eat any food because of his broken **jaw**.
그는 **턱**이 부러져서 어떤 음식도 먹을 수 없었다.

ﾊ the upper / lower jaw 위턱 / 아래턱

0035 beard
[biərd]

ⓝ **턱수염**

He has decided to grow a **beard**. 그는 **턱수염**을 기르기로 결심했다.

ⓠ cf. moustache 콧수염 | whiskers 구레나룻

0036 skull
[skʌl]

ⓝ 두개골, 해골

His **skull** was cracked in the car accident.
그는 교통사고로 **두개골**에 금이 갔다.

skull fracture　두개골 골절

다의어

0037 flesh
[fleʃ]

ⓝ 1 살, 피부; 고기　2 과육

1　I couldn't walk well because of a thorn in the **flesh** of my foot.　내 발의 **살** 속에 있는 가시 때문에 나는 잘 걸을 수 없었다.
2　the sweet **flesh** of a coconut　코코넛의 달콤한 **과육**

🐾 a flesh-eating animal 육식 동물(= carnivore)

0038 scar
[skɑ:r]

ⓝ 흉터, 상흔

The wound left a **scar** on his face.
그 상처는 그의 얼굴에 **흉터**를 남겼다.

a permanent **scar**　영구적인 **흉터**

다의어

0039 vein
[vein]

ⓝ 1 정맥, 혈관　2 (식물) 잎맥

1　I could feel the blood rushing through my **veins**.
　　나는 피가 내 **혈관**을 통하여 몰려가는 것을 느낄 수 있었다.
2　leaf **vein** patterns　**잎맥**의 무늬

🌐 cf. artery 동맥

0040 organ
[ɔ́:rgən]

ⓝ 기관, 장기

an **organ** donor　**장기** 기증자
More than 117,000 people in the U.S. are waiting for **organ** transplants.
미국에서 11만 7천 명 이상의 사람들이 **장기** 이식을 기다리고 있다.

0041 liver
[lívər]

ⓝ 간

A major function of the **liver** is to process substances in the blood.
간의 주요 기능은 혈액 안에 있는 물질을 처리하는 것이다.

liver cell damage　간세포 손상

🌐 cf. lung 폐, 허파

0042 frail
[freil]

ⓐ 허약한, 노쇠한

My grandfather has become too **frail** to live alone.
할아버지는 너무 **쇠약해지셔서** 혼자 사실 수가 없다.

다의어

0043 faint
[feint]

ⓐ 1 희미한 2 어질어질한; 힘없는 ⓥ 기절하다 ＝pass out

n. 1 The image is so **faint** that I can't see what it is.
그 그림은 너무 **희미해서** 그것이 뭔지 알 수가 없다.

2 She felt **faint** because of the heat in the stadium.
경기장 안의 더위로 인해 그녀는 **어질어질함**을 느꼈다.

v. **faint** from hunger 배가 고파 **기절하다**

다의어

0044 exhausted
[igzɔ́ːstid]

ⓐ 1 탈진한, 기진맥진한 ＝worn out 2 다 써버린, 고갈된

1 The **exhausted** survivors were rescued by a fishing boat.
탈진한 생존자들은 어선에 의해 구조되었다.

2 an **exhausted** mine **고갈된** 광산

➕ exhaust ⓥ 1 지치게 하다 2 다 써버리다
exhaustion ⓝ 1 탈진 2 고갈

0045 fatigue
[fətíːg]

ⓝ 피로, 피곤

physical and mental **fatigue** 신체와 정신의 **피로**
Driver **fatigue** is one of the most common dangers to road safety. 운전자 **피로**는 도로 안전에 가장 흔한 위험 중 하나이다.

0046 perspire
[pərspáiər]

ⓥ 땀을 흘리다, 땀이 나다 ＝sweat

He felt dizzy and started to **perspire**.
그는 어지러움을 느꼈고 **땀을 흘리기** 시작했다.

➕ perspiration ⓝ 땀, 발한 작용

0047 tremble
[trémbl]

ⓥ 떨다, 떨리다, 흔들리다

The boy was pale, and his jaw **trembled** with fever.
그 소년은 창백했고, 열로 인해 턱이 **떨렸다**.

0048 choke
[tʃouk]

ⓥ 질식하다, 숨 막히다; 질식시키다, 숨 막히게 하다

The thick smoke was **choking** me.
짙은 연기가 나를 **숨 막히게 하고** 있었다.

🏆 choke to death 질식사하다

0049 swell

[swel]

swell-swelled-swelled/swollen

ⓥ 붓다, 부풀다; 팽창하다

My wrist was already starting to **swell**.

내 손목이 벌써 **붓기** 시작하고 있었다.

📖 swell up 부어오르다

0050 allergic

[ələ́ːrdʒik]

ⓐ 알레르기의; 알레르기가 있는

an **allergic** reaction 알레르기 반응

I like cats even though I'm **allergic** to them.

나는 고양이 **알레르기가 있는데도** 고양이를 좋아한다.

📖 be allergic to ~: ~에 알레르기가 있다; ~을 몹시 싫어하다

➕ allergy ⓝ 알레르기

다의어

0051 strain

[strein]

ⓝ 1 긴장, 압박(감) ⊜ stress **2 접질림, 근육 손상**
ⓥ 혹사하다, 손상시키다

n. 1 under considerable **strain** 상당한 **압박감**을 받는

   2 I got a muscle **strain** in my thigh while playing soccer.
      나는 축구를 하다가 허벅지에 **근육 손상**을 입었다.

v. **strain** a muscle 근육을 **혹사하다**

❓ cf. sprain 삐다, 접질리다

0052 nightmare

[náitmὲəːr]

ⓝ 악몽; 아주 끔찍한 일

suffer from a **nightmare** 악몽에 시달리다

He often has a **nightmare** about falling off a cliff.

그는 절벽에서 떨어지는 **악몽**을 종종 꾼다.

0053 agony

[ǽgəni]

ⓝ (정신 또는 육체의) 심한 고통, 고뇌

He burned himself on the stove and was in **agony**.

그는 난로에 화상을 입고 **고통**스러워했다.

📖 in agony 괴로움에 빠진, 고통스러운

🔤 very severe pain or a very sad experience

다의어

0054 acute

[əkjúːt]

ⓐ 1 극심한; 심각한 2 급성의 ↔ chronic 만성의 **3 예민한**

1 **acute** pain 극심한 통증
   an **acute** labor shortage 심각한 노동 부족

2 an **acute** disease 급성 질병
   She was treated for **acute** heart failure after giving birth.
   그녀는 출산 후 **급성** 심부전 치료를 받았다.

3 an **acute** sense of smell 예민한 후각

0055 recovery
[rikʌ́vəri]

ⓝ (건강의) 회복, 완쾌

He had a quick **recovery** after surgery.
그는 수술 후 빠르게 **회복**되었다.

🔒 be on the road to recovery 회복 중이다
➕ recover ⓥ 회복되다

다의어

0056 ease
[iːz]

ⓝ 1 쉬움 2 (걱정 없이) 편안함 ⓥ (고통을) 완화하다, 덜어 주다

ⓝ. 1 **ease** of use 사용하기 **쉬움**
2 He could have lived a life of **ease**, but he chose to work.
그는 **편안**한 생활을 할 수 있었지만 일하는 쪽을 택했다.

ⓥ. **ease** the pain 통증을 **완화하다**

➕ easy ⓐ 쉬운 | easily ⓐ 쉽게(= with ease)

0057 vitality
[vaitǽləti]

ⓝ 활력, 생명력

Following a healthy eating plan will improve your **vitality**.
건강한 식단 계획을 따르는 것은 **활력**을 증진시켜 줄 것이다.

🔒 full of vitality 활력이 넘치는
➕ vital ⓐ 1 매우 중요한 2 활기찬, 생기 넘치는

0058 endurance
[indúərəns]

ⓝ 인내력, 지구력

The little girl showed remarkable **endurance** throughout her illness. 그 어린 소녀는 병을 앓는 동안 내내 놀라운 **인내력**을 보였다.

🔒 beyond endurance 참을 수 없을 만큼
➕ endure ⓥ 견디다, 참다

0059 resistant
[rizístənt]

ⓐ 저항력이 있는, 잘 견디는

Excess sugar makes the body less **resistant** to infections.
과도한 당은 감염에 대한 신체의 **저항력**을 약화시킨다.

➕ resist ⓥ 저항하다, 견디다 | resistance ⓝ 저항(력), 항거

다의어

0060 circulation
[sə̀ːrkjəléiʃən]

ⓝ 1 (혈액 등의) 순환 2 (신문·잡지의) 발행 부수

1 the **circulation** of the blood 혈액 **순환**
She has bad **circulation** in her hands and feet.
그녀는 손과 발에 **혈액 순환**이 잘 되지 않는다.

2 a daily **circulation** 일일 **발행 부수**

➕ circulate ⓥ 1 순환하다 2 (소문이) 퍼지다 3 배포하다

Daily Check-up

빈칸에 알맞은 우리말 뜻 또는 영어 단어를 써넣어 워드맵을 완성하시오.

PLAN
1

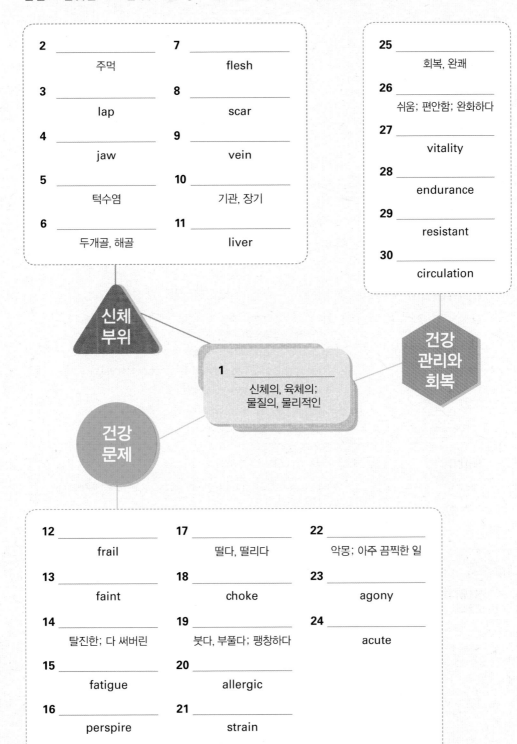

2 _____
주먹

3 _____
lap

4 _____
jaw

5 _____
턱수염

6 _____
두개골, 해골

7 _____
flesh

8 _____
scar

9 _____
vein

10 _____
기관, 장기

11 _____
liver

25 _____
회복, 완쾌

26 _____
쉬움; 편안함; 완화하다

27 _____
vitality

28 _____
endurance

29 _____
resistant

30 _____
circulation

신체 부위

건강 관리와 회복

1 _____
신체의, 육체의;
물질의, 물리적인

건강 문제

12 _____
frail

13 _____
faint

14 _____
탈진한; 다 써버린

15 _____
fatigue

16 _____
perspire

17 _____
떨다, 떨리다

18 _____
choke

19 _____
붓다, 부풀다; 팽창하다

20 _____
allergic

21 _____
strain

22 _____
악몽; 아주 끔찍한 일

23 _____
agony

24 _____
acute

Day 3 │ 의학과 질병

Must-Know Words

suffer 고통받다, (병을) 앓다 │ severe 심각한, 극심한 │ illness 병, 앓음 │ headache 두통

cure 치료하다; 치료제 │ infect 감염시키다 │ patient 환자 │ pill 알약, 정제

병원

0061 emergency
[iméːrdʒənsi]

Ⓝ 비상사태, 위급 상황

in case of **emergency** 비상시에

The plane made an **emergency** landing on the highway.
그 비행기는 고속 도로에 **비상** 착륙을 했다.

⚕ emergency room (ER) 응급실

다의어

0062 operation
[ὰpəréiʃən]

Ⓝ 1 **수술** ⊜surgery 2 운영; 작동 3 작전

1 He is recovering from a major heart **operation**.
그는 중대한 심장 **수술**을 받고 회복 중이다.

undergo an **operation** 수술을 받다

2 The machine is in **operation**. 그 기계는 **작동** 중이다.

3 a military **operation** 군사 **작전**

➕ operate ⓥ 1 작동하다; 운영되다[하다] 2 수술하다

0063 surgery
[sə́ːrdʒəri]

Ⓝ 수술

He has a good reputation as a specialist in brain **surgery**.
그는 뇌**수술** 전문의로서 명성이 높다.

⚕ plastic[cosmetic] surgery 성형 수술

➕ surgical ⓐ 수술의, 수술용의

다의어

0064 sterile
[stérəl / -rail]

ⓐ 1 **살균한, 무균의**
2 **불임의** ⊜barren ↔fertile 번식 능력이 있는
3 **불모의, 메마른** ⊜barren ↔fertile 비옥한

1 All steps of the operation were done under **sterile** conditions.
수술의 모든 단계는 **무균** 상태에서 수행되었다.

2 a **sterile** woman 불임 여성

3 They changed a **sterile** land into a green farm.
그들은 **불모지**를 초록빛 농장으로 바꿔놓았다.

➕ sterilize ⓥ 살균하다, 소독하다 │ sterilization ⓝ 살균, 소독

0065 **physician** [fizíʃən]	ⓝ (내과) 의사 Many **physicians** are concerned about new diet trends. 많은 **의사들**이 새로운 다이어트 추세에 대해 걱정하고 있다. 　🌟 cf. Surgeon 외과 의사
0066 **veterinarian** [vètərənɛ́əriən]	ⓝ 수의사　🟰 vet The **veterinarian** came to see his sick horse. **수의사**가 그의 병든 말을 살펴보러 왔다.
0067 **clinical** [klínikəl]	ⓐ 임상의; 병상의, 병실의 **clinical** research　임상 연구 **Clinical** evidence shows that the treatment is effective. **임상** 증거는 그 치료가 효과적이라는 것을 보여준다. 　➕ clinic ⓝ 의원, 클리닉; (병원 내의) 과

질병 · 장애

0068 **disease** [dizí:z]	ⓝ 질병, 병 She suffers from a rare skin **disease**. 그녀는 희귀한 피부**병**을 앓고 있다.
0069 **symptom** [símptəm]	ⓝ 증상, 징후 a typical[classical] **symptom**　전형적인 **증상** A fever and muscular aches are **symptoms** of the flu. 열과 근육통은 독감의 **증상**이다.
0070 **diagnose** [dáiəgnous / -nouz]	ⓥ 진단하다 One in seven new mothers is **diagnosed** with depression after giving birth. 엄마가 된 여성 7명 중 1명이 출산 후에 우울증으로 **진단된다**. 　➕ diagnosis ⓝ 진단 ｜ diagnostic ⓐ 진단의, 진찰의
0071 **infectious** [infékʃəs]	ⓐ 전염되는, 전염성의 an **infectious** disease　전염병 These viruses are highly **infectious** and easily spread by contact.　이 바이러스들은 **전염성이** 아주 **높고** 접촉에 의해 쉽게 전파된다. 　➕ infect ⓥ 전염시키다 ｜ infection ⓝ 전염, 감염; 전염병

0072 plague
[pleig]

🅝 전염병, 역병; (the -) 흑사병, 페스트　🅥 괴롭히다

ⁿ. an outbreak of **plague** 전염병의 발병

The **plague** remains a life-threatening disease in Africa.
흑사병은 아프리카에서 생명을 위협하는 질병으로 남아 있다.

ᵛ. The team has been **plagued** by injury.
그 팀은 부상으로 **고충을 겪어** 왔다.

0073 epidemic
[èpədémik]

🅝 유행병, 전염병　🅐 유행성의, 전염성의

A deadly flu **epidemic** is sweeping the country.
치명적인 **유행성** 독감이 그 나라를 휩쓸고 있다.

an **epidemic** disease 전염병

0074 influenza
[ìnfluénzə]

🅝 독감, 유행성 감기　🈺 flu

Influenza kills many seniors each year.
독감은 매년 많은 노인들을 사망하게 한다.

🏵 avian influenza (AI) 조류 독감

0075 deadly
[dédli]

🅐 1 치명적인, 생명을 앗아가는　2 극도의, 완전한

1 a **deadly** disease 치명적인 질병

It is a **deadly** virus that takes countless lives every year.
그것은 매년 수많은 생명을 앗아가는 **치명적인** 바이러스이다.

2 **deadly** silence 완전한 적막

0076 chronic
[kránik]

🅐 만성적인, 장기간에 걸친　↔ acute 급성의

chronic indigestion 만성 소화 불량

She has suffered from **chronic** headaches for two decades.
그녀는 20년 동안 **만성** 두통을 앓아 왔다.

chronic unemployment 장기간의 실업

0077 cancer
[kǽnsər]

🅝 암

In most instances, early **cancers** are completely curable.
대부분의 경우, 초기의 **암**은 완치가 가능하다.

🏵 die of cancer 암으로 사망하다

0078 stroke
[strouk]

🅝 1 뇌졸중, 중풍　2 (글씨·그림의) 획, 한 번 그음

1 A **stroke** may result in permanent brain damage or death.
뇌졸중은 영구적인 뇌 손상이나 사망을 초래할 수 있다.

2 a quick **stroke** of a brush 빠른 붓질 한 번

다의어

0079 disorder
[disɔ́:rdər]

n 1 장애, 질환 2 무질서 ⟷ order 질서

1 Millions of people suffer from mental **disorders**.
수백만 명의 사람들이 정신 **질환**을 앓고 있다.
an eating **disorder** 식이 **장애**
2 a state of **disorder** **무질서**한 상태

0080 disability
[dìsəbíləti]

n (신체적·정신적) 장애

She led a happy, successful life despite her **disability**.
그녀는 **장애**에도 불구하고 행복하고 성공적인 삶을 살았다.

➕ disable ⓥ 장애를 입히다 | disabled ⓐ 장애를 가진

다의어

0081 handicap
[hǽndikæp]

n 1 (신체적·정신적) 장애 2 불리한 조건

1 They help people with physical **handicaps** find work.
그들은 신체적 **장애**가 있는 사람들이 일자리를 찾도록 돕는다.
2 Being too handsome can be a **handicap** for an actor.
너무 잘생긴 것은 배우에게 **불리한 조건**일 수 있다.

🔍 '장애'의 의미로 요즘은 disability를 쓰는 것이 일반적이다.

치료 및 예방

0082 remedy
[rémədi]

n 치료, 요법 = cure

a traditional[folk] **remedy** 민간 **요법**
Drinking ginger tea is a common home **remedy** for colds.
생강차를 마시는 것은 감기에 대한 흔한 가정 **요법**이다.

다의어

0083 treat
[tri:t]

ⓥ 1 다루다, 처리하다 2 치료하다, 처치하다 3 대접하다
n 특별한 선물[대접]; 기쁜 일

v. 1 The problem should not be **treated** lightly.
그 문제는 가볍게 **다루어져서는** 안 된다.
2 All burns should be **treated** immediately with cool water. 모든 화상은 즉시 찬물로 **치료되어야** 한다.
3 I **treated** him to dinner for his birthday.
나는 그의 생일을 맞아 그에게 저녁을 **대접했다**.
n. a birthday **treat** 생일 **선물**

➕ treatment n 치료(법)

다의어

0084 medicine
[médəsən]

n 1 약 2 의학, 의술

1 take **medicine** **약**을 복용하다
Medicines must be given to children only when necessary.
약은 필요할 때에만 아이들에게 주어져야 한다.
2 study **medicine** at university 대학에서 **의학**을 공부하다

0085

prescription
[priskrípʃən]

ⓝ 처방전, 처방약

The doctor wrote him a **prescription** for blood pressure medicine.
의사는 그에게 혈압 약 **처방전**을 써주었다.

➕ prescribe ⓥ 처방하다

✪ pre-(= before) + scribe(= write) → 미리 쓰다 → 처방하다

다의어

0086

tablet
[tǽblit]

ⓝ 1 알약, 정제 =pill 2 명판
3 태블릿 컴퓨터 =tablet computer

1 a vitamin **tablet** 비타민 **정제**
She took two aspirin **tablets** to ease the pain in her head.
그녀는 두통을 진정시키기 위해 아스피린 두 **알**을 복용했다.

2 Her name is engraved on the **tablet** of her tomb.
그녀의 무덤의 **명판**에 그녀의 이름이 새겨져 있다.

3 I scanned the news headlines on my **tablet**.
나는 **태블릿 컴퓨터**로 뉴스 기사 제목들을 훑어보았다.

0087

dose
[dous]

ⓝ (약의) 복용량, 투여량 ⓥ 투약하다, 복용시키다

If the pain goes on, increase the **dose** of painkillers.
통증이 지속되면 진통제 **투여량**을 증가시키세요.

She was heavily **dosed** with different kinds of drugs.
그녀에게는 여러 종류의 약이 많이 **투약되었다**.

⚰ a fatal dose 치사량

0088

inject
[indʒékt]

ⓥ 주사하다, 주입하다

The drug is **injected** directly into the muscle.
그 약은 근육에 직접 **주입된다**.

➕ injection ⓝ 주사, 주입

0089

vaccine
[væksí(:)n / væksi(:)n]

ⓝ 백신

The **vaccine** is used to prevent infection by flu viruses.
그 **백신**은 독감 바이러스에 의한 감염을 막기 위해 사용된다.

⚰ a vaccine shot 예방 주사, 백신 접종

➕ vaccinate ⓥ 예방 접종을 하다 | vaccination ⓝ 예방 접종

0090

immune
[imjúːn]

ⓐ 면역성의, 면역성이 있는

Children usually become **immune** to chickenpox once they have had the disease.
아이들은 대부분 한 번 수두를 앓으면 **면역력이 생긴다**.

➕ immunity ⓝ 면역력 | immunize ⓥ 면역력을 갖게 하다

Daily Check-up

빈칸에 알맞은 우리말 뜻 또는 영어 단어를 써넣어 워드맵을 완성하시오.

1 _____
비상사태, 위급 상황

2 _____
operation

3 s _____
수술

4 _____
sterile

5 _____
(내과) 의사

6 _____
veterinarian

7 c _____
임상의; 병상의

병원

치료 및 예방

의학과 질병

질병·장애

8 _____
질병, 병

9 _____
증상, 징후

10 _____
diagnose

11 _____
infectious

12 _____
plague

13 _____
epidemic

14 _____
influenza

15 d _____
치명적인; 극도의

16 _____
chronic

17 _____
암

18 _____
stroke

19 _____
장애, 질환; 무질서

20 _____
disability

21 _____
handicap

22 _____
remedy

23 _____
다루다; 치료하다; 대접하다; 특별한 선물

24 _____
약; 의학, 의술

25 _____
prescription

26 _____
알약, 정제; 명판; 태블릿 컴퓨터

27 _____
dose

28 _____
inject

29 _____
백신

30 _____
immune

PLAN 2
가정과 사회생활

anniversary 기념일
infant 유아, 갓난아기
ancestor 조상, 선조

mature 성숙한; 자라다
imitate 모방하다
intimate 친밀한

가족과
양육

성장과
인간관계

가정과
사회생활

교육

사회생활과
직업

dormitory 기숙사
freshman 신입생
reward 보상(하다)

qualification 자격(증)
cooperate 협력하다
application 지원(서)

Day 4 가족과 양육

결혼 관련

0091 bachelor
[bǽtʃələr]

ⓝ 미혼 남자, 독신 남자

He was a **bachelor** for a long time, but he finally got married. 그는 오랫동안 **미혼**이었으나, 마침내 결혼했다.

Ⓠ cf. spinster 독신녀

다의어

0092 engagement
[engéidʒmənt]

ⓝ 1 약혼 2 약속 3 참여

1 announce an **engagement** 약혼을 발표하다
   She broke off her **engagement**. 그녀는 **약혼**을 파기했다.
2 a previous **engagement** 선약
3 active **engagement** in volunteering activities
   자원봉사 활동에의 적극적 **참여**

➊ engage ⓥ 1 약속하다 2 관여하다 3 고용하다 | engaged ⓐ 약혼한

0093 fiancé
[fiːɑːnséi / fiɑːnsei]

ⓝ (남자) 약혼자

My **fiancé** says he will support me until I finish school.
내 **약혼자**는 내가 학교를 마칠 때까지 나를 부양해주겠다고 말한다.

Ⓠ cf. fiancée 약혼녀

0094 bride
[braid]

ⓝ 신부

a toast to the **bride** and groom 신랑 **신부**를 위한 건배
Every **bride** dreams of wearing a beautiful wedding dress on her wedding day.
모든 **신부**는 자신의 결혼식 날에 아름다운 웨딩드레스를 입는 것을 꿈꾼다.

Ⓠ cf. (bride)groom 신랑

0095 anniversary
[æniváːrsəri]

ⓝ 기념일

We are celebrating our tenth wedding **anniversary** this year.
우리는 올해 결혼 10주년 **기념일**을 축하할 것이다.

0096 marital
[mǽrətl]

ⓐ 결혼의, 결혼 생활의

They've been having **marital** difficulties.
그들은 **결혼 생활의** 어려움을 겪어 왔다.

⚒ marital status (공식적 서식에서의) 혼인 여부

0097 vow
[vau]

ⓝ 맹세, 서약   ⓥ 맹세하다, 서약하다   ⊜ promise

The bride and groom exchanged marriage **vows**.
신랑 신부는 혼인 **서약**을 교환했다.

The couple **vowed** to love each other until death.
그 부부는 죽을 때까지 서로를 사랑하겠다고 **맹세했다**.

0098 spouse
[spaus / spauz]

ⓝ 배우자

a beloved **spouse** 사랑하는 **배우자**
I don't like him as a potential **spouse**.
나는 그가 **배우자**감으로는 마음에 들지 않는다.

0099 divorce
[divɔ́:rs]

ⓝ 이혼   ⓥ 이혼하다

grounds for **divorce** 이혼 사유
One in three marriages ends in **divorce**.
3분의 1의 결혼이 **이혼**으로 끝난다.

My parents **divorced** when I was thirteen.
내가 열세 살 때 부모님이 **이혼하셨다**.

0100 widow
[wídou]

ⓝ 미망인, 과부

an elderly **widow** 연로한 **과부**
The **widow** married again a year after her first husband's death. 그 **미망인**은 첫 남편이 죽은 지 1년 후에 재혼했다.

🔍 cf. widower 홀아비

양육

0101 nurture
[nə́:rtʃər]

ⓥ (잘 자라도록) 양육하다, 육성하다   ⓝ 양육

My sister wants to stay home and **nurture** her children.
나의 여동생은 집에 있으면서 아이들을 **양육하기를** 원한다.

⚒ nature-nurture issue 유전과 환경에 대한 논쟁, 본성과 양육의 문제

upbringing

[ʌ́pbrìŋiŋ]

ⓝ 가정 교육, 양육

have a strict **upbringing** 엄격한 **가정 교육**을 받다

His good manners show he had an excellent **upbringing**.
그의 예의범절은 그가 훌륭한 **가정 교육**을 받았음을 보여준다.

⚙ cf. bring up: ~을 양육하다(= raise, rear)

다의어

0103 **foster**

[fɔ́(:)stər]

ⓥ 1 맡아 기르다, 위탁 양육하다
2 육성하다, 촉진하다 🟰 encourage, promote
ⓐ 양부모의

v. 1 The couple decided to adopt the child they had been **fostering**.
그 부부는 그들이 **양육을 맡아** 왔던 아이를 입양하기로 결정했다.

2 a program to **foster** communication skills
의사소통 기술을 **육성**하기 위한 프로그램

a. **foster** parents 양부모

다의어

0104 **adopt**

[ədɑ́pt]

ⓥ 1 **입양하다** 2 받아들이다, 채택하다

1 They have no children of their own, so they decided to **adopt** a baby.
그들은 자식이 없어서 아기를 **입양하기로** 결정했다.

2 **adopt** a new technology 새로운 기술을 **받아들이다**

➕ adoption ⓝ 1 입양 2 채택 | adoptive ⓐ 입양으로 맺어진

⚙ 철자가 비슷한 adapt(적응하다)와 혼동하지 않도록 주의할 것.

0105 **orphan**

[ɔ́:rfən]

ⓝ 고아

She was left an **orphan** when her parents died in a car accident. 부모님이 자동차 사고로 돌아가셨을 때 그녀는 **고아**가 되었다.

➕ orphanage ⓝ 고아원

0106 **pregnant**

[prégnənt]

ⓐ 임신한

There are some yoga poses **pregnant** women should avoid.
임신한 여성들이 피해야 할 요가 자세들이 있다.

➕ pregnancy ⓝ 임신

0107 **nanny**

[nǽni]

ⓝ 보모, 유모

She relied on a **nanny** to take care of her baby during the day. 그녀는 낮 동안에 아기 돌보는 일을 **보모**에게 의지했다.

⚖ a live-in nanny 입주 유모

0108 infant
[ínfənt]

ⓝ 유아, 갓난아기

He handed me a picture of his **infant** daughter.
그는 나에게 **어린** 딸의 사진을 건넸다.

infant mortality rate 유아 사망률

➕ infancy ⓝ 유아기

0109 crawl
[krɔːl]

ⓥ (네 발로) 기다, 포복하다

Babies **crawl** on their hands and knees.
아기들은 손과 무릎으로 **기어 다닌다.**

0110 diaper
[dái(ə)pər]

ⓝ 기저귀

Parents can put cloth **diapers** instead of disposable **diapers** on their babies.
부모들은 아기들에게 일회용 **기저귀** 대신 천 **기저귀를** 채워줄 수 있다.

🎗 a disposable diaper 일회용 기저귀

다의어

0111 cradle
[kréidl]

ⓝ 1 요람, 아기 침대 2 발상지

1 She rocked the **cradle** so that her baby could sleep well.
   그녀는 아기가 잘 잘 수 있도록 **요람을** 흔들었다.

2 the **cradle** of democracy 민주주의의 **발상지**

🎗 from cradle to grave 요람에서 무덤까지, 전 생애에 걸쳐서

0112 toddler
[tɑ́dlər]

ⓝ 아장아장 걷는 아이, 유아

Parents hold the hands of **toddlers** when they learn to walk.
부모들은 **어린아이가** 걸음마를 배울 때 그들의 손을 잡아준다.

0113 daycare
[déikɛər]

ⓝ 탁아, 보육; 주간 보호

Our children go to a **daycare** center three days a week.
우리 아이들은 일주일에 3일 **보육** 시설[어린이집]에 간다.

🎗 a daycare center 보육 시설(어린이집, 놀이방); 주간 보호 시설

다의어

0114 spoil
[spɔil]

ⓥ 1 망치다 2 (성격을) 버리다, (아이를) 버릇없게 만들다

1 **spoil** one's party 파티를 **망치다**

2 He was given everything he wanted, so it was no wonder he was **spoiled**.
   원하는 모든 것을 다 가졌기에 그가 그렇게 **버릇없는** 것은 당연했다.

🎗 Spare the rod, and spoil the child. (속담) 매를 아끼면 아이가 버릇없게 된다.

0115 **neglect**
[niglékt]

ⓥ 1 (돌보지 않고) 방치하다   2 무시하다; 소홀히 하다

1 A woman was accused of **neglecting** her children.
한 여자가 아이들을 **방치한** 혐의로 고발되었다.

2 Working every weekend, he **neglected** his family.
그는 주말마다 근무를 하면서 가족을 **소홀히 했다.**

➕ negligent ⓐ 무관심한, 태만한 | negligence ⓝ 부주의, 태만

0116 **sibling**
[síbliŋ]

ⓝ 형제자매

His **siblings** are mostly in their early twenties.
그의 **형제자매**들은 주로 20대 초반이다.

sibling rivalry   형제자매 간의 경쟁

0117 **parental**
[pəréntl]

ⓐ 부모의

exercise **parental** rights   친권을 행사하다

Parental consent is required before a minor child undergoes medical treatment.
미성년 자녀가 의학적 치료를 받기 전에 **부모의** 동의가 필요하다.

➕ parent ⓝ 부모

조상

0118 **ancestor**
[ǽnsestər]

ⓝ 조상, 선조

My **ancestors** migrated to America from Russia in the 1900s.
나의 **조상**들은 1900년대에 러시아에서 미국으로 이주했다.

immediate **ancestors**   직계 조상

0119 **descendant**
[diséndənt]

ⓝ 후손, 자손   ⊟ offspring

Many people in this area are **descendants** of Turkish immigrants.
이 지역의 많은 사람들은 터키 이민자들의 **후손**이다.

✪ descend(= come down 내려오다) + -ant(~하는 사람) → 후손, 자손

0120 **inherit**
[inhérit]

ⓥ 1 상속받다   2 (신체적·정신적 기질 등을) 물려받다

1 **inherit** a fortune   재산을 **상속받다**

2 He **inherited** his father's toughness.
그는 아버지의 강인함을 **물려받았다.**

➕ inheritance ⓝ 1 유산 (상속)   2 유전 형질   3 (문화적) 유산

Daily Check-up

학습 Check	본문 학습	MP3 듣기	Daily Check-up	누적 테스트 Days 3-4

빈칸에 알맞은 우리말 뜻 또는 영어 단어를 써넣어 워드맵을 완성하시오.

1 _____
bachelor

2 _____
약혼; 약속; 참여

3 _____
fiancé

4 _____
신부

5 _____
anniversary

6 _____
marital

7 _____
맹세, 서약; 맹세하다

8 _____
spouse

9 _____
이혼; 이혼하다

10 _____
미망인, 과부

28 _____
조상, 선조

29 _____
후손, 자손

30 _____
inherit

조상

결혼 관련

가족과 양육

11 n_____
양육하다; 양육

12 _____
upbringing

양육

13 _____
맡아 기르다;
육성하다; 양부모의

14 _____
입양하다; 받아들이다

15 _____
orphan

16 _____
임신한

17 _____
nanny

18 _____
유아, 갓난아기

19 _____
기다, 포복하다

20 _____
diaper

21 _____
cradle

22 _____
toddler

23 _____
daycare

24 _____
망치다; (성격을) 버리다

25 _____
neglect

26 _____
sibling

27 _____
parental

PLAN 2

Day 4 가족과 양육 ★ 37

Day 5 성장과 인간관계

성장

0121 mature
[mətʃúər]

ⓐ 성숙한, 다 자란   ↔immature 미성숙한   ⓥ 자라다, 성숙해지다

Helen is **mature** for her age. Helen은 나이에 비해 **성숙하다**.
mature into adulthood 성인기로 **자라나다**

➕ maturity ⓝ 성숙

다의어

0122 development
[divéləpmənt]

ⓝ 1 발달, 성장 ＝growth 2 개발, 발전

1 A baby's **development** is most rapid in the first few
weeks of life.
아기의 **성장**은 생후 첫 몇 주 동안 가장 빠르다.
2 economic **development** 경제 **개발[발전]**

➕ develop ⓥ 1 발전하다, 발달하다 2 개발하다

0123 adolescent
[ædəlésənt]

ⓝ 청소년 ⓐ 청소년기의, 사춘기의

Adolescents are happiest when they are with close friends.
청소년들은 친한 친구들과 함께 있을 때 가장 행복하다.

adolescent rebellion **청소년기의** 반항

➕ adolescence ⓝ 청소년기

다의어

0124 juvenile
[dʒúːvənəl / -nàil]

ⓐ 1 청소년의 2 어린애 같은 ⓝ 청소년

a. 1 **Juvenile** crime is a serious problem in big cities.
청소년 범죄는 대도시에서 심각한 문제이다.
2 **juvenile** behavior **어린애 같은** 행동

0125 adulthood
[ədʌlthùd]

ⓝ 성인기, 성년

the transition from adolescence to **adulthood**
청소년기에서 **성인기로**의 이행

Of their seven children, only two survived to **adulthood**.
그들의 7명의 자녀 중에서 오직 둘만이 **성년**까지 살아남았다.

➕ adult ⓝ 성인, 어른 ⓐ 성인의; 다 자란

다의어

0126 discipline
[dísəplin]

ⓝ 1 규율, 훈육　2 학과, 과목　／　ⓥ 1 징계하다　2 훈육하다

n. 1 They raised their children under strict **discipline**.
그들은 엄격한 **규율** 하에 아이들을 키웠다.

　2 academic **disciplines**　학과목

v. 1 The player was **disciplined** for using bad language.
그 선수는 비속어 사용으로 **징계를 받았다**.

　2 The teacher had a hard time **disciplining** his students.
그 선생님은 학생들을 **훈육하는** 데 어려움을 겪었다.

0127 ambition
[æmbíʃən]

ⓝ 야망, 야심, 포부

Her **ambition** is to become the top lawyer in the country.
그녀의 **야망**은 나라에서 가장 뛰어난 변호사가 되는 것이다.

➕ ambitious ⓐ 야망[야심] 있는

다의어

0128 decision
[disíʒən]

ⓝ 1 결정, 판단　2 결단력

1 make an important **decision** in life　인생에서 중요한 **결정**을 내리다

2 He was a poor leader because he lacked **decision**.
그는 **결단력**이 부족했기에 형편없는 지도자였다.

➕ decide ⓥ 결심하다, 결정하다
decisive ⓐ 1 결정적인　2 결단력 있는(↔ indecisive 우유부단한)

0129 imitate
[ímitèit]

ⓥ 모방하다, 흉내 내다

Children **imitate** what their parents say and do.
아이들은 부모의 말과 행동을 **모방한다**.

➕ imitation ⓝ 1 모방, 흉내　2 모조품
imitative ⓐ 모방의, 흉내를 잘 내는

0130 acquire
[əkwáiər]

ⓥ 얻다; 배우다, 습득하다

acquire a reputation　명성을 **얻다**
He **acquired** knowledge of Spanish while living in Spain.
그는 스페인에 사는 동안 스페인어에 대한 지식을 **습득했다**.

➕ acquisition ⓝ 획득, 습득

다의어

0131 adjust
[ədʒʌ́st]

ⓥ 1 적응하다　🟰 adapt, get used to　2 조절하다, 맞추다

1 The kids will eventually **adjust** to the new school.
그 아이들은 결국 새로운 학교에 **적응할** 것이다.

2 **adjust** the volume　음량을 **조절하다**

➕ adjustment ⓝ 1 적응　2 조정, 조절

0132 **companion**
[kəmpǽnjən]

ⓝ 친구, 동반자

Joe has been my closest **companion** since childhood.
Joe는 어릴 때부터 나와 가장 가까운 **친구**이다.

a traveling **companion** 여행 **동반자**, 길동무

0133 **fellow**
[félou]

ⓝ 동료, 동년배 ⓐ 동료의, 동향의

He has a very good reputation among his **fellows**.
그는 **동료들** 사이에서 평판이 매우 좋다.

a **fellow** citizen 동포

fellow feeling 동료 의식

다의어

0134 **mate**
[meit]

ⓝ 1 **친구, 동료** 2 짝 ⓥ 짝짓기하다

n. 1 We have been best **mates** for 15 years.
우리는 15년 동안 가장 친한 **친구**로 지내 왔다.

2 A male peacock displays its colorful tail feathers to attract a **mate**.
수컷 공작새는 **짝**을 유혹하기 위해 알록달록한 꼬리 깃털을 드러내 보인다.

v. a **mating** season 짝짓기 철

cf. classmate 같은 반 친구 | roommate 방[집]을 함께 쓰는 사람

다의어

0135 **connection**
[kənékʃən]

ⓝ 1 관계, 관련 =link 2 연결, 접속 3 연줄, 인맥

1 a **connection** between stress and illness 스트레스와 질병의 **관계**

2 free Internet **connection** 무료 인터넷 **연결**

3 He is proud of his **connection** to the president of the country. 그는 대통령과의 **인맥**에 대해 자랑스러워한다.

connect ⓥ 연결하다; 연결되다

0136 **intimate**
[íntəmit]

ⓐ 친밀한

Only **intimate** friends were invited to their party.
친한 친구들만이 그들의 파티에 초대되었다.

intimacy ⓝ 친밀함

0137 **sociable**
[sóuʃəbl]

ⓐ 사교적인, 어울리기 좋아하는 =outgoing

She is a **sociable** person who enjoys meeting new people.
그녀는 새로운 사람들을 만나는 것을 즐기는 **사교적인** 사람이다.

0138 **bond**
[band]

ⓝ 유대, 결속 ⓥ 유대를 맺다; 결합하다

There is a strong **bond** between the brothers.
그 형제간에는 강한 **유대**가 있다.

I **bond** with people easily. 나는 사람들과 쉽게 **유대를 맺는다**.

다의어

0139 **acquaintance**
[əkwéintəns]

ⓝ 1 아는 사람, 지인 2 알고 있음, 면식

1 The couple met through a mutual **acquaintance**.
그 연인[부부]은 서로 함께 알고 있는 **지인**을 통해 만났다.

2 a person of casual **acquaintance** 조금 알고 있는 사람

다의어

0140 **attachment**
[ətǽtʃmənt]

ⓝ 1 애착, 집착 2 부착 3 첨부 파일

1 Her **attachment** to her dog is very strong.
자신의 개에 대한 그녀의 **애착**은 매우 강하다.

2 For **attachment** to the wall, use a special glue.
벽에 **부착**하기 위해서는 특수 접착제를 사용하세요.

3 send a document as an **attachment**
첨부 파일로 문서를 보내다

ꗸ have an attachment to[for] ~ : ~을 무척 좋아하다
➕ attach ⓥ 붙이다, 부착하다

0141 **admire**
[ədmáiər]

ⓥ 칭찬하다, 높이 평가하다

You must **admire** the way she handled the situation.
넌 그녀가 그 상황에 대처한 방식을 **칭찬해야** 해.

➕ admirable ⓐ 감탄스러운, 칭찬할 만한 | admiration ⓝ 감탄, 존경

0142 **owe**
[ou]

ⓥ 빚지다, 신세 지다, 은혜를 입다

I **owe** my success to my teachers.
나의 성공은 선생님들 **덕분이다**.

How much do I **owe** you? 제가 얼마를 **드려야 하나요**?

ꗸ owe ~ an apology: ~에게 사과할 것이 있다
✪ cf. owing to ~: ~ 때문에[덕분에]

0143 **belong**
[bilɔ́(ː)ŋ]

ⓥ 속하다, 소속하다(to)

a strong sense of **belonging** to a group 집단에 대한 강한 **소속감**
I don't feel as if I **belong** here.
나는 여기에 **속한다**는 느낌을 갖지 못한다.

➕ belongings ⓝ (pl.) 소지품

0144 **congratulate**
[kəngrǽtʃəlèit]

ⓥ 축하하다, 축하의 말을 하다

We **congratulate** you on your engagement.
우리는 너의 약혼을 **축하한다**.

ꗸ congratulate A on B: A에게 B를 축하하다
➕ congratulation ⓝ 축하
✪ cf. Congratulations (on ~)! (~을) 축하해!

0145 hostile
[hástəl / hɔ́stail]

ⓐ 적대적인, 적대감을 갖는

a **hostile** attitude 적대적인 태도
The defending champion found himself in the middle of a **hostile** crowd.
그 전년도 우승자는 자신이 **적대감을 갖고 있는** 군중들 가운데 있음을 알았다.

➕ hostility ⓝ 적대감, 반감

0146 quarrel
[kwɔ́:rəl]

ⓝ 다툼, 언쟁   ⓥ 다투다, 싸우다

a **quarrel** between husband and wife 부부 **싸움**
The brothers eventually stopped **quarreling**.
그 형제는 마침내 **말다툼**을 중단했다.

다의어

0147 dispute
[dispjú:t]

ⓝ 논쟁, 논란   ⓥ 1 반박하다   2 논쟁을 벌이다

n. a matter in **dispute** **논쟁** 중인 문제
   She got into a **dispute** over a taxi fare.
   그녀는 택시비 문제로 **말다툼**을 했다.

v. 1 **dispute** a fact 어떤 사실을 **반박하다**
   2 They **disputed** among themselves.
      그들은 자기들끼리 **논쟁을 벌였다**.

다의어

0148 breakup
[bréikʌp]

ⓝ 1 결별, 파경   2 분열, 해체

1 The celebrity couple announced the **breakup** of their marriage. 그 유명인 커플은 그들의 결혼이 **파경**에 이르렀음을 발표했다.
2 the **breakup** of a rock band 록 밴드의 **해체**

⭐ cf. break up 헤어지다; 해체되다

0149 bully
[búli]

ⓝ (약자를) 괴롭히는 사람   ⓥ (약자를) 괴롭히다, 협박하다

a school **bully** 학교에서 **아이들을 괴롭히는 학생**
That big boy **bullies** younger kids in the neighborhood.
저 덩치 큰 소년은 동네의 어린 아이들을 **괴롭힌다**.

0150 trick
[trik]

ⓝ 속임수, 계략   ⓥ 속이다, 잔꾀를 부리다

We thought of a **trick** to get past the guards.
우리는 경비원들을 통과하기 위한 **계략**을 생각해 냈다.

It was too late when I realized I'd been **tricked**.
내가 **속았다**는 것을 깨달았을 때는 이미 너무 늦었다.

🎭 play a trick on ~: ~에게 장난을 하다, ~을 속이다[농간하다]
➕ tricky ⓐ 까다로운(= difficult)

빈칸에 알맞은 우리말 뜻 또는 영어 단어를 써넣어 워드맵을 완성하시오.

1 _____
성숙한; 자라다

2 _____
발달, 성장; 개발, 발전

3 _____
adolescent

4 _____
juvenile

5 _____
성인기, 성년

6 _____
discipline

7 _____
ambition

8 _____
결정, 판단; 결단력

9 _____
모방하다, 흉내 내다

10 _____
acquire

11 _____
적응하다; 조절하다

25 _____
hostile

26 _____
다툼, 언쟁; 다투다

27 _____
dispute

28 _____
breakup

29 _____
bully

30 _____
속임수; 속이다

PLAN 2

성장

불화

성장과
인간관계

인간관계

12 _____
companion

13 _____
동료, 동년배; 동료의

14 _____
친구, 동료; 짝;
짝짓기하다

15 _____
connection

16 _____
intimate

17 _____
sociable

18 _____
유대, 결속; 유대를 맺다

19 _____
acquaintance

20 _____
애착; 부착; 첨부 파일

21 _____
admire

22 _____
빚지다, 신세 지다

23 _____
belong

24 _____
congratulate

Day 6 교육

Must-Know Words

education 교육	college (단과) 대학	subject 과목; 주제	submit 제출하다
attend 출석하다, 다니다	grade 성적; 학년	graduate 졸업하다; 졸업생	uniform 교복

교육 제도

0151 enroll
[inróul]

ⓥ 입학[등록]시키다; 입학[등록]하다

They **enrolled** their children in a private school.
그들은 자녀들을 사립 학교에 **입학시켰다**.

enroll in a course 강좌에 **등록하다**

⊕ enrollment ⓝ 입학, 등록

🔍 en-(= put in, make) + roll(= list, document)
→ 명부에 넣다 → 입학시키다, 등록하다

다의어

0152 tuition
[tu:íʃən]

ⓝ 1 수업료, 등록금   2 수업, 교습

1 reduce school **tuition** 학교 **수업료**를 감면하다
There will be a **tuition** increase next year.
내년에 **등록금** 인상이 있을 예정이다.

2 private **tuition** 개인 **교습**

0153 curriculum
[kəríkjələm]

ⓝ 교육[교과] 과정 (*pl.* curricula, curriculums)

the school **curriculum** 학교 **교육 과정**
The **curriculum** at that college is heavy on science and engineering.
그 대학의 **교과 과정**은 과학과 공학의 비중이 크다.

0154 guideline
[gáidlain]

ⓝ 지침, 지표

The government has issued new **guidelines** on human rights education.
정부는 인권 교육에 대한 새로운 **지침**을 발표했다.

🔖 strict guidelines on[for] ~: ~에 대한 엄격한 지침

0155 semester
[siméstər]

ⓝ 학기

new school **semester** 신학기
She attended Lakeside College for three **semesters**.
그녀는 Lakeside 대학에서 세 **학기**를 다녔다.

0156 **dormitory**
[dɔ́ːrmətɔ̀ːri]

ⓝ 기숙사　🟰 dorm

The new **dormitory** was completed in time for the beginning of the semester.
새 **기숙사**는 학기 시작에 맞춰 완공되었다.

0157 **graduation**
[græ̀dʒuéiʃən]

ⓝ 졸업; 졸업식

We had a party to celebrate his **graduation** from college.
우리는 그의 대학 **졸업**을 축하하기 위해 파티를 열었다.

requirements for **graduation** 졸업 요건

➕ graduate ⓥ 졸업하다 ⓝ 졸업생 ⓐ 대학원의

0158 **diploma**
[diplóumə]

ⓝ 졸업장, 수료증, 학위 증서

I earned my high school **diploma** by attending night classes.
나는 야간 수업에 출석하여 고등학교 **졸업장**을 받았다.

award a **diploma** 수료증을 수여하다

다의어

0159 **credit**
[krédit]

ⓝ 1 신용, 신뢰　2 학점, 이수 단위

1 buy a car on **credit** 신용 거래로 차를 구입하다
2 the number of **credits** required to graduate
졸업하기 위해 필요한 **학점** 수

I earned three **credits** in my English course this semester.
나는 이번 학기에 영어 수업에서 3**학점**을 취득했다.

다의어

0160 **merit**
[mérit]

ⓝ 1 장점, 이점　2 우수한 성적

1 The teaching method has its own **merits**.
그 교수법은 나름의 **장점**이 있다.
2 Jennifer received a **merit** award for her outstanding work.
Jennifer는 뛰어난 성적으로 **우등**상을 받았다.

🏅 a diploma of merit 상장

0161 **department**
[dipáːrtmənt]

ⓝ 학과, 부서

establish a new **department** 학과를 신설하다
All the **departments** in the college offer master's degrees.
그 대학의 모든 **학과**에서 석사 학위를 제공한다.

0162 **faculty**
[fǽkəlti]

ⓝ 교수진, 교직원

a meeting with students and **faculty** 학생과 **교수진**이 참석하는 회의
That university has an excellent **faculty**.
그 대학은 우수한 **교수진**을 갖추고 있다.

0163 professor
[prəfésər]

ⓝ 교수

She is a **professor** of history at Columbia University.
그녀는 콜럼비아 대학의 역사학 **교수**이다.

ⓧ associate professor 부교수 | assistant professor 조교수
visiting professor 초빙[객원] 교수

다의어

0164 principal
[prínsəpəl]

ⓝ 교장, 학장 ⓐ 주요한 ⓔ main

ⓝ. Mr. Green is the **principal** of Pendleton High School.
Green 선생님은 Pendleton 고등학교의 **교장**이다.

ⓐ. the **principal** source of income **주요** 수입원

ⓧ vice[assistant] principal 교감
ⓠ principle(원칙)과 혼동하지 않도록 주의할 것.

0165 instructor
[instrʌ́ktər]

ⓝ 강사, 지도자

She works as an **instructor** at a local community college.
그녀는 지역 전문 대학에서 **강사**로 근무하고 있다.

ⓞ instruct ⓥ 가르치다 | instruction ⓝ 가르침, 훈련

0166 tutor
[túːtər]

ⓝ 가정 교사, 개인 지도 교사 ⓥ 개인 지도를 하다

a resident **tutor** 입주 **가정 교사**

He **tutors** foreign students to help them improve their
English skills.
그는 외국인 학생들이 영어 실력을 향상시키는 데 도움을 주기 위해 **개인 지도를 한다.**

0167 freshman
[fréʃmən]

ⓝ (4년제 대학·고등학교의) 신입생, 1학년생

He resides in the **freshman** dormitory.
그는 **신입생** 기숙사에 거주한다.

a successful **freshman** year 성공적인 **입학 첫** 해

0168 sophomore
[sáfəmɔ̀ːr]

ⓝ (4년제 대학·고등학교의) 2학년생

He dropped out of college after his **sophomore** year.
그는 **2학년**을 마친 후 대학을 중퇴했다.

ⓠ cf. junior 3학년생 | senior 4학년생

0169 undergraduate
[ʌ̀ndərgrǽdʒuit]

ⓝ 대학생, 학부생 ⓐ 학부의

Some courses are open to **undergraduates** as well as to
graduate students.
일부 강좌는 대학원생뿐만 아니라 **학부생**에게도 개방되어 있다.

an **undergraduate** course **학부** 과정

ⓠ cf. graduate 대학원의

0170 accomplish
[əkάmpliʃ]

ⓥ 해내다, 성취하다, 완수하다 ⊜achieve

The student **accomplished** the task in an hour.
그 학생은 한 시간이 걸려 그 과제를 **해냈다**.

accomplish an intended goal 소기의 목적을 **성취하다**

➕ accomplishment ⓝ 성취(= achievement)

0171 improve
[imprúːv]

ⓥ 향상[개선]되다, 좋아지다; 향상시키다, 개선하다

His grades gradually **improved** each year, and he averaged a B in his senior year.
그의 성적은 매년 점차적으로 **향상되어** 졸업 학년도에는 평균 B학점이 되었다.

Research shows that vocabulary **improves** with age.
연구에 의하면 어휘력은 나이가 들어감에 따라 **좋아진다**.

improve the situation 상황을 **개선하다**

➕ improvement ⓝ 향상, 개선

다의어

0172 assignment
[əsáinmənt]

ⓝ 1 숙제, (연구) 과제; 임무 2 할당, 임명

1 We need to complete three **assignments** per semester.
  우리는 한 학기당 세 개의 **과제**를 완성해야 한다.
2 the **assignment** of a parking space 주차 공간의 **할당**

🔖 hand in one's assignment 과제물을 제출하다
   on (an) assignment 임무 수행 중인

➕ assign ⓥ 할당하다, 배정하다

다의어

0173 absent
ⓐ [ǽbsənt]
ⓥ [æbsént]

ⓐ 1 결석한, 부재의 ⟷present 출석한, 있는 2 멍한, 방심한
ⓥ 결석하다, 불참하다

a. 1 She has been **absent** from school for three days.
   그녀는 사흘 동안 학교에 **결석해** 왔다.
   🔖 absent without permission 무단결석의
   2 an **absent** smile 멍한 미소
v. Daniel **absented** himself from the meeting.
   Daniel은 그 모임에 **불참했다**.
   🔖 absent oneself from ~: ~에 결석[불참]하다

➕ absence ⓝ 결석, 부재

0174 dropout
[drάpaut]

ⓝ 중퇴자, 낙오자

He is a high school **dropout** and works at a gas station.
그는 고등학교 **중퇴자**이고 주유소에서 일한다.

🔖 a dropout rate (학교의) 중퇴율

⟳ cf. drop out of school 학교를 중퇴하다

0175 **yearbook**
[jíə:rbuk]

ⓝ 졸업 앨범; 연감, 연보

A high school **yearbook** has pictures of graduating students.
고등학교 **졸업 앨범**에는 졸업하는 학생들의 사진이 실려 있다.

다의어

0176 **gym**
[dʒim]

ⓝ 1 체육관 ⓢgymnasium 2 헬스클럽
3 체조, 체육 ⓢgymnastics

1 the school **gym** 학교 **체육관**
2 I try to work out at the **gym** at least once a week.
나는 적어도 일주일에 한 번은 **헬스클럽**에서 운동을 하려고 한다.
🏃 a gym membership 헬스클럽 이용 회원권
3 Do we have **gym** class tomorrow?
우리 내일 **체육** 수업 있니?

다의어

0177 **session**
[séʃən]

ⓝ 1 시간, 기간, 회기 2 학기

1 After the lecture, there will be a question-and-answer
session.
강의 후에 질의응답 **시간**이 있을 것이다.
2 the summer **session** 여름 **학기**

0178 **assessment**
[əsésmənt]

ⓝ 평가

Teachers use a variety of tests for student **assessments**.
선생님들은 학생 **평가**를 위해 다양한 시험을 이용한다.

a performance **assessment** 수행 **평가**

➕ assess ⓥ 평가하다

0179 **reward**
[riwɔ́ːrd]

ⓝ 보상, 보답 ⓥ 보상하다

The school has a system of **rewards** to encourage good
behavior.
그 학교는 선행을 장려하기 위한 **보상** 체계를 갖추고 있다.

The student was **rewarded** for her hard work.
그 학생은 열심히 공부한 것에 대한 **보상을 받았다**.

🏃 give a reward for ~: ~에 대하여 보상[보답]하다
➕ rewarding ⓐ 보람 있는

0180 **punishment**
[pʌ́niʃmənt]

ⓝ 벌, 처벌

Serving your community should not be seen as a
punishment.
지역 사회에 봉사하는 것을 **처벌**로 여겨서는 안 된다.

🏃 corporal punishment 체벌
➕ punish ⓥ 처벌하다

Daily Check-up

빈칸에 알맞은 우리말 뜻 또는 영어 단어를 써넣어 워드맵을 완성하시오.

교육제도

1 _____ 입학시키다; 입학하다

2 _____ tuition

3 _____ curriculum

4 _____ guideline

5 _____ 학기

6 _____ dormitory

7 _____ 졸업; 졸업식

8 _____ diploma

9 _____ 신용; 학점, 이수 단위

10 _____ 장점; 우수한 성적

11 _____ department

12 _____ faculty

교사와 학생

13 _____ 교수

14 _____ 교장, 학장; 주요한

15 _____ instructor

16 _____ tutor

17 _____ 신입생, 1학년생

18 _____ sophomore

19 _____ undergraduate

교육

학교 생활

20 _____ accomplish

21 _____ 향상되다; 향상시키다

22 _____ assignment

23 _____ 결석한; 멍한; 결석하다

24 _____ dropout

25 _____ yearbook

26 _____ 체육관; 헬스클럽; 체조

27 s_____ 시간, 기간, 회기; 학기

28 _____ assessment

29 _____ 보상, 보답; 보상하다

30 _____ punishment

Day 7 사회생활과 직업

Must-Know Words

workplace 직장   apply 지원하다   employ 고용하다   employee 직원
staff (모든) 직원   career 직업; 경력   promote 승진시키다   expert 전문가

직업 선택

0181 profession
[prəféʃən]

ⓝ (전문적인) 직업; 직종

Most **professions** in the medical field require a license or a certificate.
의료 분야의 대부분의 **직업**은 자격증이나 수료증을 필요로 한다.

legal **profession** 법조계, 변호사업

➕ professional ⓐ 전문적인

다의어

0182 occupation
[ɑ̀kjəpéiʃən]

ⓝ 1 직업, 업무   2 점령

1 a well-paid **occupation** 급료가 많은 **직업**
Truck driving is a highly skilled **occupation**.
트럭 운전은 고도로 숙련된 **직업**이다.

2 a military **occupation** of territories 영토의 군사적 **점령**

➕ occupy ⓥ 1 차지하다   2 점령하다

0183 wage
[weidʒ]

ⓝ (시간·일·주 단위의) 임금, 급료

That company pays a good **wage** to its workers.
그 회사는 직원들에게 후한 **임금**을 지급한다.

a minimum **wage** 최저 임금

✪ cf. salary (주·월·연 단위의) 급여, 봉급

0184 vacant
[véikənt]

ⓐ (일자리가) 비어 있는, 공석의

The position was left **vacant** when Dr. Mutumba resigned.
Mutumba 박사가 사임했을 때 그 자리는 **공석으로** 남겨졌다.

➕ vacancy ⓝ 공석

0185 competent
[kámpətənt]

ⓐ 유능한, 능력이 있는 ↔ incompetent 무능한

We need to find a **competent** mechanic who can fix the problem.
우리는 그 문제를 해결할 수 있는 **유능한** 정비사를 찾아야 한다.

➕ competence ⓝ 능력, 역량(= competency)

PLAN 2

0186 **qualification**
[kwɑ̀ləfikéiʃən]

ⓝ 자격, 자격증

an academic **qualification** 학문적 자격

This job does not require any **qualifications**.
이 일은 어떤 **자격(증)**도 요구하지 않는다.

➕ qualify ⓥ 자격이 되다

직업 생활

0187 **permanent**
[pə́:rmənənt]

ⓐ 영구적인, 상임의

She gave up a **permanent** job in order to work as a freelancer. 그녀는 프리랜서로 일하기 위해 **영구적인** 직장을 그만두었다.

0188 **temporary**
[témpərèri / -rəri]

ⓐ 임시의, 일시적인, 비정규의

You might consider **temporary** work until you find your dream job.
너는 네가 정말 원하는 직업을 찾을 때까지 **임시직**을 고려해 볼 수 있어.

a **temporary** employee 임시[비정규] 직원

다의어

0189 **serve**
[sə:rv]

ⓥ 1 (음식을) 제공하다; 응대하다
2 (어떤 용도로) 쓰이다, 도움이 되다
3 (사람·조직 등을 위해) 일하다, 복무하다

1 A very polite waiter **served** us at our table.
아주 예의 바른 웨이터가 우리 테이블에서 우리를 **응대했다**.

2 **serve** a purpose 목적에 **부합하다**

3 Her father **served** on the city council for almost 30 years.
그녀의 아버지는 거의 30년간 시 의회에서 **일했다**.

serve in the army 군 **복무하나**, 병역에 복무하다

➕ service ⓝ 1 서비스 2 근무, 복무 (기간) 3 예배

다의어

0190 **labor**
[léibər]

ⓝ 1 노동, 일 2 (집합적) 노동자, 노동력

1 Mr. Goldsmith is well paid for his **labor**.
Goldsmith 씨는 **노동**에 대한 보수를 충분히 받는다.

2 the **labor** market 노동 시장

0191 **union**
[jú:njən]

ⓝ 노동조합[노조]; 연합, 동맹

She joined the teachers' **union**. 그녀는 교원 **노조**에 가입했다.

⚖ a labor union 노동조합 | a union member 노동조합원, 노조원

0192 committee
[kəmíti]

ⓝ 위원회

The company has a **committee** to handle complaints from employees.
그 회사에는 직원들의 불만을 처리하는 **위원회**가 있다.

chair a **committee** 위원회의 의장직을 맡다

직장 관련

0193 cooperate
[kouápərèit]

ⓥ 협력하다, 협동하다

The two employees **cooperated** with each other to fix the problem. 그 두 직원은 문제를 해결하기 위해 서로 **협력했다**.

➕ cooperation ⓝ 협력, 협동 | cooperative ⓐ 협력하는, 협조적인

0194 colleague
[káliːg]

ⓝ (같은 직장·직종의) 동료 ⊜ co-worker

My **colleagues** agreed to go along with the proposal.
내 **동료들**은 그 제안에 따르기로 동의했다.

다의어

0195 promotion
[prəmóuʃən]

ⓝ 1 승진, 진급 2 홍보, 판촉

1 He got a **promotion** to head of the Marketing Department.
그는 마케팅 부장으로 **승진했다**.
2 a **promotion** campaign for a new product 신제품 **판촉** 캠페인

➕ promote ⓥ 1 촉진하다; 장려하다 2 승진시키다

0196 executive
[igzékjətiv]

ⓝ (기업·조직의) 경영 간부, 임원, 중역 ⓐ 임원의, 중역의

I wonder how he became an **executive** at such a young age.
나는 그가 그렇게 젊은 나이에 어떻게 **임원**이 되었는지 궁금하다.

👥 a chief executive officer (CEO) 최고 경영자

0197 chairman
[tʃɛ́ərmən]

ⓝ 회장, 의장

The **chairman** of the company delivered a speech.
그 회사의 **회장**이 연설을 했다.

👥 vice chairman 부회장 | deputy chairman 의장 대리
🔍 cf. 여자일 경우 chairwoman을 쓰기도 하며, chairperson은 성별에 관계없이 쓸 수 있다.

0198 reliable
[riláiəbl]

ⓐ 믿을 수 있는, 신뢰할 수 있는

She is a **reliable** worker who is always on time.
그녀는 항상 정시에 출근하는 **믿을 만한** 일꾼이다.

➕ rely ⓥ 의지하다, 신뢰하다 | reliability ⓝ 신뢰성, 신빙성

0199 **hardworking**

[hὰːrdwə́ːrkiŋ]

ⓐ 열심히 일하는, 근면한 ⓔ industrious

We are seeking a **hardworking** employee with a positive attitude. 우리는 긍정적인 태도로 **열심히 일하는** 직원을 찾고 있다.

lead a **hardworking** life **근면한** 생활을 하다

0200 **committed**

[kəmítid]

ⓐ 헌신적인, 열성적인

a **committed** member of the team 팀의 **헌신적인** 구성원

We're very **committed** to the cause.
우리는 그 대의에 대해 매우 **열성적이다.**

➕ commit ⓥ 1 저지르다 2 약속하다 3 헌신하다

고용과 퇴사

0201 **recruit**

[rikrúːt]

ⓥ (신입 사원·신병 등을) 모집하다, 뽑다

recruit new employees 신입 사원을 **모집하다**

We need to **recruit** several new members to our team.
우리는 새 팀원 몇 명을 **뽑아야** 한다.

➕ recruitment ⓝ 채용; 징병

다의어

0202 **hire**

[haiər]

ⓥ 1 고용하다 ⓔ employ 2 빌리다 ⓔ rent

1 **hire** a lawyer 변호사를 **고용하다**

The company wouldn't **hire** him because he had little work experience.
그 회사는 그가 업무 경험이 거의 없어서 그를 **고용하지** 않으려 했다.

2 **hire** a car 차를 **빌리다**

다의어

0203 **application**

[æ̀plikéiʃən]

ⓝ 1 지원(서), 신청(서) 2 응용 프로그램 ⓔ app

1 The company receives hundreds of job **applications** each year. 그 회사는 매년 수백 통의 입사 **지원서**를 받는다.

2 install an **application** **응용 프로그램**을 설치하다

➕ apply ⓥ 1 지원하다 2 적용하다 | applicant ⓝ 지원자

다의어

0204 **contract**

ⓝ [kántrækt]

ⓥ [kəntrǽkt]

ⓝ 계약(서), 약정(서) ⓥ 1 줄어들다 2 (병에) 걸리다

n. The **contract** requires you to work by the end of the year.
그 **계약서**는 네게 연말까지 근무할 것을 요구하고 있다.

✍ sign a contract 계약서에 서명하다

v. 1 A muscle **contracts** when stimulated.
근육은 자극을 받으면 **수축한다.**

2 **contract** an infectious disease 전염병에 **걸리다**

0205 **fire**
[faiər]

ⓥ 1 발포하다   2 해고하다

1 The police officer **fired** his gun at a suspect.
경찰관이 용의자에게 총을 **발포했다.**

2 He got **fired** from his job due to poor performance.
그는 실적 부진으로 직장에서 **해고되었다.**

0206 **quit**
[kwit]
quit–quit(ted)–
quit(ted)

ⓥ 1 (직장·학교 등을) 그만두다   2 끊다   ⊜ stop, give up

1 She **quit** her job after an argument with a colleague.
그녀는 한 동료와의 말다툼 후에 직장을 **그만두었다.**

give notice to **quit** 사직을 권고하다, **퇴사 통보를 하다**

2 **quit** drinking 금주하다, 술을 **끊다**

0207 **retire**
[ritáiə:r]

ⓥ 은퇴하다, 퇴직하다, 물러나다

He plans to **retire** from his job in two years.
그는 2년 후에 **은퇴할** 계획이다.

retire from public office 공직에서 **물러나다**

➕ retirement ⓝ 은퇴, 퇴직

0208 **pension**
[pénʃən]

ⓝ 연금

live on one's **pension** 연금으로 살아가다

He pays a quarter of his salary into a **pension** plan.
그는 급여의 4분의 1을 **연금** 계획에 지불한다.

0209 **reference**
[réfərəns]

ⓝ 1 언급   2 참조   3 신원 조회서, 추천서; 추천인

1 a **reference** to past events 과거의 사건들에 대한 **언급**

2 a work of **reference** 참고 문헌

3 We need **references** from your former employers.
우리는 귀하의 이전 고용주들로부터의 **추천서**가 필요합니다.
🔖 a letter of reference 추천서

➕ refer to ~: 1 ~을 언급하다   2 ~을 참조하다

0210 **résumé**
[rézumèi]

ⓝ 1 이력서   2 요약, 개요   ⊜ summary

1 I enclosed my **résumé** for you to review.
검토하시도록 저의 **이력서**를 동봉했습니다.

She submitted a two-page **résumé** for a job interview.
그녀는 취업 면접을 위해 2페이지 분량의 **이력서**를 제출했다.

2 a brief **résumé** of the history of mining
광업의 역사에 대한 간략한 **개요**

빈칸에 알맞은 우리말 뜻 또는 영어 단어를 써넣어 워드맵을 완성하시오.

1 _____
profession

2 _____
직업, 업무; 점령

3 _____
wage

4 _____
vacant

5 _____
competent

6 _____
qualification

13 _____
cooperate

14 _____
colleague

15 _____
승진, 진급; 홍보, 판촉

16 _____
executive

17 c_____
회장, 의장

18 _____
reliable

19 h_____
열심히 일하는

20 _____
committed

직장 관련

직업 선택

사회생활과 직업

직업 생활

고용과 퇴사

7 _____
영구적인, 상임의

8 _____
temporary

9 _____
제공하다; 응대하다; 쓰이다; 일하다

10 _____
노동, 일; 노동자

11 _____
union

12 _____
committee

21 _____
recruit

22 h_____
고용하다; 빌리다

23 _____
application

24 _____
계약(서); 줄어들다; (병에) 걸리다

25 _____
발포하다; 해고하다

26 q_____
그만두다; 끊다

27 _____
retire

28 _____
pension

29 _____
reference

30 _____
résumé

PLAN 3
의식주와 문화

flavor 맛, 풍미; 조미료
recipe 조리법; 비결
grocery 식료품 (가게)

architecture 건축
construct 건설하다
skyscraper 초고층 건물

식생활

가옥과
건축

의식주와
문화

문화와
풍습

tribe 부족, 종족
diversity 다양성
immigrant 이민자

Day 8 | 식생활

meal 식사	raw 익히지 않은	tasty 맛있는	ingredient 재료
mix 섞다	boil 끓이다	contain 함유하다	dish 접시; 요리

음식의 맛과 상태

0211 crispy
[kríspi]

ⓐ 바삭바삭한

crispy fried chicken 바삭바삭한 프라이드치킨
I like the taste and texture of a **crispy** cookie.
나는 **바삭바삭한** 과자의 맛과 질감을 좋아한다.

다의어

0212 tender
[téndə:r]

ⓐ 1 (음식이) 연한 ↔tough 질긴 2 다정한, 부드러운 3 연약한

1 a **tender** steak 연한 스테이크
Cook the meat until it is **tender**.
고기가 **연해질** 때까지 조리하세요.

2 a **tender** voice 다정한[부드러운] 목소리

3 **tender** plants 연약한 식물

➕ tenderly ⓐ 다정하게, 부드럽게
tenderness ⓝ 1 연함 2 다정함, 부드러움

다의어

0213 flavor
[fléivər]

ⓝ 1 맛, 풍미 2 조미료

1 have a sweet **flavor** 달콤한 **맛**이 나다
You can enhance the **flavor** by adding some cream.
약간의 크림을 넣어서 **풍미**를 높일 수 있다.

2 artificial **flavors** 인공 **조미료**

0214 greasy
[grí:si / -zi]

ⓐ 기름기 많은, 지성의 ⊜oily

Avoid **greasy** food and add more vegetables to your diet.
기름진 음식을 피하고 식단에 더 많은 야채를 추가하세요.

a shampoo for **greasy** hair **지성** 모발용 샴푸

다의어

0215 bitter
[bítər]

ⓐ 1 (맛이) 쓴 2 격렬한 3 쓰라린

1 Good medicine tastes **bitter**. 좋은 약은 입에 **쓰다**.

2 a **bitter** dispute **격렬한** 논쟁

3 **bitter** experience **쓰라린** 경험

➕ bitterness ⓝ 1 쓴맛 2 격렬함 3 쓰라림

PLAN
3

0216 disgusting
[disɡʌ́stiŋ]

ⓐ 역겨운, 구역질 나는

In nearly every culture, there is at least one food with a **disgusting** odor.
거의 모든 문화에서 **역겨운** 냄새를 가진 음식이 적어도 한 가지 있다.

➕ disgust ⓝ 역겨움, 혐오감 ⓥ ~에게 혐오를 주다

0217 rotten
[rɑ́tn]

ⓐ 썩은, 부패한

smell like **rotten** eggs **썩은** 달걀 같은 냄새가 나다
The delay in the shipment made the bananas go **rotten**.
선적의 지연이 바나나를 **부패하게** 만들었다.

🐾 go rotten 썩다, 부패하다
➕ rot ⓥ 썩다; 썩히다 ⓝ 썩음, 부패

요리

0218 cuisine
[kwizíːn]

ⓝ 요리; 요리법

vegetarian **cuisine** 채식주의 **요리(법)**
She likes French **cuisine**, and her husband enjoys Mexican **cuisine**. 그녀는 프랑스 **요리**를 좋아하고 그녀의 남편은 멕시코 **요리**를 즐긴다.

0219 recipe
[résəpìː]

ⓝ 1 요리법 2 비결, 방안

1 a **recipe** book 요리 책
   She used her favorite **recipe** to make tomato soup.
   그녀는 좋아하는 **요리법**을 사용하여 토마토 수프를 만들었다.

2 a **recipe** for success 성공의 **비결**

0220 appetizer
[ǽpitàizər]

ⓝ 애피타이저, 전채(식욕을 돋우는 간단한 요리)

start with an **appetizer** **애피타이저**로 시작하다
We served some fresh bread as an **appetizer**.
우리는 **애피타이저**로 신선한 빵을 조금 내놓았다.

0221 slice
[slais]

ⓝ (음식을 얇게 썬) 조각 ⓥ 얇게 썰다, 저미다

a **slice** of bread 식빵 한 **조각**
Cut the onion into thin **slices**. 양파를 얇은 조각으로 **썰어라**.
Slice the mushrooms and fry them separately.
버섯을 **얇게 썰어** 따로 볶으세요.

0222 soak
[souk]

V (액체 속에) 푹 담그다, 흠뻑 적시다; 푹 잠기다, 흠뻑 젖다

Soak the beans in water for a few hours.
콩을 물에 몇 시간 **담가두세요**.

To remove fruit stains, mix water with vinegar, and let your clothes **soak** for 30 minutes.
과일 얼룩을 제거하려면 물에 식초를 섞고 옷이 30분 동안 **푹 잠기도록** 하세요.

0223 peel
[pi:l]

V (과일·채소 등의) 껍질을 벗기다; (껍질이) 벗겨지다   **N** 껍질

peel an apple 사과를 **깎다**
She **peeled** the potatoes before cooking them.
그녀는 감자를 요리하기 전에 **껍질을 벗겼다**.

lemon **peel** 레몬 껍질

다의어

0224 stir
[stə:r]

V 1 젓다, (저어 가며) 섞다   2 (마음을) 흔들다

1 **stir** the soup 수프를 **젓다**
  She **stirred** her coffee with a teaspoon.
  그녀는 티스푼으로 커피를 **저었다**.

2 Something unpleasant began to **stir** deep within him.
  뭔가 불쾌한 것이 그의 마음속 깊은 곳을 **흔들기** 시작했다.

0225 grind
[graind]
grind-ground-ground

V 갈다, 가루로 만들다

grind teeth 이를 **갈다**
He **ground** the coffee beans. 그는 커피콩을 **갈았다**.

0226 stuff
[stʌf]

N 재료, 물질

cooking **stuff** 요리 **재료**
There's some smelly **stuff** in the back of the refrigerator.
냉장고 뒤쪽에 냄새 나는 **물질**이 있다.

0227 bowl
[boul]

N 그릇, 사발

a salad **bowl** 샐러드 **그릇**
Mix all the ingredients thoroughly in a big **bowl**.
모든 재료를 큰 **그릇**에 넣고 골고루 섞으세요.

0228 utensil
[ju:ténsəl]

N (가정에서 사용하는) 기구, 도구

kitchen **utensils** 주방 **용구**
Wash all the cooking **utensils** after preparing raw meat.
생고기를 준비한 후 모든 조리 **기구**를 씻으세요.

0229 **seasoning**
[síːzəniŋ]

ⓝ 양념, 조미료

This spaghetti has no taste, so add a little **seasoning**.
이 스파게티는 아무 맛도 없으니 **양념**을 조금 넣어라.

artificial **seasoning** 화학조미료

0230 **grocery**
[gróusəri]

ⓝ 식료품; 식료품 가게

do **grocery** shopping 식료품을 구입하다
The local **grocery** is open seven days a week.
그 지역 **식료품 가게**는 1주일에 7일 영업한다.

🏠 grocery store 식료품 가게

0231 **organic**
[ɔːrgǽnik]

ⓐ 유기농의, 화학 비료를 쓰지 않는

organic fruits and vegetables 유기농 과일과 채소
Organic farming is better for the environment.
유기농법은 환경에 더 좋다.

외식

0232 **reservation**
[rèzəːrvéiʃən]

ⓝ 예약

We made a dinner **reservation** at the restaurant for 6:30.
우리는 6시 반에 그 식당에 저녁 식사 **예약**을 했다.

🏠 make a reservation 예약하다 | confirm a reservation 예약을 확인하다
➕ reserve ⓥ 예약하다

다의어

0233 **order**
[ɔ́ːrdər]

ⓝ 1 순서 2 명령 3 질서, 정돈 4 (식당에서의) 주문; 주문한 음식
ⓥ 1 주문하다 2 명령하다

n. 1 in alphabetical **order** 알파벳순으로
   2 follow an **order** 명령을 따르다
   3 keep[maintain] **order** 질서를 유지하다
   4 The waiter took our **orders** for drinks.
     그 웨이터는 우리의 음료 **주문**을 받았다.

v. 1 Are you ready to **order**? 주문하실 준비 되셨나요?
   2 The police officer **ordered** me to pull over.
     경찰관이 나에게 차를 대라고 **명령했다**.

0234 **dine**
[dain]

ⓥ 식사를 하다, 만찬을 들다

They **dined** together at a fancy restaurant.
그들은 근사한 식당에서 함께 **식사를 했다**.

🏠 dine out 외식하다

0235 **vegetarian**
[vèdʒətéəriən]

🔵 채식주의자　🅰 채식의, 채식주의의

My brother became a **vegetarian** in college.
나의 오빠는 대학교 때 **채식주의자**가 되었다.

I know a nice restaurant that offers a **vegetarian** menu.
나는 **채식주의** 메뉴를 제공하는 좋은 식당을 알고 있다.

🔖 a vegetarian menu 채식주의 메뉴
　　a vegetarian recipe 채식주의자를 위한 조리법

영양과 식욕

0236 **nutrition**
[nu:tríʃən]

🔵 영양

The human body requires proper **nutrition** in order to maintain itself.
인체는 스스로를 유지하기 위해 적절한 **영양**을 필요로 한다.

➕ nutrient ⓝ 영양소 ｜ nutritious ⓐ 영양가 높은

0237 **protein**
[próuti:n]

🔵 단백질

You must eat foods that contain **protein** to stay healthy.
너는 건강을 유지하기 위해 **단백질**을 함유한 음식을 먹어야 한다.

essential **proteins** 필수 단백질

0238 **skip**
[skip]

🔵 거르다, 빼먹다

I **skipped** breakfast, so now I'm very hungry.
아침을 **걸렀더니** 지금 배가 많이 고프다.

🔖 skip a meal 끼니를 거르다

0239 **appetite**
[ǽpitàit]

🔵 식욕, 욕구

My son has a big **appetite** for steak.
내 아들은 스테이크에 대한 **식욕**이 왕성하다.

loss of **appetite** 식욕 부진

0240 **starve**
[sta:rv]

🔵 굶주리다, 굶어 죽다; 굶기다

Millions of children are **starving** in Africa.
아프리카에서 수백만 명의 아이들이 **굶주리고** 있다.

🔖 starve to death 굶어 죽다

➕ starvation ⓝ 기아, 굶주림

🔵 cf. '배고파 죽겠다'라는 뜻으로 be starving 또는 be starved를 쓴다.
　　예) I'm starving[starved].

빈칸에 알맞은 우리말 뜻 또는 영어 단어를 써넣어 워드맵을 완성하시오.

PLAN 3

1 _____
crispy

2 _____
연한; 다정한; 연약한

3 _____
flavor

4 _____
greasy

5 _____
쓴; 격렬한; 쓰라린

6 _____
disgusting

7 _____
rotten

22 _____
reservation

23 _____
순서; 명령; 질서; 주문; 주문하다; 명령하다

24 _____
dine

25 _____
채식주의자; 채식의

음식의 맛과 상태

외식

식생활

요리

영양과 식욕

8 _____
cuisine

9 _____
recipe

10 _____
애피타이저, 전채

11 _____
slice

12 _____
soak

13 _____
껍질을 벗기다; (껍질이) 벗겨지다; 껍질

14 _____
stir

15 _____
갈다, 가루로 만들다

16 _____
stuff

17 _____
그릇, 사발

18 _____
utensil

19 _____
seasoning

20 _____
식료품 (가게)

21 _____
유기농의

26 _____
nutrition

27 _____
protein

28 _____
거르다, 빼먹다

29 _____
appetite

30 _____
굶주리다; 굶기다

Day 9 가옥과 건축

Must-Know Words

address 주소   neighborhood 근처   landmark 중요한 건물   be located 위치하다
entrance 입구   yard 마당, 뜰   interior 내부의; 내부   hallway 복도

건축·주거

0241 architecture
[ɑ́ːrkətèktʃər]

ⓝ 건축(술), 건축학; 건축 양식

He studied **architecture** and art history at university.
그는 대학에서 **건축학**과 미술사를 공부했다.

contemporary **architecture** 현대 **건축 양식**

➕ architect ⓝ 건축가 | architectural ⓐ 건축(학)의

0242 real estate
[ríəl istèit]

ⓝ 부동산

He built his wealth by investing in **real estate**.
그는 **부동산**에 투자해서 부를 쌓았다.

🎏 a real estate agent 부동산 매매 중개인
a real estate agency 부동산 중개소

0243 dwell
[dwel]
dwell-dwelled/dwelt-
dwelled/dwelt

ⓥ 살다, 거주하다

She **dwelled** in a ruined cottage on the hillside.
그녀는 산허리에 있는 폐허가 된 오두막집에서 **살았다**.

🎏 dwell in one's mind ~의 마음에 남다
➕ dweller ⓝ 거주자

0244 resident
[rézidənt]

ⓝ 거주자, 주민

Residents of the town complained about its bus system.
그 도시의 **주민들**은 버스 시스템에 대해 불평했다.

➕ reside ⓥ 살다, 거주하다 | residence ⓝ 주택, 거주지

건물의 구조

0245 chamber
[tʃéimbər]

ⓝ 방, 침실

The treasure was hidden in a secret underground **chamber**.
그 보물은 지하의 은밀한 **방**에 숨겨져 있었다.

🎏 chamber music 실내악

PLAN 3

다의어

0246 **ceiling**
[síːliŋ]

ⓝ 1 천장   2 상한, 최고 한도

1 The walls and **ceiling** were painted white.
벽과 **천장**은 흰색으로 칠해져 있었다.

2 a **ceiling** on interest rates   이자율에 대한 **상한선**

🎗 a glass ceiling 유리 천장(승진하지 못하게 막는 눈에 보이지 않는 장벽)

다의어

0247 **column**
[kάləm]

ⓝ 1 기둥   2 특별 기고, 칼럼   3 세로 칸

1 The main structure of the building was supported by huge **columns**.
그 건물의 주요 구조는 거대한 **기둥**에 의해 지탱되었다.

a huge **column** of smoke   거대한 **기둥** 모양의 연기

2 He writes a regular **column** in a weekly newspaper.
그는 주간지에 정기적인 **칼럼**을 쓴다.

3 the first **column** of numbers   첫 번째 **세로 칸**의 숫자들

➊ columnist ⓝ 칼럼니스트, 특별 기고가

0248 **pillar**
[pílər]

ⓝ 기둥, 주석, 지주

A pair of **pillars** stood on either side of the main entrance.
기둥 한 쌍이 정문의 양쪽에 서 있었다.

🎗 from pillar to post 이곳에서 저곳으로, 여기저기 정처 없이

0249 **corridor**
[kɔ́ːridɔːr]

ⓝ 복도, 통로

a narrow **corridor** 폭이 좁은 **통로**
He slowly walked down the long, dark **corridor**.
그는 길고 어두운 **복도**를 천천히 걸었다.

0250 **furnish**
[fə́ːrniʃ]

ⓥ 가구를 비치하다

a **furnished** room   가구가 비치된 방
The apartment was clean and fully **furnished**.
그 아파트는 깨끗하고 **가구가 완비되어** 있었다.

0251 **lawn**
[lɔːn]

ⓝ 잔디밭, 잔디 구장

a carefully tended **lawn**   세심하게 가꾸어진 **잔디밭**
I spent all morning mowing the **lawn**.
나는 오전 내내 **잔디**를 깎았다.

🎗 mow the lawn 잔디를 깎다

0252 chimney
[tʃímni]

ⓝ 굴뚝

She threw a piece of paper onto the fire, and it flew up the **chimney**.
그녀는 종이 한 조각을 불 위에 던졌고, 그것은 **굴뚝**으로 날아올랐다.

🏵 chimney sweep(er) 굴뚝 청소부

0253 drain
[drein]

ⓥ 배수되다, 배출되다

The water quickly **drained** away, leaving an empty lake.
물은 빠르게 **배수되어** 빈 호수를 남겼다.

🏵 drain into ~: ~으로 흘러 들어가다
➕ drainage ⓝ 배수 (시설)

0254 sewer
[súːəːr]

ⓝ 하수관, 하수구

clear the **sewer** 하수관을 뚫다

All the drain lines in the house connect to the main **sewer** line. 그 집의 모든 배수관은 중앙 **하수관**에 연결되어 있다.

➕ sewage ⓝ 하수, 오수

다의어

0255 fountain
[fáuntən]

ⓝ 1 분수 2 원천

1 The crowd gathered around the **fountain** in the plaza.
군중이 광장의 **분수** 주위에 모였다.

a **fountain** welling its water 물을 뿜어내는 **분수**

2 the **fountain** of information 정보의 **원천**

다의어

0256 frame
[freim]

ⓝ 1 틀 2 (건조물의) 뼈대, 골격

1 The window **frames** need painting.
창틀에 페인트칠을 할 필요가 있다.
🏵 a window frame 창틀 ｜ a picture frame 액자

2 a roof with a wooden **frame** 목조 **골격**으로 된 지붕

0257 surround
[səráund]

ⓥ 둘러싸다, 에워싸다

The stone wall **surrounds** our house.
돌담이 우리 집을 **둘러싸고 있다**.

be **surrounded** by the enemy 적에게 **에워싸이다**

➕ surrounding ⓐ 주변의 prep ~을 둘러싼 ⓝ (pl.) 환경

0258 basement
[béismənt]

ⓝ 지하층, 지하실

They keep old furniture in their **basement**.
그들은 낡은 가구를 **지하실**에 둔다.

a **basement** flat 아파트 **지하층**

0259 **attic**
[ǽtik]

ⓝ **다락방**

stairs leading to the **attic** 다락방으로 이어지는 계단
We put trunks and old books in our **attic**.
우리는 여행용 가방과 오래된 책들을 **다락방**에 넣었다.

시공과 보수

0260 **construct**
[kənstrʌ́kt]

ⓥ **건설하다**

The mayor decided to **construct** a new bridge over the major river in the city.
시장은 도시의 큰 강 위에 새로운 다리를 **건설하기로** 결정했다.

➕ construction ⓝ 건설, 공사 ｜ constructive ⓐ 건설적인

다의어

0261 **erect**
[irékt]

ⓥ **건립하다, 세우다** ＝build ⓐ **똑바로 세운**

v. **erect** a statue 동상을 **건립하다**
A plan to **erect** a new library was approved by the local school board.
새 도서관을 **세우려는** 계획이 지역 학교 위원회에 의해 승인되었다.

a. sit **erect** 똑바로 앉다

0262 **timber**
[tímbəːr]

ⓝ **목재, (목재용) 나무**

the **timber** industry **목재** 산업
Loggers cut **timber** and took it away on logging trucks.
벌목꾼들은 **나무**를 잘라 벌목 트럭에 싣고 갔다.

다의어

0263 **marble**
[máːrbəl]

ⓝ **1 대리석　2 (유리)구슬**

1 a **marble** sculpture **대리석** 조각
The columns were made of white **marble**.
그 기둥들은 흰 **대리석**으로 만들어졌다.

2 I approached a group of boys who were playing with **marbles**.
나는 **구슬** 놀이를 하고 있는 남자아이들 무리에게 다가갔다.

❓ marve((감탄하다)과 혼동하지 않도록 주의할 것.

다의어

0264 **maintain**
[meintéin]

ⓥ **1 유지하다, 지속하다** ＝keep **2 (건물 등을) 보수·관리하다**

1 **maintain** a good relationship 좋은 관계를 **유지하다**
2 The house is so large that it is difficult to **maintain**.
그 집은 너무 커서 **관리하기가** 힘들다.

➕ maintenance ⓝ 1 유지　2 보수, 관리

0265 crack
[kræk]

ⓝ 갈라진 금, 틈　ⓥ 갈라지다, 금이 가다

a wall with **cracks** 금이 간 벽

The ice **cracked** when the man tried to get closer to me.
그 남자가 내게 가까이 접근하려고 하자 얼음이 **갈라졌다**.

건물의 종류

0266 cottage
[kάtidʒ]

ⓝ (시골의) 작은 집, 오두막집

a humble **cottage**　소박한 **작은 집**, 초가삼간

For many of us, living in a country **cottage** is just a dream.
많은 사람들에게 시골 **오두막집**에서 사는 것은 단지 꿈에 불과하다.

0267 hut
[hʌt]

ⓝ 움막, 오두막, 막사

a wooden **hut**　통나무 **오두막**

People in that poor area live in mud **huts**.
그 가난한 지역의 사람들은 진흙으로 만든 **움막**에 살고 있다.

0268 warehouse
[wέə:rhàus]

ⓝ 창고

Our **warehouse** has a variety of auto parts in it.
우리 **창고**에는 다양한 자동차 부품들이 있다.

🏪 a warehouse store[club] 창고형 매장

다의어

0269 shelter
[ʃéltə:r]

ⓝ 1 주거지, 살 곳　2 피신(처)　3 숙소, 보호소

1　food, clothing, and **shelter** 의식주

2　find[seek] **shelter** 피신처를 찾다

3　A winter **shelter** for homeless people opened last week.
　　노숙자들을 위한 겨울 **숙소**가 지난주에 문을 열었다.
　　🏪 a homeless shelter 노숙자 숙소　|　an animal shelter 동물 보호소

0270 skyscraper
[skάiskrèipə:r]

ⓝ 초고층 건물, 마천루

The Empire State Building is a famous **skyscraper**.
엠파이어 스테이트 빌딩은 유명한 **초고층 건물**이다.

🌀 sky(하늘) + scrape(긁다, 파다) + -er(~하는 것)
　　→ 하늘을 긁는 건물 → 초고층 건물

빈칸에 알맞은 우리말 뜻 또는 영어 단어를 써넣어 워드맵을 완성하시오.

1 _____
건축(술), 건축학;
건축 양식

2 _____
real estate

3 _____
dwell

4 _____
resident

20 c _____
건설하다

21 _____
erect

22 _____
timber

23 _____
대리석; (유리)구슬

24 m _____
유지하다; 보수·관리하다

25 _____
crack

26 _____
cottage

27 _____
hut

28 _____
warehouse

29 _____
shelter

30 _____
skyscraper

PLAN
3

건축
·주거

시공과
보수

건물의
종류

가옥과 건축

건물의
구조

5 _____
chamber

6 _____
ceiling

7 _____
column

8 _____
pillar

9 _____
corridor

10 _____
furnish

11 _____
잔디밭, 잔디 구장

12 _____
chimney

13 _____
drain

14 _____
sewer

15 _____
fountain

16 _____
틀; 뼈대, 골격

17 _____
둘러싸다, 에워싸다

18 _____
지하층, 지하실

19 _____
attic

Day 10 문화와 풍습

문화적 특징

0271 **authentic**
[ɔ:θéntik]

ⓐ 진정한, 진짜의   ᴇ genuine

These dishes are **authentic** examples of Chinese cuisine.
이 요리들은 중국 요리의 **진정한** 예시이다.

an **authentic** signature 본인의 서명

⊕ authenticity ⓝ 진짜임, 진실성

0272 **distinct**
[distíŋkt]

ⓐ 뚜렷한, 독특한, 구별되는

Every culture has its **distinct** characteristics.
모든 문화는 자체의 **고유한** 특징을 가지고 있다.

⊕ distinguish ⓥ 구별하다 | distinction ⓝ 구별, 차이, 특별함
distinctive ⓐ 독특한

다의어

0273 **race**
[reis]

ⓝ 1 경주, 경쟁   2 인종, 종족

1 take part in a charity **race** 자선 **경주**에 참가하다
2 New York City has many **races** among its population.
   뉴욕 시의 인구에는 다양한 **인종**이 포함되어 있다.

🏃 a person of mixed race 혼혈인

⊕ racial ⓐ 인종의 | racism ⓝ 인종주의, 인종 차별주의
racist ⓝ 인종 차별주의자 ⓐ 인종 차별적인

0274 **ethnic**
[éθnik]

ⓐ 민족의, 종족의

The country's population consists of three main **ethnic**
groups. 그 나라의 인구는 세 개의 주요 **민족** 집단으로 구성된다.

🏃 ethnic minority 소수 민족 집단

⊕ ethnicity ⓝ 민족, 민족성

0275 **diversity**
[divə́:rsəti / dai-]

ⓝ 다양성

Ethnic **diversity** is found in most modern societies.
민족적 **다양성**은 대부분의 현대 사회에서 발견된다.

⊕ diverse ⓐ 다양한 | diversify ⓥ 다양화하다

PLAN
3

0276 **globalization**
[glòubəlizéiʃən]

ⓝ 세계화

Globalization has brought major transformations in goods, capital, and labor.
세계화는 상품, 자본, 노동력에 중대한 변화를 가져왔다.

the era of **globalization**　세계화 시대

➕ global ⓐ (전) 세계적인 │ globalize ⓥ 세계화하다

0277 **tribe**
[traib]

ⓝ 부족, 종족

Native American **tribes** once lived all over North America.
아메리카 원주민 **부족들**은 한때 북아메리카 전역에 살았다.

a nomadic **tribe**　유목민, 유목 **부족**

0278 **stereotype**
[stériətàip]

ⓝ 고정 관념, 정형화된 생각

The film has been criticized for reinforcing racial **stereotypes**.
그 영화는 인종적 **고정 관념**을 강화한다는 비난을 받아 왔다.

➕ stereotypical ⓐ 고정 관념의, 정형화된

0279 **urban**
[ə́ːrbən]

ⓐ 도시의　↔ rural 시골의

Many people move to **urban** areas to enjoy the conveniences of city life.
많은 사람들이 도시 생활의 편리함을 누리기 위해 **도시** 지역으로 이주한다.

➕ urbanization ⓝ 도시화

타 문화에 대한 태도

0280 **acceptance**
[əkséptəns]

ⓝ 받아들임, 수용

Acceptance of other cultures is important in cross-cultural interactions.　다른 문화를 **받아들이는 것**은 문화 간 상호 작용에서 중요하다.

blind **acceptance**　맹목적 **수용**

➕ accept ⓥ 받아들이다, 수용하다

다의어

0281 **discriminate**
[diskrímənèit]

ⓥ 1 차별하다　2 구별하다

1 It is illegal to **discriminate** on the basis of race.
　인종을 근거로 **차별하는** 것은 불법이다.
2 **discriminate** between fiction and history
　허구와 역사를 **구별하다**

➕ discrimination ⓝ 차별 (대우)

0282 differ
[dífər]

ⓥ 다르다

Notions of beauty **differ** from culture to culture.
아름다움의 개념은 문화마다 **다르다**.

➕ difference ⓝ 차이 | different ⓐ 다른

0283 prejudice
[prédʒudis]

ⓝ 선입관, 편견

Racial **prejudice** is one of society's great problems.
인종적 **편견**은 사회의 중대한 문제들 중 하나이다.

🏷 prejudice against ~ : ~에 대한 (부정적) 편견
prejudice in favor of ~ : ~에 대한 (호의적인) 편견

0284 conflict
ⓝ [kánflikt]
ⓥ [kənflíkt]

ⓝ 갈등, 충돌, 분쟁 ⓥ 상충되다, 모순되다(with)

a **conflict** between two cultures 두 문화 간의 **충돌**
The **conflict** in the region is basically a struggle for resources.
그 지역의 **분쟁**은 근본적으로 자원을 위한 싸움이다.

When a theory **conflicts** with facts, it is always the theory which is to blame.
이론이 사실과 **상충될** 때, 항상 비난받아야 하는 것은 이론이다.

0285 conservative
[kənsə́:rvətiv]

ⓐ 보수적인 ⟷ progressive 진보적인

a **conservative** view **보수적** 관점
These countries remain **conservative** in cultural matters.
이 나라들은 문화에 관한 문제에 있어서 여전히 **보수적이다**.

➕ conserve ⓥ 보존하다

0286 immigrant
[ímigrənt]

ⓝ 이민자, 이주해 온 사람

Most **immigrants** from Southeast Asia are employed in low-skilled jobs.
동남아시아에서 온 대부분의 **이민자들**은 숙련도가 낮은 일자리에 고용되어 있다.

➕ immigrate ⓥ 이주해 오다 | immigration ⓝ (입국) 이주, 이민

전통과 풍습

0287 traditional
[trədíʃənəl]

ⓐ 전통적인

a **traditional** way of life **전통적인** 생활 방식
We often cook **traditional** Korean dishes for our guests.
우리는 손님들을 위해 종종 **전통적인** 한국 음식을 요리한다.

➕ tradition ⓝ 전통

0288

다의어

custom
[kʌ́stəm]

ⓝ 관습, 풍습 ⊜tradition ⓐ 맞춤의, 주문 제작의

n. It is a British **custom** to drink tea at four o'clock in the afternoon. 오후 4시에 차를 마시는 것이 영국의 **관습**이다.

a. a **custom** motorcycle **주문 제작** 오토바이

✿ cf. customs (pl.) 세관; 관세

0289

다의어

convention
[kənvénʃən]

ⓝ 1 관습, 관례 2 총회, 대회 3 협정, 협약

1 Playing together with friends teaches children social **conventions**.
친구들과 함께 노는 것은 아이들에게 사회적 **관습**을 가르쳐준다.
♔ observe[follow] conventions 관습[관례]을 따르다

2 the annual teachers' **convention** 연례 교사 **총회**

3 an international **convention** banning chemical weapons
화학 무기를 금지하는 국제 **협약**

➕ conventional ⓐ 전통적인, 인습적인

0290

다의어

institution
[ìnstətú:ʃən]

ⓝ 1 제도, 관습 2 기관, 협회

1 the **institution** of marriage 결혼 **제도**
We need to respect their social **institutions**.
우리는 그들의 사회 **제도**를 존중할 필요가 있다.

2 a(n) financial / educational **institution** 금융/교육 **기관**

0291

belief
[bəlíːf]

ⓝ 믿음, 신념

Contrary to popular **belief**, Cinco de Mayo is not Mexican Independence Day.
대중적인 **믿음**과 달리, 싱코 데 마요는 멕시코의 독립 기념일이 아니다.

She is a woman with strong religious **beliefs**.
그녀는 독실한 종교적 **신념**을 지닌 여자이다.

♔ shake one's belief: ~의 신념을 뒤흔들다

➕ believe ⓥ 믿다

0292

다의어

occasion
[əkéiʒən]

ⓝ 1 경우, 때 2 행사

1 I've met her on several **occasions**.
나는 그녀를 몇 **번** 만난 적이 있다.

2 Their wedding was a happy **occasion**.
그들의 결혼식은 즐거운 **행사**였다.

➕ occasional ⓐ 가끔씩의, 때때로의

0293

funeral
[fjú:nərəl]

ⓝ 장례식

His **funeral** was held yesterday. 그의 **장례식**은 어제 치러졌다.

a **funeral** procession **장례** 행렬

0294 bury
[béri]

ⓥ 매장하다, 묻다

Their ancestors are **buried** near their village.
그들의 조상들은 그들이 사는 마을 근처에 **묻혀** 있다.

📖 bury a body[corpse] 시신을 묻다

➊ burial ⓝ 매장

0295 grave
[greiv]

ⓝ 무덤, 묘 ⓐ 심각한, 중대한 ⊜ serious

n. He is buried in a **grave** next to his wife.
그는 아내 옆의 **무덤**에 묻혀 있다.

a. She tends to smile or nervously laugh in **grave** situations.
그녀는 **심각한** 상황에서 미소 짓거나 긴장해서 웃는 성향이 있다.

0296 heritage
[héritidʒ]

ⓝ (문화)유산, 전통

rich cultural **heritage** 풍부한 문화유산
The family has a long **heritage** of wine making.
그 집안은 와인을 제조하는 오랜 **전통**을 갖고 있다.

인류학

0297 anthropology
[ænθrəpάlədʒi]

ⓝ 인류학

In an **anthropology** course, students learned about the
Incan civilization.
인류학 강좌에서 학생들은 잉카 문명에 대해 배웠다.

➊ anthropologist ⓝ 인류학자

0298 artifact
[άːrtəfæ̀kt]

ⓝ 유물 ⊜ artefact

The museum displays many prehistoric **artifacts**.
그 박물관에는 많은 선사 시대의 **유물**이 전시되어 있다.

📖 a cultural artifact 문화 유물

0299 folklore
[fóuklɔ̀ːr]

ⓝ 민속[전통] 문화

In **folklore**, the snake is often the symbol of evil.
민속 문화에서 뱀은 종종 악의 상징이다.

0300 oral
[ɔ́ːrəl]

ⓐ 구전의, 구두의, 입의 ⟷ written 문서로 된, 성문의

Religious music is often passed on by **oral** tradition.
종교 음악은 종종 **구전** 전통에 의해 전승된다.

📖 oral tradition 구전 전통 | an oral agreement 언약

빈칸에 알맞은 우리말 뜻 또는 영어 단어를 써넣어 워드맵을 완성하시오.

1 _____
  authentic

2 _____
  distinct

3 _____
  경주; 인종, 종족

4 _____
  ethnic

5 _____
  diversity

6 _____
  globalization

7 _____
  부족, 종족

8 _____
  stereotype

9 _____
  도시의

PLAN
3

10 _____
   acceptance

11 _____
   discriminate

12 _____
   differ

13 _____
   prejudice

14 _____
   갈등, 충돌; 상충되다

15 _____
   conservative

16 _____
   이민자, 이주해 온 사람

문화적 특징

문화와 풍습

타 문화에 대한 태도

전통과 풍습

인류학

17 t_____
   전통적인

18 _____
   custom

19 _____
   관습, 관례; 총회; 협정

20 _____
   institution

21 _____
   믿음, 신념

22 _____
   경우, 때; 행사

23 _____
   장례식

24 _____
   매장하다, 묻다

25 _____
   무덤, 묘; 심각한, 중대한

26 _____
   heritage

27 _____
   anthropology

28 _____
   artifact

29 _____
   folklore

30 _____
   구전의, 구두의, 입의

PLAN 4
감정과 태도

passionate 열정적인
delighted 아주 기뻐하는
touched 감동한

annoyed 짜증 난
frightened 무서워하는
ashamed 부끄러워하는

긍정적
감정

부정적
감정

감정과
태도

감각과
분위기

성격과
태도

instinct 본능
obvious 명확한
urgent 긴급한

personality 성격, 인격
energetic 활력 넘치는
selfish 이기적인

Day 11 · 긍정적 감정

emotion 감정; 정서	mood 기분; 분위기	excited 흥분한, 신난	glad 기쁜
joy 기쁨, 즐거움	proud 자랑스러워하는	thankful 감사하는	sure 확신하는

열정과 기대

0301 enthusiasm
[enθúːziæzm]

ⓝ 열의, 의욕

She seems to lack **enthusiasm** for the work she's doing.
그녀는 자신이 하고 있는 일에 대한 **열의**가 부족한 것 같다.

➕ enthusiastic ⓐ 열렬한, 열성적인
enthusiast ⓝ 열렬한 지지자, ~광

0302 eager
[íːgər]

ⓐ 열망하는, 간절히 바라는

eager for success 성공을 **열망하는**

He was **eager** to return home as soon as possible.
그는 가능한 한 빨리 집에 돌아오기를 **간절히 바랐다**.

➕ eagerly ⓐd 열렬히, 간절히 | eagerness ⓝ 열망

0303 passionate
[pǽʃənit]

ⓐ 열정적인, 열렬한

He developed a **passionate** interest in gardening.
그는 원예에 **열렬한** 관심을 갖게 되었다.

➕ passion ⓝ 열정

0304 willing
[wíliŋ]

ⓐ 기꺼이 하는, 자발적인   ↔ unwilling, reluctant 꺼리는

a **willing** volunteer **자발적인** 지원자

He is **willing** to help us paint the kitchen.
그는 우리가 부엌에 페인트칠하는 것을 **기꺼이** 도와주려고 한다.

👄 willing to do: 기꺼이 ~하려는
➕ willingly ⓐd 기꺼이 | willingness ⓝ 기꺼이 하는 마음

0305 anticipate
[æntísəpèit]

ⓥ 예상하다, 기대하다

We **anticipate** that the economy will improve next year.
내년에는 경제가 나아질 것으로 **기대한다**.

➕ anticipation ⓝ 예상, 기대

PLAN
4

0306 determined
[ditə́:rmind]

ⓐ (굳게) 결심한, 단호한

a **determined** effort　단호한 노력

He was **determined** to make it as a professional musician.
그는 전문 음악가로 성공할 **작정이었다.**

ﱢ determined to *do*: ∼하기로 결심한, ∼할 작정인

➕ determine ⓥ 1 알아내다　2 결정짓다　3 결심하다
determination ⓝ 결의

0307 hopeful
[hóupfəl]

ⓐ 희망에 찬, 기대에 부푼　↔ hopeless 체념한

a **hopeful** smile　기대에 찬 미소

He is **hopeful** that he will be cured soon.
그는 곧 나을 것이라는 **희망을 품고 있다.**

기쁨과 즐거움

0308 delighted
[diláitid]

ⓐ 아주 기뻐하는

a **delighted** smile　기쁨에 찬 미소

I am **delighted** to accept your invitation to dinner.
당신의 저녁 초대를 **아주 기쁜** 마음으로 받아들이겠습니다.

➕ delight ⓝ 기쁨　ⓥ 기쁘게 하다

0309 joyful
[dʒɔ́ifəl]

ⓐ (사람·상황이) 즐거운, 기쁜

a **joyful** experience　즐거운 경험

The preschool class provides a **joyful** environment for
children.　유치원 수업은 아이들에게 **즐거운** 분위기를 제공한다.

➕ joy ⓝ 기쁨, 즐거움

0310 pleased
[pli:zd]

ⓐ 기뻐하는, 만족한

Most fans seemed **pleased** by the news.
대부분의 팬들은 그 소식에 **기뻐하는** 것 같았다.

➕ please ⓥ 기쁘게 하다 ｜ pleasant ⓐ (상황 등이) 기분 좋은, 즐거운

0311 thrilled
[θrild]

ⓐ 아주 흥분한, 들뜬, 설레는

be **thrilled** with joy　기뻐서 **가슴이 두근거리다**

He was **thrilled** at the idea of moving to a big city.
그는 대도시로 이사 갈 생각에 **마음이 설렜다.**

➕ thrill ⓝ 짜릿함, 전율　ⓥ 설레게 하다 ｜ thrilling ⓐ 긴장감 넘치는, 짜릿한

0312 cheerful
[tʃíərfəl]

ⓐ (사람이) 쾌활한, 명랑한, 기분 좋은; (장소·색 등이) 기분 좋게 하는

a **cheerful** mood 쾌활한 기분
Nick seems **cheerful** today, and so do his colleagues.
Nick은 오늘 **쾌활해** 보이고, 그의 동료들도 그렇다.
a bright, **cheerful** café 밝고 **기분 좋은** 분위기의 카페

➕ cheer ⓥ 1 환호[응원]하다 2 기운을 북돋우다 ⓝ 1 환호 2 즐거움

0313 amused
[əmjúːzd]

ⓐ 즐거워하는, 재미있어하는

an **amused** expression **즐거워하는** 표정
My brother seemed to be very **amused** by what I said.
형은 내가 한 말에 매우 **재미있어하는** 것 같았다.

➕ amuse ⓥ 재미있게 하다 | amusing ⓐ 재미있는
amusement ⓝ 즐거움, 기분 전환

0314 satisfied
[sǽtisfàid]

ⓐ 만족한, 흡족한

a **satisfied** customer **만족한** 고객
I'm not **satisfied** with the way she cut my hair.
나는 그녀가 내 머리를 자른 방식에 **만족하지 않는다.**

➕ satisfy ⓥ 만족시키다 | satisfactory ⓐ 만족스러운

다의어

0315 content
ⓐ ⓥ [kəntént]
ⓝ [kɑ́ntent]

ⓐ 만족하는, 자족하는 ⓥ 만족시키다 ⓝ 1 내용(물) 2 목차

a. I'm **content** with a simple life. 나는 소박한 삶에 **만족한다.**
v. **content** oneself with one's lot 자기의 운명에 **만족하다**
n. 1 a summary of the book's **contents** 그 책의 **내용**에 대한 요약
2 table of **contents** 목차

0316 fascinated
[fǽsənèitid]

ⓐ 매료된, 매혹된, 마음을 빼앗긴

I was **fascinated** by what he said in his lecture.
나는 그가 강의하는 동안 했던 말에 **매료되었다.**

➕ fascinate ⓥ 매료[매혹]시키다 | fascinating ⓐ 매혹적인
fascination ⓝ 매료됨; 매력

애정과 감동

0317 adore
[ədɔ́ːr]

ⓥ 아주 좋아하다, 흠모하다, 찬미하다

He's a good doctor, and all his patients **adore** him.
그는 훌륭한 의사이고, 모든 환자들은 그를 **아주 좋아한다.**

➕ adorable ⓐ 사랑스러운 | adoration ⓝ 흠모, 경배

0318 affectionate
[əfékʃənit]

ⓐ 애정이 담긴, 다정한

an **affectionate** hug 애정이 담긴 포옹
She is very **affectionate** toward her parents.
그녀는 부모님에게 매우 **다정하다**.

➕ affection ⓝ 애정

0319 fond
[fɑnd]

ⓐ 좋아하는, 애정이 담긴

Over the years, I have grown quite **fond** of him.
세월이 흐르면서 나는 그를 아주 **좋아하게** 되었다.
👫 be fond of ~ : ~을 좋아하다
a **fond** farewell 애정이 담긴 작별 인사

0320 grateful
[gréitfəl]

ⓐ 감사하는, 고마워하는

a **grateful** letter 감사의 편지
I am **grateful** for the help that you have given to me.
제게 베풀어 주신 도움에 **감사하는** 마음입니다.

➕ gratitude ⓝ 감사

0321 touched
[tʌtʃt]

ⓐ 감동한, 마음이 움직인 🟰 moved

I was deeply **touched** by your kind words.
당신의 친절한 말에 깊은 **감동을 받았습니다**.

0322 flattering
[flǽtəriŋ]

ⓐ 아첨하는, 비위 맞추는, 으쓱하게 하는

a **flattering** remark 비위 맞추는 말
I found it **flattering** that he still remembered me after ten years.
나는 그가 10년 후에도 여전히 나를 기억하고 있었다는 것이 **기분 좋게** 느껴졌다.

➕ flatter ⓥ 아첨하다 | flattered ⓐ 기분이 좋은, 우쭐한

안정과 자신감

0323 relaxed
[rilǽkst]

ⓐ 느긋한, 여유 있는

a **relaxed** atmosphere 느긋한 분위기
In fact, he seems very **relaxed** about everything.
사실, 그는 모든 것에 대해 매우 **느긋해** 보인다.

➕ relax ⓥ 긴장을 풀다; 느슨하게 하다
relaxing ⓐ 긴장을 풀어주는, 편안한

0324 **comfortable**
[kʌ́mfərtəbl]

ⓐ 편안한, 기분 좋은　↔ uncomfortable 불편한

I sat on the big sofa and made myself **comfortable**.
나는 큰 소파에 앉아 **편하게** 있었다.

➕ comfort ⓝ 1 편안함　2 위안　ⓥ 위로하다

0325 **relieved**
[rilíːvd]

ⓐ 안도하는, 다행으로 여기는

Her parents were **relieved** to hear that she was alive.
그녀의 부모님은 그녀가 살아 있다는 말을 듣고 **안도했다**.

They exchanged **relieved** glances.　그들은 **안도**의 눈길을 주고받았다.

➕ relieve ⓥ 완화하다 | relief ⓝ 1 안도　2 완화　3 구호

다의어

0326 **secure**
[sikjúər]

ⓐ 안정된, 걱정이 없는, 안전한　**ⓥ** 확보하다

a. It's essential to let employees feel **secure** about their jobs.　직원들이 자신의 일에 대해 **안정**감을 느끼게 하는 것이 필수적이다.

v. **secure** a victory　승리를 **확보하다**

0327 **carefree**
[kɛ́ərfrìː]

ⓐ 걱정 없는, 속 편한

a **carefree** attitude toward life　삶에 대한 **근심 걱정 없는** 태도
I miss the **carefree** days of my youth.
나는 젊은 시절의 **걱정 없던** 나날들이 그립다.

💡 -free는 '~이 없는'이라는 의미이다.

다의어

0328 **confident**
[kánfidənt]

ⓐ 1 자신 있는　2 확신하는

1 a relaxed, **confident** mood　느긋하고 **자신 있는** 기분
2 He is **confident** that next year's sales will be excellent.
　그는 내년 영업 실적이 대단할 것이라고 **확신하고** 있다.

➕ confidence ⓝ 확신, 자신감

다의어

0329 **certain**
[sə́ːrtən]

ⓐ 1 확신하는　= sure　↔ uncertain 잘 모르는　2 확실한
3 어떤, 특정한　= particular

1 Are you **certain** that you saw her?　그녀를 봤다고 **확신해**?
2 No election results are **certain**.
　어떤 선거 결과도 **확실하지** 않다.
　👑 far from certain 전혀 확실하지 않은
3 a **certain** kind[type] of plant　**특정한** 종류의 식물

0330 **encourage**
[inkə́ːridʒ]

ⓥ 격려하다, 용기를 주다, 고무시키다　↔ discourage 낙담시키다

We were **encouraged** by their enthusiasm.
우리는 그들의 열정에 **고무되었다**.

💡 en-(= make, put in 만들다, 넣다) + courage(용기) → 용기를 불어넣다

빈칸에 알맞은 우리말 뜻 또는 영어 단어를 써넣어 워드맵을 완성하시오.

PLAN
4

1 _____
enthusiasm

2 _____
eager

3 p_____
열정적인, 열렬한

4 _____
willing

5 _____
anticipate

6 _____
determined

7 _____
희망에 찬, 기대에 부푼

8 d_____
아주 기뻐하는

9 _____
joyful

10 _____
pleased

11 _____
thrilled

12 _____
쾌활한; 기분 좋게 하는

13 _____
amused

14 s_____
만족한, 흡족한

15 _____
만족하는; 만족시키다; 내용(물); 목차

16 _____
fascinated

열정과 기대

기쁨과 즐거움

애정과 감동

긍정적 감정

안정과 자신감

17 _____
adore

18 _____
affectionate

19 _____
fond

20 _____
grateful

21 t_____
감동한, 마음이 움직인

22 _____
flattering

23 _____
relaxed

24 _____
편안한, 기분 좋은

25 _____
안도하는

26 _____
secure

27 _____
carefree

28 _____
confident

29 _____
확신하는; 확실한; 어떤

30 _____
encourage

Day **12** 부정적 감정

Must-Know Words

sorrow 슬픔	anger 화, 분노	envy 부러워하다; 부러움	regret 후회(하다)
worried 걱정하는	afraid 두려워하는	scared 겁먹은	hate 증오(하다)

짜증과 분노

0331 **upset**
[ʌpsét]
upset-upset-upset

ⓐ 화가 난, 속상한 ⓥ 화나게 하다, 속상하게 하다

look terribly **upset** 몹시 **화가 나** 보이다

He is **upset** about the way the workers are treated.
그는 노동자들이 대우받는 방식에 대해 **화가 났다**.

Her unfriendly attitude **upset** me.
그녀의 불친절한 태도가 나를 **화나게 했다**.

0332 **annoyed**
[ənɔ́id]

ⓐ 짜증 난, 불쾌한

I was **annoyed** by the traffic jam during my commute.
나는 통근하는 동안 교통 체증에 **짜증이 났다**.

a very **annoyed** expression 매우 **불쾌한** 표정

➕ annoy ⓥ 짜증 나게 하다 | annoying ⓐ 짜증 나게 하는

다의어

0333 **irritate**
[írətèit]

ⓥ 1 짜증 나게 하다 2 (피부를) 자극하다

1 The noise was beginning to **irritate** me.
그 소음이 나를 **짜증 나게 하기** 시작하고 있었다.

2 This soap may **irritate** sensitive skin.
이 비누는 민감한 피부를 **자극할** 수 있다.

➕ irritated ⓐ 짜증 난 | irritating ⓐ 짜증 나게 하는
irritation ⓝ 1 짜증 2 통증, 가려움

0334 **provoke**
[prəvóuk]

ⓥ 불러일으키다, 자극하다

The introduction of the law **provoked** widespread protests.
그 법의 도입은 광범위한 항의를 **불러일으켰다**.

➕ provocation ⓝ 자극, 도발 | provocative ⓐ 도발적인, 자극적인

다의어

0335 **disturbed**
[distə́:rbd]

ⓐ 1 불안해하는, 동요한 2 정신[정서]적 장애가 있는

1 She seems very **disturbed** about her future.
그녀는 자신의 미래에 대해 매우 **불안해하는** 것 같다.

2 emotionally **disturbed** children 정서 **장애가 있는** 아동

➕ disturb ⓥ 1 방해하다 2 불안하게 하다 | disturbing ⓐ 불안하게 하는

0336 furious
[fjúəriəs]

ⓐ 1 성난, 격분한 2 격렬한, 열띤

1 He was **furious** at his teammates' lack of commitment.
    그는 그의 팀 동료들이 보인 헌신의 부족에 **격분했다**.
2 a **furious** debate **열띤** 논쟁

0337 rage
[reidʒ]

ⓝ 분노, 격정, 흥분 상태

As he read the letter, his face became red with **rage**.
그 편지를 읽으면서 그의 얼굴은 **분노**로 빨개졌다.

우울 · 불안 · 근심

0338 gloomy
[glú:mi]

ⓐ 암울한, 침울한

Graduates are feeling **gloomy** about the job market.
졸업생들은 취업 시장에 대해 **암울함**을 느끼고 있다.

0339 depressed
[diprést]

ⓐ 1 낙담한, 의기소침한 2 (경제가) 침체된

1 He was **depressed** about his failing career.
    그는 자신의 실패하고 있는 경력에 대해 **낙담해** 있었다.
2 **depressed** economy **침체된** 경제

➕ depression ⓝ 1 우울(증) 2 불황 ｜ depressing ⓐ 우울하게 하는

0340 nervous
[nə́:rvəs]

ⓐ 1 초조한, 불안한 2 신경의

1 He is very **nervous** about taking the final exam.
    그는 기말시험을 보는 것에 대해 매우 **초조해한다**.
2 suffer from a **nervous** disorder **신경** 장애를 앓고 있다

0341 doubtful
[dáutfəl]

ⓐ 1 의심스러운 2 확신하지 못하는

1 The truth of the statement is **doubtful**.
    그 진술의 진실성이 **의심스럽다**.
2 I'm still **doubtful** about whether I should accept the job.
    나는 그 일자리를 수락해야 할지에 대해 아직 **확신하지 못하고 있다**.

➕ doubt ⓝ 의심, 의혹 ⓥ 의심하다

0342 miserable
[mízərəbl]

ⓐ 비참한, 불쌍한

He felt lonely and **miserable** after she was gone.
그녀가 가버린 후에 그는 외롭고 **비참함**을 느꼈다.

➕ misery ⓝ 불행, 비참함

0343 **concerned**

[kənsə́:rnd]

ⓐ 1 걱정하는, 염려하는 2 관련된, 관계가 있는

1 His family was very **concerned** about his health.
그의 가족은 그의 건강에 대해 매우 **걱정했다**.

2 It has been a tough time for all **concerned**.
관련된 사람들 모두에게 힘든 시간이었다.

➕ concern ⓝ 1 걱정 2 관심(사) ⓥ 1 ~에 관계되다 2 걱정시키다

0344 **anxious**

[ǽŋkʃəs]

ⓐ 1 걱정하는, 불안한 2 열망하는, 간절히 바라는

1 They are **anxious** about their new project.
그들은 새로운 프로젝트에 대해 **걱정하고** 있다.

2 We were **anxious** to hear the results.
우리는 결과를 듣기를 **간절히 바라고** 있었다.

➕ anxiously ⓐᵈ 걱정스럽게 | anxiety ⓝ 불안, 걱정

0345 **boredom**

[bɔ́:rdəm]

ⓝ 지루함, 따분함

relieve one's **boredom** 지루함을 달래다
She gave up attending lectures out of sheer **boredom**.
그녀는 순전히 **지루함**으로 인해 강의에 출석하는 것을 포기했다.

➕ bored ⓐ 지루해하는 | boring ⓐ 지루한

0346 **isolated**

[áisəlèitid]

ⓐ 고립된, 외딴, 단절된

A year of war has left the country **isolated** from the rest of the world.
1년 동안의 전쟁으로 그 나라는 나머지 세계로부터 **고립되었다**.

isolated rural areas **외딴** 시골 지역

➕ isolate ⓥ 고립[소외]시키다 | isolation ⓝ 고립, 소외

0347 **frightened**

[fráitnd]

ⓐ 무서워하는, 겁먹은 ⊜ scared

He was **frightened** of his own shadow.
그는 자신의 그림자에 **겁을 먹었다**.

I was too **frightened** to talk to other people about the incident.
나는 너무 **무서워서** 그 일에 대해 다른 사람들에게 이야기할 수 없었다.

➕ frighten ⓥ 겁먹게 하다(= scare) | frightening ⓐ 무서운(= scary)

0348 **regretful**

[rigrétfəl]

ⓐ 1 후회하는 2 (상황 등이) 유감스러운

1 He is deeply **regretful** about what he did.
그는 자신이 한 일에 대해 깊이 **후회하고** 있다.

2 It is very **regretful** that this happened.
이 일이 일어난 것은 정말 **유감스럽다**.

➕ regret ⓥ 후회하다 ⓝ 후회

0349 ashamed
[əʃéimd]

ⓐ 부끄러워하는, 창피한, 수치심을 느끼는

He felt **ashamed** that he had forgotten his wife's birthday.
그는 아내의 생일을 잊은 것에 **부끄러움**을 느꼈다.

➕ shame ⓝ 창피함, 부끄러움 | shameful ⓐ 수치스러운

0350 disgrace
[disgréis]

ⓝ 불명예, 치욕; 수치(스러운 존재)

His behavior brought **disgrace** on himself and his profession.
그의 행동은 그 자신과 그의 직업에 **불명예**를 가져왔다.

You are a **disgrace** to our family.
너는 우리 가문의 **수치**야.

🏱 in disgrace 불명예스럽게
⭐ dis-(반대) + grace(품위)

다의어

0351 guilty
[gílti]

ⓐ 1 **죄책감이 드는, 가책을 느끼는** 2 유죄의 ↔ innocent 무죄의

1 She felt **guilty** about hurting her friend.
   그녀는 친구를 마음 아프게 한 것에 대해 **죄책감을 느꼈다**.

2 The jury found him **guilty** of theft.
   배심원단은 그가 절도에 있어서 **유죄**라고 판결했다.

🏱 guilty conscience 양심의 가책, 죄책감
➕ guilt ⓝ 1 죄책감, 죄의식 2 유죄

0352 despair
[dispéər]

ⓝ 절망, 자포자기

She was overwhelmed by a deep sense of **despair**.
그녀는 깊은 **절망**감에 압도되었다.

🏱 fall into despair 절망에 빠지다, 자포자기하다

0353 disappointed
[dìsəpɔ́intid]

ⓐ 실망한, 낙담한

be **disappointed** by a result 결과에 **실망하다**
We were **disappointed** to hear no rooms were available.
방이 없다는 말을 듣고 우리는 **실망했다**.

➕ disappoint ⓥ 실망시키다 | disappointing ⓐ 실망스러운

0354 frustrated
[frʌ́streitid]

ⓐ 좌절감을 느끼는, 불만스러워하는

He felt **frustrated** when he didn't get a promotion after all his hard work.
그는 열심히 일한 후에 승진하지 못했을 때 **좌절감**을 느꼈다.

➕ frustrate ⓥ 좌절감을 주다, 실망시키다 | frustration ⓝ 좌절감, 실망감
frustrating ⓐ 좌절감을 주는, 실망스러운

0355 embarrass
[imbǽrəs]

ⓥ 당황하게 하다, 난처하게 하다

I didn't want to **embarrass** him by saying no.
나는 안 된다는 말로 그를 **난처하게** 만들고 싶지 않았다.

➕ embarrassing ⓐ 당황스러운, 난처한
embarrassed ⓐ 당황한, 난처해하는

적대감

0356 hatred
[héitrid]

ⓝ 증오, 혐오

stir up **hatred** 증오심을 불러일으키다
He could not conceal his **hatred** for the invaders.
그는 침략자들에 대한 **증오**를 감출 수 없었다.

➕ hate ⓥ 증오하다, 싫어하다 ⓝ 증오

0357 jealous
[dʒéləs]

ⓐ 질투하는, 시샘하는

He gets **jealous** when other men talk to his girlfriend.
그는 다른 남자들이 자신의 여자친구에게 말을 걸면 **질투심**이 생긴다.

Don't be **jealous** of your friend's success.
친구의 성공을 **시샘하지** 마라.

➕ jealousy ⓝ 질투

0358 offend
[əfénd]

ⓥ 불쾌하게 하다, 기분 상하게 하다

His constant lateness to work **offended** his boss.
그의 계속된 출근 지각은 상사를 **불쾌하게 했다**.

➕ offense ⓝ 불쾌한 것 | offensive ⓐ 모욕적인, 불쾌한

0359 insult
ⓝ [ínsʌlt]
ⓥ [insʌ́lt]

ⓝ 모욕, 무례 ⓥ 모욕하다, 무례한 짓을 하다

That kind of crime is an **insult** to our human dignity.
그러한 종류의 범죄는 우리 인간의 존엄성에 대한 **모욕**이다.

She **insulted** us by not showing up at the meeting.
그녀는 회의에 참석하지 않음으로써 우리를 **모욕했다**.

➕ insulting ⓐ 모욕적인, 무례한

0360 disgust
[disgʌ́st]

ⓝ 혐오감, 역겨움

He expressed his absolute **disgust** at such an idea.
그는 그런 생각에 완전한 **혐오감**을 표현했다.

in disgust 넌더리 나서, 싫어져서

➕ disgusting ⓐ 역겨운

Daily Check-up

빈칸에 알맞은 우리말 뜻 또는 영어 단어를 써넣어 워드맵을 완성하시오.

1 u _____
화가 난; 화나게 하다

2 a _____
짜증 난, 불쾌한

3 _____
irritate

4 _____
provoke

5 _____
disturbed

6 _____
furious

7 _____
rage

8 _____
gloomy

9 _____
depressed

10 _____
초조한, 불안한; 신경의

11 _____
doubtful

12 _____
miserable

13 _____
걱정하는; 관련된

14 a _____
걱정하는; 열망하는

15 _____
boredom

16 _____
isolated

17 _____
frightened

18 _____
후회하는; 유감스러운

PLAN
4

짜증과 분노

우울 · 불안 · 근심

부정적 감정

자책과 절망

적대감

19 _____
ashamed

20 _____
disgrace

21 _____
죄책감이 드는; 유죄의

22 _____
despair

23 _____
실망한, 낙담한

24 _____
frustrated

25 e _____
당황[난처]하게 하다

26 _____
hatred

27 _____
질투하는, 시샘하는

28 _____
offend

29 _____
모욕, 무례; 모욕하다

30 _____
disgust

Day 13 | 감각과 분위기

다의어

0361 **sense**
[sens]

ⓝ 1 감각 2 느낌, ~감 3 의미

1 Cats have a very keen **sense** of hearing.
고양이는 청**각**이 매우 예민하다.

2 a **sense** of loss / security / relief / responsibility
상실**감** / 안정**감** / 안도**감** / 책임**감**

3 Many words have more than one **sense**.
많은 단어들은 한 가지 이상의 **의미**를 지닌다.

다의어

0362 **sensation**
[senséiʃən]

ⓝ 1 (자극을 받아서 생기는) 느낌 2 반향, 선풍

1 He had the **sensation** that someone was watching him.
그는 누군가 자신을 지켜보고 있다는 **느낌**이 들었다.

2 The book on the actor's private life caused quite a **sensation**.
그 배우의 사생활에 관한 책은 상당한 **반향**을 일으켰다.

0363 **instinct**
[ínstiŋkt]

ⓝ 본능

maternal / survival **instinct** 모성 / 생존 **본능**

Many species of birds migrate south each winter by **instinct**.
많은 종의 새들이 **본능**에 따라 매년 겨울 남쪽으로 이동한다.

➕ instinctive ⓐ 본능적인

0364 **circumstance**
[sə́:rkəmstæns]

ⓝ 상황, 환경, 처지

a victim of **circumstance** **상황**이 만들어낸 희생자

It is hard to imagine a **circumstance** in which this outcome will be changed.
이 결과가 바뀔 **상황**을 상상하기란 어렵다.

다의어

0365 **atmosphere**
[ǽtməsfiər]

ⓝ 1 분위기 2 대기

1 A reading room in a library has a quiet **atmosphere**.
도서관 열람실은 조용한 **분위기**이다.

2 The **atmosphere** is becoming more polluted each day.
대기가 나날이 더 오염되고 있다.

감각의 인지

0366 perceive
[pərsíːv]

ⓥ 지각하다, 감지하다, 인지하다

He **perceived** my intention right away.
그는 내 의도를 곧바로 **인지했다**.

➕ perception ⓝ 지각, 인지 | perceptive ⓐ 감지하는, 지각하는

다의어

0367 scan
[skæn]

ⓥ 1 자세히 조사하다, 세밀하게 살피다　2 대충 훑어보다

1 She **scanned** his face, but there were no signs of worry.
　그녀는 그의 얼굴을 **자세히 살펴보았으나** 어떠한 걱정의 기색도 없었다.

2 **scan** through the newspaper 신문을 **대강 훑어보다**

다의어

0368 keen
[kiːn]

ⓐ 1 예민한　2 강렬한　3 간절히 바라는

1 Owls are known for their **keen** eyesight, even at night.
　올빼미는 심지어 밤에도 시력이 **예민한** 것으로 알려져 있다.

2 I felt a **keen** sense of loss over the missed opportunity.
　나는 놓친 기회에 대해 **강렬한** 상실감을 느꼈다.

3 The government is **keen** for peace talks to start again.
　정부는 평화 회담이 다시 시작되기를 **간절히 바라고** 있다.

0369 apparent
[əpǽrənt]

ⓐ 명백한, 뚜렷한

It became **apparent** to everyone that she was seriously ill.
그녀가 심각하게 아프다는 것은 모든 사람에게 **명백해**졌다.

for no **apparent** reason **뚜렷한** 이유 없이

➕ apparently ⓐd 보아 하니

0370 obvious
[ɑ́bviəs]

ⓐ 명확한, 명료한

It seems **obvious** to me that this solution is unrealistic.
내게는 이 해결책이 비현실적이라는 것이 **명백해** 보인다.

➕ obviously ⓐd 분명히, 확실히

감각의 종류

0371 visual
[víʒuəl]

ⓐ 시각의

This device turns the electrical signals into **visual** images.
이 장치는 전기 신호를 **시각적** 이미지로 변환한다.

👐 a visual aid 시각 보조 교재(그림·비디오 등)
⭐ cf. auditory 청각의

0372 gaze
[geiz]

ⓥ 응시하다 **ⓝ** 응시, 시선

She **gazed** at her beautiful new diamond ring.
그녀는 자신의 아름다운 새 다이아몬드 반지를 응시했다.

I hastily avoided his **gaze**, feeling myself blush.
나는 얼른 그의 **시선**을 피하면서 얼굴이 붉어지는 것을 느꼈다.

0373 glance
[glæns]

ⓝ 흘긋 봄, 한 번 봄 **ⓥ** 흘긋[잠깐] 보다

Kate recognized her daughter at a **glance**.
Kate는 **한눈**에 딸을 알아보았다.

💡 at a glance 한눈에, 즉시

Mark **glanced** nervously at his teacher.
Mark는 초조하게 선생님을 **흘긋 쳐다보았다**.

0374 glimpse
[glimps]

ⓝ 잠깐 봄, 일견

The book offers a **glimpse** into the future of our society.
그 책은 우리 사회의 미래를 **엿볼** 수 있게 한다.

💡 catch a glimpse of ~: ~을 잠깐 동안 보다

0375 stare
[stɛəːr]

ⓥ 응시하다, 빤히 보다 **ⓝ** 응시

He **stared** in disbelief at the message on his cell phone.
그는 믿을 수 없다는 듯이 자신의 휴대폰 메시지를 **응시했다**.

She gave me a blank **stare** without answering my question.
그녀는 내 질문에 대답하지 않고 멍하니 나를 **응시**했다.

0376 scent
[sent]

ⓝ 냄새, 향기

The dog followed the suspect's **scent**.
그 개는 용의자의 **냄새**를 추적했다.

The **scents** of flowers relax me.
꽃**향기**는 나를 편안하게 한다.

다의어

0377 fragrance
[fréigrəns]

ⓝ 1 향기 2 향수 **⧏** perfume

1 Our fabric softener comes in various **fragrances**.
　저희 섬유 유연제는 다양한 **향기**로 출시됩니다.

2 a newly launched **fragrance** for men 새로 출시된 남성용 **향수**

0378 odor
[óudər]

ⓝ (좋지 못한) 냄새, 악취

The **odor** of garlic filled the kitchen.
마늘 **냄새**가 주방을 가득 채웠다.

a strong **odor** 진한 **냄새**

0379 cozy
[kóuzi]

ⓐ 아늑한, 포근한; 편안한

The living room was warm and **cozy**.
거실은 따뜻하고 **아늑했다**.

We spent a **cozy** evening around the old fireplace.
우리는 낡은 벽난로 주변에서 **편안한** 저녁을 보냈다.

0380 informal
[infɔ́ːrməl]

ⓐ 격의 없는, 편안한

We agreed to have an **informal** meeting over a cup of coffee.
우리는 커피 한잔을 마시며 **격의 없는** 회의를 갖기로 합의했다.

an **informal** atmosphere
(격식에 얽매이지 않는) **편안한** 분위기

다의어

0381 fancy
[fǽnsi]

ⓐ 화려한, 고급의 ⓝ 공상, 상상

ⓐ. My husband and I went to a **fancy** restaurant for our anniversary.
남편과 나는 결혼기념일에 **고급** 레스토랑에 갔다.

ⓝ. Dreams are the product of **fancy**.
꿈은 **공상**의 산물이다.

0382 festive
[féstiv]

ⓐ 축제의, 즐거운

The match was not over yet, but the crowd was already in a **festive** mood.
경기가 아직 끝나지 않았지만 관중은 벌써 **축제** 분위기였다.
🎪 in a festive mood 축제 분위기의

More than 10,000 people gathered for the **festive** event.
만 명이 넘는 사람들이 그 **축제** 행사를 위해 모였다.

➕ festival ⓝ 축제

다의어

0383 dynamic
[dainǽmik]

ⓐ 1 역동적인 2 (성격이) 활발한

1 The article stated that Vietnam is a **dynamic** country with a lot of potential.
그 기사는 베트남이 많은 잠재력을 가진 **역동적인** 나라라고 기술했다.

2 My grandfather was a man with a **dynamic** personality.
나의 할아버지는 **활발한** 성격을 가진 분이셨다.

0384 exotic
[igzátik]

ⓐ 이국적인, 외국의

an **exotic** mood **이국적** 정취

I was overwhelmed by the **exotic** scenery.
나는 **이국적인** 광경에 압도되었다.

0385 romantic
[roumǽntik]

ⓐ 1 애정의, 연애의 2 낭만적인, 비현실적인

1 She is in a **romantic** relationship with her coworker.
그녀는 자신의 직장 동료와 **연애** 관계에 있다.

2 He has some **romantic** notions about country life.
그는 시골 생활에 대해 약간의 **낭만적인** 생각을 가지고 있다.

➕ romance ⓝ 로맨스, 연애 (사건); 연애 감정

0386 mysterious
[mistíəriəs]

ⓐ 1 이해하기 힘든, 불가사의한 2 신비한

1 for some **mysterious** reason 알 수 없는 이유로
The police are investigating the **mysterious** death of a teenager. 경찰은 어느 십 대 청소년의 **의문사**를 조사하고 있다.

2 She saw a **mysterious** lake surrounded by trees.
그녀는 나무들에 둘러싸인 **신비한** 호수를 보았다.

➕ mystery ⓝ 미스터리, 수수께끼, 불가사의

0387 awkward
[ɔ́:kwərd]

ⓐ 1 어색한, 거북한, 불편한 2 서투른

1 Laughter is a good way to break an **awkward** silence in a conversation.
웃음은 대화에서의 **어색한** 침묵을 해소하는 좋은 방법이다.

2 I'm still **awkward** at communicating my feelings in Korean.
나는 한국어로 나의 감정을 전달하는 데 아직도 **서투르다**.

0388 tragic
[trǽdʒik]

ⓐ 비극적인; 비극의

The brothers both died in a **tragic** car accident.
그 형제는 둘 다 **비극적인** 자동차 사고로 사망했다.

a famous **tragic** actor 유명한 **비극** 배우

➕ tragedy ⓝ 비극; 비극적인 사건

0389 urgent
[ə́:rdʒənt]

ⓐ 긴급한, 절박한

At least three million Afghans are in **urgent** need of food.
적어도 3백만 명의 아프가니스탄 사람들이 **긴급히** 식량을 필요로 하고 있다.

➕ urge ⓥ 재촉하다, 급히 서두르게 하다 | urgency ⓝ 긴급, 위급

0390 threatening
[θrétniŋ]

ⓐ 1 협박하는, 위협적인 2 (날씨가) 험악한

1 She's been receiving **threatening** phone calls for a few days. 그녀는 며칠 동안 **협박** 전화를 받고 있다.

2 The sky was **threatening** this morning, but rain didn't come till the afternoon.
오늘 아침에는 하늘이 **험악해** 보였지만 오후까지 비가 오지 않았다.

➕ threat ⓝ 위협, 협박 | threaten ⓥ 위협하다, 협박하다

Daily Check-up

빈칸에 알맞은 우리말 뜻 또는 영어 단어를 써넣어 워드맵을 완성하시오.

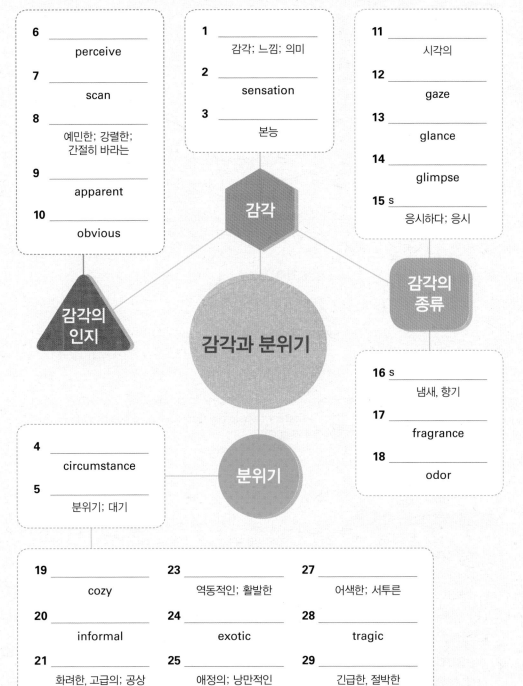

6 _____
perceive

7 _____
scan

8 _____
예민한; 강렬한;
간절히 바라는

9 _____
apparent

10 _____
obvious

1 _____
감각; 느낌; 의미

2 _____
sensation

3 _____
본능

11 _____
시각의

12 _____
gaze

13 _____
glance

14 _____
glimpse

15 s _____
응시하다; 응시

감각

감각의 인지

감각과 분위기

감각의 종류

16 s _____
냄새, 향기

17 _____
fragrance

18 _____
odor

4 _____
circumstance

5 _____
분위기; 대기

분위기

19 _____
cozy

20 _____
informal

21 _____
화려한, 고급의; 공상

22 _____
축제의, 즐거운

23 _____
역동적인; 활발한

24 _____
exotic

25 _____
애정의; 낭만적인

26 _____
mysterious

27 _____
어색한; 서투른

28 _____
tragic

29 _____
긴급한, 절박한

30 _____
threatening

Day 14 · 성격과 태도

positive 긍정적인	negative 부정적인	careful 조심성 있는	generous 관대한
rude 무례한, 버릇없는	strict 엄격한, 엄한	active 활동적인	shy 수줍음이 많은

다의어

0391 character
[kǽriktər]

ⓝ 1 성격 2 등장인물 3 글자

1 She is a positive person with a cheerful **character**.
그녀는 명랑한 **성격**을 지닌 긍정적인 사람이다.

2 I didn't like the main **character** in that book.
나는 그 책의 주요 **등장인물**[주인공]이 맘에 들지 않았다.

3 The password may be up to 12 **characters** long.
암호는 길이가 최대 12**자**까지 될 수 있다.

0392 personality
[pə̀:rsənǽləti]

ⓝ 성격, 인격, 개성

have a difficult **personality** 성격이 까다롭다
They were attracted toward each other despite their different **personalities**. 성격이 서로 달랐음에도 그들은 서로에게 끌렸다.

0393 attitude
[ǽtitjùːd]

ⓝ 태도, 자세, 사고방식

show a favorable **attitude** 호의적인 **태도**를 보이다
It is important to help children develop a positive **attitude** toward learning.
아이들이 배움에 대해 긍정적인 **자세**를 기르도록 돕는 것은 중요하다.

긍정적

0394 optimistic
[ɑ̀ptəmístik]

ⓐ 낙관적인, 낙천적인 ↔ pessimistic 비관적인

He has an **optimistic** view of the company's future.
그는 회사의 장래에 대해 **낙관적인** 견해를 갖고 있다.

➕ optimism ⓝ 낙관론, 낙천주의 | optimist ⓝ 낙관론자, 낙천주의자

0395 energetic
[ènərdʒétik]

ⓐ 활력 넘치는, 활기찬; 열렬한

She is a very **energetic** woman with many interests.
그녀는 관심 분야가 많은 아주 **활력 넘치는** 여성이다.

an **energetic** supporter **열렬한** 지지자

➕ energy ⓝ 에너지, 활력 | energize ⓥ 활력을 주다

다의어

0396 **vigorous**
[vígərəs]

ⓐ 1 활발한, 격렬한 2 활기찬, 원기 왕성한

1 have a **vigorous** argument **활발한** 논쟁을 하다
a **vigorous** exercise **격렬한** 운동

2 He inherited a **vigorous** mind from his mother.
그는 어머니에게서 **활기찬** 정신을 물려받았다.

➕ vigor ⓝ 활력

0397 **independent**
[ìndipéndənt]

ⓐ 독립적인, 자립심이 강한 ↔ dependent 의존적인

He is financially **independent** of his parents.
그는 부모로부터 경제적으로 **독립해** 있다.

an **independent** young woman **자립심이 강한** 젊은 여성

➕ independence ⓝ 독립, 자립

다의어

0398 **objective**
[əbdʒéktiv]

ⓐ 객관적인 ⓝ 목표, 목적

a. Nathan always maintains an **objective** view without judgment.
Nathan은 항상 판단하지 않고 **객관적인** 시각을 견지한다.

n. Our **objective** is to develop useful new products.
우리의 **목표**는 유용한 신제품을 개발하는 것이다.

0399 **cautious**
[kɔ́:ʃəs]

ⓐ 조심스러운, 신중한

She has a **cautious** attitude about social media.
그녀는 소셜 미디어에 대해 **조심스러운** 태도를 가지고 있다.

a **cautious** approach **신중한** 접근 방식

➕ caution ⓝ 주의, 신중함

다의어

0400 **decent**
[dí:sənt]

ⓐ 1 품위 있는, 친절한 2 (수준·질이) 괜찮은, 제대로 된

1 He is a **decent** guy who is easy to get along with.
그는 쉽게 사귈 수 있는 **친절한** 사람이다.

2 It's a pretty boring job, but the pay is **decent**.
그것은 매우 지루한 일이지만 급료는 **괜찮다**.

다의어

0401 **modest**
[mádist]

ⓐ 1 겸손한 2 대단치 않은, 보통의

1 She is always **modest** about her role on the team.
그녀는 팀에서의 자신의 역할에 대해 항상 **겸손하다**.

2 He lives on a **modest** income.
그는 **많지 않은** 수입으로 살고 있다.

0402 humble
[hʌ́mbl]

ⓐ 1 **겸손한** 2 미천한, 보잘것없는

1 He is a great athlete but is **humble** about his accomplishments.
그는 훌륭한 운동선수이지만 자신의 업적에 대해 **겸손하다**.

2 She started her career as a **humble** cashier.
그녀는 **일개** 계산원으로 일을 시작했다.

0403 sincere
[sinsíə:r]

ⓐ 진실한, 진심 어린

Please accept my **sincere** apologies.
저의 **진심 어린** 사과를 받아주세요.

➕ sincerity ⓝ 성실, 정직 ｜ sincerely 졥 진심으로
✪ 편지를 끝맺을 때 흔히 sincerely라고 쓴다.

0404 helpful
[hélpfəl]

ⓐ 도움 되는, 기꺼이 돕는

The lawyer was very **helpful** and gave me some valuable advice.
그 변호사는 나를 **기꺼이 도우려** 했고 몇 가지 귀중한 조언을 해주었다.

👄 helpful in -ing: ~하는 데 도움이 되는

0405 sympathetic
[sìmpəθétik]

ⓐ 동정적인, 동조하는

His colleagues were **sympathetic** when they heard about his misfortune.
그의 동료들은 그의 불행에 대해 들었을 때 **동정적**이었다.

➕ sympathy ⓝ 동정, 연민
✪ 어원: sym-(same 같은) + path-(feeling 감정) + -tic(~한)
→ 같은 감정을 가진

0406 caring
[kéəriŋ]

ⓐ 배려하는, 보살피는

The majority of teachers in my school are kind and **caring**.
우리 학교 선생님들의 대다수는 친절하시고 **배려심이 많다**.

➕ care ⓥ 마음[신경]을 쓰다 ⓝ 1 돌봄, 보살핌 2 주의, 조심

0407 sensitive
[sénsətiv]

ⓐ 1 **세심한** 2 민감한

1 Dorothy is a **sensitive** person who thinks deeply about the people around her.
Dorothy는 자신의 주변 사람들에 대해 깊이 생각하는 **세심한** 사람이다.

2 Older people are more **sensitive** to heat and cold.
노인들은 더위와 추위에 더 **민감하다**.

0408 selfish
[sélfiʃ]

ⓐ 이기적인

selfish behavior 이기적 행동

My **selfish** sister ate up the ice cream and left me none.
내 **이기적인** 언니는 아이스크림을 다 먹고 내 몫으로 하나도 남겨주지 않았다.

➕ selfishness ⓝ 이기심, 이기주의

0409 greedy
[grí:di]

ⓐ 탐욕스러운, 욕심 많은

a **greedy** and selfish society 탐욕스럽고 이기적인 사회

They cast **greedy** eyes on my wealth.
그들은 내 재산에 **탐욕스러운** 시선을 던졌다.

➕ greed ⓝ 탐욕(= greediness)

다의어

0410 mean
[mi:n]

ⓐ 1 비열한, 못된 2 인색한 3 평균의

1 He is a **mean** old man who treats everyone badly.
그는 모든 사람을 나쁘게 대하는 **비열한** 노인이다.

2 She was too **mean** to buy Christmas presents for her children.
그녀는 너무나 **인색하여** 자녀들에게 크리스마스 선물을 사주지 않을 정도였다.

3 Calculate the **mean** distance traveled.
주행한 **평균** 거리를 계산해라.

0411 boast
[boust]

ⓥ 뽐내다, 자랑하다

boast of one's success 자신의 성공을 **뽐내다**

He always **boasts** about how much money he has made.
그는 자기가 얼마나 많은 돈을 벌었는지에 대해 늘 **자랑한다**.

➕ boastful ⓐ 뽐내는, 자랑하는

0412 arrogant
[ǽrəgənt]

ⓐ 오만한, 거만한

My new neighbor is a rude, **arrogant** man who lives alone.
나의 새로운 이웃은 혼자 사는 무례하고 **오만한** 남자이다.

She is so **arrogant** that she will not admit her mistakes.
그녀는 너무 **오만해서** 자신의 잘못을 인정하지 않을 것이다.

➕ arrogance ⓝ 오만함, 거만함

0413 impolite
[ìmpəláit]

ⓐ 무례한, 실례되는 ⊜ rude ↔ polite 예의 바른

make **impolite** remarks **무례한** 말을 하다

I think it is **impolite** not to be on time.
나는 시간을 지키지 않는 것은 **실례가 된다고** 생각한다.

0414 childish
[tʃáildiʃ]

ⓐ 유치한, 어린애 같은

I'd like you to explain your **childish** behavior.
당신의 **유치한** 행동에 대해 해명해 주셨으면 합니다.

childish mischief 어린애 같은 장난

🌐 cf. childlike 천진난만한, 순진한

다의어

0415 moody
[múːdi]

ⓐ 1 언짢은, 침울한 2 기분 변화가 심한, 변덕스러운

1 Someone definitely seems **moody** today.
오늘 누군가가 분명 **기분이 좋지 않군**.

2 **Moody** people are often thought of as difficult people to deal with.
기분 변화가 심한 사람들은 흔히 다루기 힘든 사람들로 여겨진다.

0416 weird
[wiəːrd]

ⓐ 기이한, 해괴한

My brother is **weird**; his favorite food is broccoli.
내 남동생은 **이상해**. 제일 좋아하는 음식이 브로콜리야.

a **weird** idea 해괴한 발상

다의어

0417 temper
[témpəːr]

ⓝ 1 (화를 내는) 성질, 성미 2 참을성, 침착함

1 a quick / bad / violent **temper** 성급한 / 고약한 / 난폭한 **성질**

2 He tried to keep his **temper** under control.
그는 **침착함을** 유지하려고 애썼다.
😛 lose one's temper 화를 내다, 흥분하다

0418 aggressive
[əgrésiv]

ⓐ 공격적인, 저돌적인

a dangerous, **aggressive** dog 위험하고 **공격적인** 개
He suddenly turned **aggressive** and began to shout.
그는 갑자기 **공격적이** 되어 소리를 지르기 시작했다.

0419 indifferent
[indífərənt]

ⓐ 무관심한, 냉담한

be **indifferent** to politics 정치에 **무관심하다**
The husband was disturbed by his wife's **indifferent** attitude toward him.
남편은 자신에 대한 아내의 **냉담한** 태도에 마음이 불편했다.

➕ indifference ⓝ 무관심, 무심함

0420 pessimistic
[pèsəmístik]

ⓐ 비관적인 ⟷ optimistic 낙관적인

The philosopher is well known for his **pessimistic** view of human nature.
그 철학자는 인간 본성에 대한 **비관적인** 견해로 잘 알려져 있다.

➕ pessimism ⓝ 비관주의 | pessimist ⓝ 비관주의자

Daily Check-up

빈칸에 알맞은 우리말 뜻 또는 영어 단어를 써넣어 워드맵을 완성하시오.

PLAN 4

4 _____ optimistic

5 e _____ 활력 넘치는; 열렬한

6 _____ vigorous

10 d _____ 품위 있는; 괜찮은

11 m _____ 겸손한; 대단치 않은

12 _____ humble

13 _____ sincere

14 _____ 도움 되는, 기꺼이 돕는

15 _____ sympathetic

16 _____ caring

17 _____ 세심한; 민감한

7 _____ independent

8 _____ 객관적인; 목표

9 _____ cautious

긍정적

1 _____ 성격; 등장인물; 글자

2 _____ personality

3 _____ 태도, 자세, 사고방식

부정적

18 _____ 이기적인

19 _____ greedy

20 _____ 비열한; 인색한; 평균의

21 _____ 뽐내다, 자랑하다

22 _____ arrogant

23 _____ impolite

24 _____ childish

25 _____ moody

26 w _____ 기이한, 해괴한

27 _____ temper

28 _____ aggressive

29 _____ indifferent

30 _____ pessimistic

Day 14 성격과 태도 ★ 101

PLAN 5
언어와 정신 활동

verbal 언어의
fluent 유창한
emphasize 강조하다

press 언론, 신문과 잡지
opinion 의견, 견해
broadcast 방송(하다)

언어와
의사소통

대중 매체와
통신

언어와
정신 활동

심리학

철학과
사고

psychology 심리학
abnormal 비정상적인
consciousness 의식

philosophy 철학
thought 생각, 사고
logic 논리, 타당성

Day 15 언어와 의사소통

language 언어   express 표현하다   meaning 의미   conversation 대화

speech 연설   body language 신체 언어   persuade 설득하다   foreign 외국의

0421 **linguistic**
[liŋgwístik]

ⓐ 언어의, 언어학의

Using two languages may slow down a child's **linguistic** development. 2개 언어를 사용하는 것은 아동의 **언어** 발달을 늦출 수 있다.

➊ linguistics ⓝ 언어학 | linguist ⓝ 언어학자

다의어

0422 **communication**
[kəmjù:nəkéiʃən]

ⓝ 1 (의사)소통   2 (주로 *pl.*) 통신

1 Parents need to have open **communication** with their children. 부모들은 자녀들과 터놓고 **소통**을 할 필요가 있다.

a means of **communication** 의사소통 수단

2 a **communications** system 통신 체계

➊ communicate ⓥ (의사)소통하다, 연락하다; 전하다

의사소통 방법

0423 **verbal**
[və́:rbəl]

ⓐ 언어의; 말에 의한, 구두의

verbal skills 구술[언어] 능력

We had just a **verbal** agreement without a written contract. 우리는 서면 계약 없이 단지 **구두** 합의만 했다.

✪ cf. nonverbal 비언어적인 | written 문서로 된, 성문의

다의어

0424 **expression**
[ikspréʃən]

ⓝ 1 표현, 표시   2 표정

1 Sending flowers is an **expression** of love.
꽃을 보내는 것은 사랑의 **표현**이다.

2 He stared at me with a blank **expression** on his face.
그는 멍한 얼굴 **표정**으로 나를 응시했다.

➊ express ⓥ 표현하다

0425 **signal**
[sígnəl]

ⓝ 신호   ⓥ 신호를 보내다

The change in her behavior is a **signal** that something is wrong. 그녀의 행동의 변화는 뭔가 잘못되었다는 **신호**이다.

He **signaled** at me to wait. 그는 나에게 기다리라는 **신호를 보냈다**.

PLAN
5

0426 **symbol**
[símbəl]

ⓝ 상징, 기호

The road signs use **symbols** to give information and warnings. 도로 표지판은 **기호**를 이용하여 정보와 경고를 제공한다.

➕ symbolize ⓥ 상징하다 | symbolic ⓐ 상징적인, 상징하는

다의어

0427 **term**
[tə:rm]

ⓝ 1 용어　2 조건　3 임기　4 관계

1 "Neurosis" is an outdated **term** which has been replaced by "anxiety." '신경증'은 '불안'으로 대체된 시대에 뒤떨어진 **용어**이다.
2 the **terms** of an agreement 합의 **조건**
3 He finished his **term** in office. 그는 공직에서의 **임기**를 마쳤다.
4 We are on good **terms** with each other.
우리는 서로 좋은 **관계**이다.

다의어

0428 **tongue**
[tʌŋ]

ⓝ 1 혀　2 말

1 She burned her **tongue** while drinking hot tea.
그녀는 뜨거운 차를 마시다 **혀**를 데었다.
2 I feel more comfortable when talking in my native **tongue**.
나는 모국어로 말할 때 더 편안함을 느낀다.
　🔖 native[mother] tongue 모국어

0429 **dialect**
[dáiəlèkt]

ⓝ 방언, 사투리

a regional[local] **dialect** 지역 **사투리**

The characters in the movie spoke in a southern **dialect**.
그 영화의 등장인물들은 남부 **방언**으로 말했다.

0430 **fluent**
[flú:ənt]

ⓐ 유창한, 능숙한

a **fluent** speaker **유창한** 화자

He speaks **fluent** Italian and a little Chinese.
그는 **유창한** 이탈리아어와 약간의 중국어를 구사한다.

➕ fluency ⓝ 유창함, 능숙함 | fluently ⓐⓓ 유창하게, 능숙하게

다의어

0431 **correspond**
[kɔ̀:rəspánd]

ⓥ 1 일치하다(with/to)　2 교신하다, 편지를 주고받다

1 Her statements do not **correspond** to the facts.
그녀의 진술은 사실과 **일치하지 않는다**.
2 I **correspond** regularly with a friend in London.
나는 런던에 있는 친구와 정기적으로 **편지를 주고받는다**.

➕ correspondence ⓝ 서신 (왕래)

0432 remark
[rimάːrk]

ⓝ 발언, 논평, 언급   ⓥ 언급하다, 말하다

make a **remark** 발언하다

They **remarked** on the efficiency of the new transportation system. 그들은 새로운 교통 체계의 효율성에 대해 **언급했다**.

다의어

0433 pronounce
[prənáuns]

ⓥ 1 발음하다   2 선언하다, 선고하다

1 Some Korean words are very difficult for foreigners to **pronounce**. 일부 한국어 단어들은 외국인이 **발음하기** 매우 어렵다.

2 I now **pronounce** you husband and wife.
이제 두 분을 부부로 **선언합니다**.

➕ pronunciation ⓝ 발음

다의어

0434 state
[steit]

ⓥ 1 말하다, 진술하다   2 (문서에) 명시하다
ⓝ 1 상태   2 주(州); 국가

v. 1 The witness **stated** that they continued to argue.
증인은 그들이 논쟁을 계속했다고 **진술했다**.

2 The conditions of employment are **stated** in the contract.
고용 조건은 계약서에 **명시되어** 있습니다.

n. 1 a very confused **state** of mind 매우 혼란스러운 정신 **상태**

2 the **state** of California 캘리포니아주
a democratic **state** 민주주의 **국가**

다의어

0435 deliver
[dilívər]

ⓥ 1 배달하다   2 (연설을) 하다

1 The package was **delivered** five days later.
그 소포는 5일 후에 **배달되었다**.

2 The president will **deliver** a speech at noon.
대통령은 정오에 연설을 **할** 예정이다.

➕ delivery ⓝ 1 배달   2 분만, 출산   3 전달, 발표

0436 discourse
[dískɔːrs]

ⓝ 담화, 담론, 토론

a short **discourse** on art 예술에 대한 짧은 **담화**
I'm not interested in political **discourse**.
나는 정치 **토론**에 관심이 없다.

다의어

0437 interpret
[intə́ːrprit]

ⓥ 1 해석하다, 이해하다   2 통역하다

1 I **interpreted** his nod to mean that he agreed with me.
나는 그가 고개를 끄덕이는 것을 내 의견에 동의한다는 뜻으로 **해석했다**.

2 She couldn't speak English, so I **interpreted** for her.
그녀가 영어를 할 줄 몰라서 내가 그녀를 위해 **통역해** 주었다.

➕ interpretation ⓝ 1 해석, 이해   2 통역 | interpreter ⓝ 통역사

0438 comprehend
[kàmprihénd]

ⓥ 이해하다, 파악하다

You will never fully **comprehend** the beauty of nature.
너는 자연의 아름다움을 결코 완전히 **이해하지** 못할 것이다.

➕ comprehension ⓝ 이해(력)
comprehensive ⓐ 1 이해력이 있는 2 포괄적인

다의어

0439 significance
[signífikəns]

ⓝ 1 의미 2 중요성

1 I failed to understand the **significance** of his remarks.
나는 그의 발언의 **의미**를 이해하지 못했다.

2 an event of great **significance** 대단히 **중요한** 사건

➕ significant ⓐ 1 중요한 2 상당한

0440 emphasize
[émfəsàiz]

ⓥ 강조하다, 역설하다

The minister **emphasized** that there were no plans to change the current policy.
장관은 현행 정책을 바꿀 계획이 없음을 **강조했다.**

➕ emphasis ⓝ 강조 | emphatic ⓐ 강조하는, 단호한

0441 convince
[kənvíns]

ⓥ 납득시키다, 확신시키다

He tried to **convince** us of his innocence.
그는 우리에게 자신의 결백을 **납득시키려고** 노력했다.

➕ conviction ⓝ 확신, 신념 | convinced ⓐ 확신하는

0442 assure
[əʃúər]

ⓥ 장담하다

I **assure** you that I'm telling you the truth.
나는 너에게 진실을 말하고 있다고 **장담한다.**

➕ assurance ⓝ 확언, 장담

0443 urge
[ə:rdʒ]

ⓥ 재촉하다, 촉구하다 ⓝ 욕구, 충동

He **urged** us to reconsider what and how we eat.
그는 우리에게 우리가 무엇을 어떻게 먹는지 다시 생각해 보라고 **촉구했다.**

We know that it is wise to resist various **urges** that we have.
우리는 우리가 가지고 있는 다양한 **충동**을 참는 것이 현명하다는 것을 안다.

다의어

0444 bet
[bet]
bet-bet-bet

ⓥ 1 단언하다, 장담하다 2 (돈을) 걸다

1 I **bet** you no one knows the answer.
아무도 그 답을 모른다고 **장담한다.**

2 He **bet** all his money on the horse that came in last.
그는 꼴찌로 들어온 말에 자신의 모든 돈을 **걸었다.**

0445 **claim**
[kleim]

ⓥ 1 주장하다 2 청구하다 **ⓝ** 1 주장 2 청구

v. 1 They **claim** that they are faced with a difficult situation.
그들은 자신들이 어려운 상황에 직면해 있다고 **주장한다**.

2 **claim** welfare benefits 복리 후생비를 **청구하다**

n. 1 No one believed her **claim** that she didn't know him.
그를 모른다는 그녀의 **주장**을 아무도 믿지 않았다.

2 an insurance **claim** 보험 **청구**

부정적 의사소통

0446 **rumor**
[rú:mər]

ⓝ 소문, 풍문

The politician denied the **rumors** that he had received money from businessmen.
그 정치가는 사업가들로부터 돈을 받았다는 **소문**을 부인했다.

0447 **misunderstanding**
[mìsʌndəːrstǽndiŋ]

ⓝ 1 오해, 잘못 생각함 2 이견, 의견 차이

1 Speak clearly and in detail to avoid a **misunderstanding**.
오해를 피하기 위해 분명하고 자세히 말해라.

2 a **misunderstanding** over a salary 임금에 대한 **이견**

➕ misunderstand ⓥ 오해하다, 잘못 이해하다

✪ mis-(잘못) + understanding(이해)

0448 **nonsense**
[nánsens]

ⓝ 1 의미 없는 말 2 말도 안 되는 소리 3 허튼수작

1 The baby spoke **nonsense**. 아기는 **의미 없는 말**[옹알이]을 했다.

2 You're talking **nonsense**! 그건 **말도 안 되는 소리**야!

3 The new teacher wouldn't stand for any **nonsense**.
새로 오신 선생님은 어떠한 **허튼수작**도 참으려 하지 않았다.

0449 **complain**
[kəmpléin]

ⓥ 불평하다; (통증 등을) 호소하다

complain about the government 정부에 대해 **불평하다**
He **complained** that his back hurt.
그는 등허리가 아프다고 **호소했다**.

➕ complaint ⓝ 불평, 항의

0450 **dismiss**
[dismís]

ⓥ 1 일축하다, 묵살하다 2 해임하다, 해고하다

1 She **dismissed** his proposal as unrealistic and costly.
그녀는 그의 제안을 비현실적이고 비용이 많이 든다고 **일축했다**.

2 George claimed that he had been unfairly **dismissed** from his post.
George는 자신의 직책에서 부당하게 **해임되었다**고 주장했다.

학습 Check	본문 학습	MP3 듣기	Daily Check-up	누적 테스트 Days 14-15

빈칸에 알맞은 우리말 뜻 또는 영어 단어를 써넣어 워드맵을 완성하시오.

PLAN
5

의사소통 방법

3 _____ verbal
4 _____ 표현, 표시; 표정
5 _____ signal
6 _____ 상징, 기호
7 _____ 용어; 조건; 임기; 관계

8 _____ 혀; 말
9 _____ dialect
10 _____ 유창한, 능숙한
11 _____ correspond

1 _____ linguistic
2 _____ (의사)소통; 통신

부정적 의사소통

26 _____ 소문, 풍문
27 _____ misunderstanding
28 _____ nonsense
29 _____ 불평하다; 호소하다
30 _____ dismiss

의사소통 과정

12 _____ remark
13 _____ pronounce
14 _____ state
15 _____ 배달하다; (연설을) 하다
16 _____ discourse
17 _____ interpret
18 _____ comprehend

19 _____ significance
20 _____ emphasize
21 _____ convince
22 _____ assure
23 _____ urge
24 _____ 단언하다; (돈을) 걸다
25 _____ 주장(하다); 청구(하다)

Day 16 대중 매체와 통신

Must-Know Words

mass media 대중 매체   article 기사   affect 영향을 미치다   powerful 영향력 있는
daily 매일의, 일간의   issue 주제, 쟁점, 문제   cover 보도[취재]하다   public 공공의; 대중

다의어

0451 **medium**
[míːdiəm]

Ⓝ 1 매체, 매개물 2 수단 (*pl.* media, mediums) ⓐ 중간의

n. 1 Twitter is a new advertising **medium**.
트위터는 새로운 광고 **매체**이다.

2 Money is a **medium** of exchange.
화폐는 교환의 **수단**이다.

a. Cook over **medium** heat for 5 minutes.
중간 불로 5분간 조리하세요.

0452 **journalism**
[dʒə́ːrnəlìzm]

Ⓝ 저널리즘, 언론(학)

He majored in **journalism** in college.
그는 대학에서 **언론학**을 전공했다.

☖ yellow journalism 황색 언론(흥미 위주의 보도를 하는 선정주의적 언론)
➊ journalist Ⓝ 언론인

다의어

0453 **press**
[pres]

Ⓥ 누르다, 압박하다 Ⓝ 언론, 신문과 잡지

v. **press** a switch 스위치를 **누르다**
n. This campaign was effective at drawing **press** interest.
이러한 캠페인은 **언론**의 관심을 이끌어내는 데 효과적이었다.

☖ a press conference 기자 회견

보도

0454 **report**
[ripɔ́ːrt]

Ⓝ 보도; 보고서 Ⓥ 보도하다; 보고하다

media **reports** of the food shortage 식량 부족에 대한 언론 **보도**
The *Times* sent him to Laos to **report** on the floods.
타임지는 홍수에 대해 **보도하도록** 그를 라오스로 보냈다.

0455 **reveal**
[rivíːl]

Ⓥ 드러내다, 밝히다, 폭로하다 ☰ disclose

reveal a secret 비밀을 **폭로하다**
A newspaper report **revealed** that the company recorded a loss of $20 million last year.
한 신문 보도는 그 회사가 작년에 2천만 달러의 손실을 기록했다는 것을 **밝혔다**.

다의어

0456

effective
[iféktiv]

ⓐ 1 효과적인　2 시행되는, 유효한

1 A blog is an **effective** way to communicate your news.
블로그는 당신의 소식을 전달하는 **효과적인** 방법이다.

2 The new law is **effective** starting next week.
새 법률은 다음 주부터 **시행된다**.

➕ effect ⓝ 영향, 효과, 결과

PLAN **5**

0457

publicize
[pʌ́bləsàiz]

ⓥ 알리다, 홍보하다

The writer is busy **publicizing** her new novel.
그 작가는 자신의 새로운 소설을 **홍보하느라** 바쁘다.

➕ public ⓐ 공공의　ⓝ 대중

0458

attention
[əténʃən]

ⓝ 주의, 주목

An article in the newspaper caught my **attention**.
신문에 실린 기사 한 편이 내 **주의**를 끌었다.

➕ attend ⓥ 1 참석하다　2 주의를 기울이다 | attentive ⓐ 주의 깊은

다의어

0459

coverage
[kʌ́vəridʒ]

ⓝ 1 (신문·텔레비전·라디오의) 보도, 방송　2 보상 (범위)
3 서비스 구역, 도달 범위

1 The event got very much **coverage** in the press.
그 사건은 언론에 아주 많이 **보도**되었다.

2 The insurance company denied her **coverage** for emergency treatment.
그 보험 회사는 그녀에게 응급 처치에 대한 **보상**을 거부했다.

3 There is no cell phone **coverage** in this area.
이 지역에는 휴대폰 **사용 가능 구역**이 없다.

➕ cover ⓥ 보도하다, 취재하다

0460

comment
[kάment]

ⓝ 논평, 언급, 의견　ⓥ 논평하다, 의견을 말하다

The teacher made helpful **comments** on my work.
그 선생님은 나의 연구에 대해 도움이 되는 **논평**을 주셨다.

The spokesman declined to **comment** on the matter.
대변인은 그 문제에 대해 **논평하기를** 거절했다.

0461

opinion
[əpínjən]

ⓝ 의견, 견해

Public **opinion** indicates that people think the president is doing a good job.
여론은 대통령이 일을 잘 하고 있다고 사람들이 생각하고 있음을 보여준다.

👄 public opinion 여론 | an opinion poll 여론 조사

0462 **influence**
[ínflu:əns]

ⓝ 영향, 영향력 ⓥ 영향을 주다

Pop culture has a huge **influence** on teenagers today.
대중 문화는 오늘날 청소년들에게 엄청난 **영향**을 끼친다.

Mass media can **influence** public opinion on current issues.
대중 매체는 최근 이슈들에 대한 여론에 **영향을 미칠 수 있다.**

0463 **feedback**
[fí:dbæk]

ⓝ 반응, 의견, 평가

The radio show was canceled after receiving negative **feedback** from its listeners.
그 라디오 프로그램은 청취자들로부터 부정적인 **반응**을 받은 후 취소되었다.

constructive **feedback** 발전적인[건설적인] **의견**

0464 **censorship**
[sénsərʃip]

ⓝ 검열

The government has imposed **censorship** on the press.
정부는 언론에 **검열**을 가해 왔다.

➕ censor ⓥ 검열하다

방송

0465 **broadcast**
[brɔ́:dkæst]
broadcast-broadcast-broadcast

ⓥ 방송하다 ⓝ 방송

The concert will be **broadcast** live tonight.
그 콘서트는 오늘 저녁에 생**방송될** 것이다.

I watched the game on a TV **broadcast**.
나는 그 경기를 TV **방송**으로 보았다.

다의어

0466 **transmit**
[trænsmít / trænz-]

ⓥ 1 **전송하다, 방송하다** 2 전달하다, 전수하다

1 That radio station **transmits** programs 24 hours a day.
그 라디오 방송국은 하루 24시간 프로그램을 **방송한다.**

2 Our goal is to **transmit** our knowledge to our clients.
우리의 목표는 우리의 지식을 고객들에게 **전달하는** 것이다.

➕ transmission ⓝ 1 전송, 송신 2 전달, 전승

다의어

0467 **channel**
[tʃǽnəl]

ⓝ 1 **채널, 주파수대** 2 경로 3 해협

1 He changed **channels** to watch the baseball game.
그는 야구 경기를 보기 위해 **채널**을 바꾸었다.

2 The government tried to find a solution through diplomatic **channels**.
정부는 외교 **경로**를 통해 해결책을 찾으려고 시도했다.

3 We took a ferryboat across the **channel**.
우리는 연락선을 타고 **해협**을 건넜다.

0468 **commercial**
[kəmə́:rʃəl]

ⓐ 상업적인, 영리 목적의   ⓝ (상업적) 광고 방송

a. The movie did not prove to be a **commercial** success.
그 영화는 **상업적인** 성공을 거두지 못했다.

n. I enjoy watching TV **commercials**.
나는 TV **광고 방송** 보는 것을 즐긴다.

➕ commerce ⓝ 상업

0469 **advertise**
[ǽdvərtàiz]

ⓥ 광고하다

Advertising in the local paper is not as effective as before.
지역 신문에 **광고하는** 것은 예전만큼 효과적이지 않다.

➕ advertisement ⓝ 광고(= ad) | advertiser ⓝ 광고주

0470 **announce**
[ənáuns]

ⓥ 발표하다; (방송으로) 알리다

announce a statement   성명을 **발표하다**

The government **announced** plans to create new jobs.
정부는 새로운 일자리를 창출한다는 계획을 **발표했다**.

They have **announced** that our flight has been delayed.
우리 비행기가 지연되고 있다는 **안내 방송이** 있었다.

➕ announcement ⓝ 발표, 공고 | announcer ⓝ 아나운서

0471 **documentary**
[dɑ̀kjəméntəri]

ⓝ 다큐멘터리, 기록 영화   ⓐ 문서로 된, 기록물의

n. a television **documentary** on the future of nuclear power
원자력의 미래에 관한 TV **다큐멘터리**

a. The police have **documentary** evidence.
경찰은 **문서로 된** 증거를 가지고 있다.

➕ document ⓝ 문서 ⓥ 문서로 기록하다

신문 · 잡지

0472 **magazine**
[mǽgəzì:n]

ⓝ 잡지

a weekly news **magazine**   주간 뉴스 **잡지**
She is the editor of a popular fashion **magazine**.
그녀는 인기 있는 패션 **잡지**의 편집장이다.

0473 **subscribe**
[səbskráib]

ⓥ 구독하다, 가입하다(to)

I **subscribe** to a monthly magazine about gardening.
나는 원예에 관한 월간지를 **구독하고 있다**.

➕ subscription ⓝ 구독
✿ sub-(아래에) + scribe(쓰다) → 문서 아래에 이름을 쓰다 → 구독[가입]하다

0474 **cartoon**
[kɑːrtúːn]

ⓝ 만화, 만화 영화

a **cartoon** strip (신문 등에 게재되는) 연재만화
Almost every kid likes watching **cartoons** on TV.
거의 모든 아이들이 TV로 **만화 영화** 보는 것을 좋아한다.

0475 **columnist**
[kάləmnist]

ⓝ 정기 기고가, 칼럼니스트

He is thought of as the most influential political **columnist**.
그는 가장 영향력 있는 정치 **칼럼니스트**로 여겨진다.

➊ column ⓝ 1 기둥   2 특별 기고, 칼럼

0476 **correspondent**
[kɔ̀ːrəspάndənt]

ⓝ 특파원, 통신원

The report was made by the TV's local **correspondent**.
그 보도는 그 방송사의 지역 **특파원**에 의해 이루어졌다.

다의어

0477 **editorial**
[èdətɔ́ːriəl]

ⓝ 사설   ⓐ 편집의

n. The newspaper published an **editorial** criticizing the government.
그 신문은 정부를 비판하는 **사설**을 실었다.

a. an **editorial** assistant   편집 보조

➊ edit ⓥ 편집하다 | editor ⓝ 편집장; 편집자

온라인 매체

0478 **social media**
[sòuʃəl míːdiə]

ⓝ 소셜 미디어(사회 관계망을 형성하는 매체)

Social media is an easy way to connect with people.
소셜 미디어는 사람들과 관계를 형성하는 손쉬운 수단이다.

🏛 social media marketing 소셜 미디어 마케팅(소셜 미디어를 이용하여 상품·서비스를 홍보하는 것)

0479 **banner**
[bǽnər]

ⓝ 현수막, 깃발; 배너 광고(웹사이트에 게시되는 띠 모양 광고)

banners waving in the wind 바람에 나부끼는 **깃발**
Most pages on the websites carry **banner** advertising.
웹 사이트의 대부분의 페이지에는 **배너** 광고가 실려 있다.

다의어

0480 **browse**
[brauz]

ⓥ 1 둘러보다   2 (인터넷을) 검색하다

1 He **browsed** through the books in the library.
   그는 도서관에서 책을 **둘러보았다**.

2 **browse** the Web[Internet] 인터넷을 **검색하다**, 웹 서핑을 하다

Daily Check-up

빈칸에 알맞은 우리말 뜻 또는 영어 단어를 써넣어 워드맵을 완성하시오.

4 _____
보도; 보고서; 보도하다

5 _____
reveal

6 _____
효과적인; 시행되는

7 _____
publicize

8 _____
주의, 주목

9 _____
coverage

10 c _____
논평, 언급; 논평하다

11 o _____
의견, 견해

12 _____
influence

13 _____
feedback

14 _____
censorship

15 _____
broadcast

16 _____
transmit

17 _____
채널; 경로; 해협

18 _____
commercial

19 _____
광고하다

20 _____
announce

21 _____
다큐멘터리; 문서로 된

보도

방송

1 _____
medium

2 _____
저널리즘, 언론(학)

3 _____
누르다; 언론

신문·잡지

온라인 매체

22 _____
잡지

23 _____
subscribe

24 c _____
만화, 만화 영화

25 _____
columnist

26 _____
correspondent

27 _____
editorial

28 _____
소셜 미디어

29 _____
현수막; 배너 광고

30 _____
browse

PLAN 5

Day 16 대중 매체와 통신 ★ 115

Day **17** : 심리학

Must-Know Words

conscious 의식하는   recall 기억해 내다   remind 생각나게 하다   memory 기억(력)

normal 정상적인   experience 경험   analyze 분석하다   predict 예측하다

0481 **psychology**
[saikáːlədʒi]

Ⓝ 심리학, 심리 작용

She is an expert in the field of developmental **psychology**.
그녀는 발달 **심리학** 분야의 전문가이다.

➕ **psychological** ⓐ 1 심리적인 2 심리학의 | **psychologist** ⓝ 심리학자
⚙ psycho-(정신, 마음) + -logy(과목, 연구 분야)

0482 **mental**
[méntəl]

ⓐ 정신의, 마음의

mental pressure   **정신적** 압박감
He was suffering from physical and **mental** exhaustion.
그는 육체적, **정신적** 피로로 고통받고 있었다.

심리와 행동

0483 **abnormal**
[æbnɔ́ːrməl]

ⓐ 비정상적인   ↔ normal 정상적인

an **abnormal** state of mind   **비정상적인** 정신 상태
At that time, people thought it was **abnormal** for a woman to become a pilot.
그 당시 사람들은 여성이 조종사가 되는 것이 **비정상적**이라고 생각했다.

0484 **behavior**
[bihéivjər]

ⓝ 행동, 행위

His **behavior** toward her was becoming more aggressive.
그녀에 대한 그의 **행동**은 더 공격적이 되어가고 있었다.

➕ **behave** ⓥ 행동하다

다의어

0485 **conduct**
ⓝ [kándʌkt]
ⓥ [kəndʌ́kt]

ⓝ (특정한 장소·상황에서의) 행동
ⓥ 1 수행하다   2 지휘하다   3 전도하다

n. Good **conduct** is expected of students in school.
학교 재학생들에게는 선량한 **행동**이 기대된다.

v. 1 **conduct** an experiment   실험을 **수행하다**
    2 **conduct** an orchestra   오케스트라를 **지휘하다**
    3 Aluminum rapidly **conducts** heat.
      알루미늄은 열을 빠르게 **전도한다**.

다의어

0486 **dependent**
[dipéndənt]

ⓐ 1 의존하는, 의지하는 2 (~에) 달려 있는 3 중독된

1 She is emotionally **dependent** on her teenage daughter.
그 여자는 십 대인 딸에게 정서적으로 **의지하고** 있다.

2 Children's mental development is **dependent** on their social environment. 아이들의 정신 발달은 사회적 환경에 **달려 있다.**

3 People are becoming more and more **dependent** on their smartphones. 사람들은 점점 더 스마트폰에 **중독되고** 있다.

➕ dependence ⓝ 1 의존 2 중독

0487 **hesitant**
[hézətənt]

ⓐ 망설이는, 주저하는

He is **hesitant** about getting married. 그는 결혼을 **망설이고** 있다.

➕ hesitate ⓥ 망설이다, 주저하다 | hesitancy ⓝ 망설임, 주저함

다의어

0488 **confuse**
[kənfjúːz]

ⓥ 1 혼동하다 2 당황하게[혼란스럽게] 하다

1 The twins look so similar that people often **confuse** them.
그 쌍둥이는 너무 비슷해 보여서 사람들은 종종 그들을 **혼동한다.**

2 The teacher's question **confused** her.
선생님의 질문은 그녀를 **당황하게** 했다.

다의어

0489 **breakdown**
[bréikdaun]

ⓝ 1 (정신·육체 등의) 쇠약, 붕괴 2 고장

1 a nervous **breakdown** 신경 **쇠약**

He worked so hard that he had a complete physical **breakdown**. 그는 너무 열심히 일해서 몸이 완전히 **망가졌다.**

2 a car **breakdown** 자동차 **고장**

심리적 요인

0490 **motivation**
[mòutəvéiʃən]

ⓝ 동기 부여, 자극

My main **motivation** for studying is to achieve my dream.
내가 공부하는 주된 **동기**는 내 꿈을 이루는 것이다.

➕ motivate ⓥ 동기를 주다 | motive ⓝ 동기, 이유

0491 **desire**
[dizáiər]

ⓝ 소망, 소원, 욕구 ⓥ 바라다, 원하다

He has a strong **desire** to make a difference in the world.
그는 세상을 변화시키고 싶다는 강렬한 **소망**을 가지고 있다.

The hotel has everything you could **desire**.
그 호텔은 네가 **바랄** 수 있는 모든 것을 갖추고 있다.

➕ desirous ⓐ 바라는, 원하는 | desirable ⓐ 바람직한

0492 **undergo**

[ʌ̀ndərgóu]

undergo-underwent-
undergone

ⓥ 겪다, 치르다, 경험하다

The patient talked about the experiences she **underwent**.
그 환자는 자신이 **겪은** 경험에 대해 이야기했다.

undergo an operation 수술을 **받다**

다의어

0493 **trauma**

[tráumə / trɔ́:mə]

ⓝ 1 정신적 충격 2 외상, 부상

1 He never fully recovered from the **trauma** he suffered
   during the plane crash.
   그는 비행기 추락 사고 중에 겪었던 **정신적 충격**에서 완전히 회복되지 못했다.

2 She suffered **trauma** to her head in the accident.
   그녀는 그 사고에서 머리에 **외상**을 입었다.

➕ traumatic ⓐ 정신적 충격을 주는

다의어

0494 **abuse**

ⓝ [əbjú:s]
ⓥ [əbjú:z]

ⓝ 1 학대 2 남용 ⓥ 1 학대하다 2 남용하다

n. 1 Child **abuse** is more common than many people think.
   아동 **학대**는 많은 사람들이 생각하는 것보다 흔하다.

2 drug / alcohol **abuse** 약물[마약] / 알코올 **남용**

v. 1 The man said he was **abused** throughout his childhood.
   그 남자는 어린 시절 내내 **학대를 받았다**고 말했다.

2 He was accused of **abusing** his power to gain benefits.
   그는 자신의 권력을 **남용하여** 이익을 챙긴 것으로 고소되었다.

0495 **aware**

[əwέər]

ⓐ 인식하고 있는; 알고 있는

Everybody should be made **aware** of the risks involved.
모든 사람들이 관련된 위험을 **인식하게** 되어야 한다.

A newspaper reporter must be **aware** of current events.
신문 기자는 시사에 대해 **알고 있어야** 한다.

➕ awareness ⓝ 의식, 인식, 자각

다의어

0496 **consciousness**

[kánʃəsnis]

ⓝ 1 의식 2 인식, 지각 ＝awareness

1 He didn't remember he had lost **consciousness**.
   그는 **의식**을 잃었던 것을 기억하지 못했다.

   the collective **consciousness** of ordinary people
   평범한 사람들의 집단 **의식**

2 public **consciousness** of global warming
   지구 온난화에 대한 대중의 **인식**

➕ conscious ⓐ 1 의식이 있는 2 의식하는

0497 **repression**

[ripréʃən]

ⓝ 억압, 억누름

The **repression** of your feelings may make you feel lonely.
감정을 **억누르는 것**은 너를 외롭게 느끼게 할 수 있다.

➕ repress ⓥ 억압하다, 억누르다 | repressive ⓐ 억압하는, 억누르는

0498 potential

[pouténʃəl]

ⓐ 잠재적인, 가능성이 있는   ⓝ 잠재력, 가능성

I was conscious of the **potential** danger the entire time.
나는 줄곧 **잠재적인** 위험을 의식하고 있었다.

She has the **potential** to be a top tennis player.
그녀는 최고의 테니스 선수가 될 **잠재력**을 지니고 있다.

다의어

0499 condition

[kəndíʃən]

ⓝ 1 상태   2 여건, 상황   3 조건   ⓥ 길들이다, 훈련시키다

n. 1 The car is old but in excellent **condition**.
그 차는 오래되었지만 **상태**가 아주 좋다.

2 Teachers should create the **conditions** for learning.
교사들은 학습을 위한 **여건**을 만들어야 한다.

3 meet a **condition**   **조건**을 충족하다

v. People have been **conditioned** to expect immediate
results.   사람들은 즉각적인 결과를 기대하도록 **길들여져** 왔다.

상담과 치료

0500 sign

[sain]

ⓝ 징후, 기색, 조짐

a **sign** of stress   스트레스의 **징후**

He took the news without showing any **signs** of emotion.
그는 아무런 감정의 **기색**도 보이지 않고 그 소식을 받아들였다.

0501 observation

[ɑ̀bzərvéiʃən]

ⓝ 관찰; 감시

scientific **observations**   과학적 **관찰**

He was under close **observation** in hospital last night.
그는 어젯밤 병원에서 철저한 **감시**를 받는 상태로 있었다.

➊ observe ⓥ 관찰하다; 감시하다

0502 detect

[ditékt]

ⓥ 감지하다, 발견하다

The doctor **detected** a change in his patient's mood.
그 의사는 환자의 기분에 변화가 있음을 **감지했다**.

➊ detection ⓝ 탐지, 발견 | detective ⓝ 탐정, 형사
detector ⓝ 감지 장치

0503 clue

[klu:]

ⓝ 단서, 실마리

a vital **clue**   중요한[결정적] **단서**

Childhood experiences provide a **clue** as to why some
people become obese.
어린 시절의 경험은 왜 일부 사람들이 비만이 되는지에 대한 **단서**를 제공한다.

0504 insight
[ínsait]

ⓝ 통찰; 통찰력

The research provides new **insights** into related mental disorders. 그 연구는 관련된 정신 질환에 대한 새로운 **통찰**을 제공한다.

a scientist of **insight** 통찰력 있는 과학자

0505 analysis
[ənǽləsis]

ⓝ 분석

Freud believed that the **analysis** of dreams could give insight to our deep desires.
프로이트는 꿈의 **분석**이 우리의 깊은 욕망에 대한 통찰을 줄 수 있다고 믿었다.

➕ analyze ⓥ 분석하다 ｜ analytic(al) ⓐ 분석적인

0506 prediction
[pridíkʃən]

ⓝ 예언, 예측, 예상

The researchers conducted further tests to confirm their **predictions**.
그 연구자들은 자신들의 **예측**을 확인하기 위해 심층 테스트를 실행했다.

➕ predict ⓥ 예측[예언]하다 ｜ predictable ⓐ 예상[예측] 가능한

🔵 pre-(= before) + -dict(= say) + -ion(= action)
→ 미리 말하는 행위 → 예언

0507 stimulus
[stímjələs]

ⓝ 자극제, 자극이 되는 것 (pl. stimuli)

In general, men react more to visual **stimuli** than women.
일반적으로 남자들은 여자들보다 시각적 **자극**에 더 반응한다.

➕ stimulate ⓥ 자극하다 ｜ stimulation ⓝ 자극

0508 therapy
[θérəpi]

ⓝ 치료, 요법

He began **therapy** to overcome his fear of crowds.
그는 군중에 대한 두려움을 극복하기 위해 **치료**를 시작했다.

🔳 a therapy group 심리 치료를 받는 집단

0509 counseling
[káunsəliŋ]

ⓝ 상담, 조언

She is receiving **counseling** to cope with her depression.
그녀는 우울증에 대처하기 위해 **상담**을 받고 있다.

➕ counselor ⓝ 상담사

0510 random
[rǽndəm]

ⓐ 무작위의, 닥치는 대로 하는

The study was carried out on a **random** sample of 100 children aged eight.
그 연구는 8세 어린이 100명을 **무작위** 표본으로 하여 실시되었다.

🔳 at random 무작위로, 임의로(= randomly)

빈칸에 알맞은 우리말 뜻 또는 영어 단어를 써넣어 워드맵을 완성하시오.

PLAN **5**

심리와 행동

3 _____
abnormal

4 b _____
행동, 행위

5 _____
행동; 수행하다;
지휘하다; 전도하다

6 _____
의존[의지]하는;
달려 있는; 중독된

7 _____
hesitant

8 _____
confuse

9 _____
breakdown

상담과 치료

1 _____
psychology

2 _____
정신의, 마음의

심리적 요인

10 _____
motivation

11 _____
소망, 욕구; 바라다

12 _____
undergo

13 _____
trauma

14 _____
학대; 남용;
학대하다; 남용하다

15 a _____
인식하고[알고] 있는

16 _____
consciousness

17 _____
repression

18 _____
potential

19 _____
상태; 여건; 조건;
길들이다

20 _____
징후, 기색, 조짐

21 _____
observation

22 _____
detect

23 _____
단서, 실마리

24 _____
insight

25 _____
analysis

26 _____
예언, 예측, 예상

27 _____
stimulus

28 _____
치료, 요법

29 _____
counseling

30 _____
무작위의

Day 18 · 철학과 사고

0511 **philosophy**
[filásəfi]

ⓝ 철학

moral **philosophy** 도덕 **철학**[윤리학]
His **philosophy** of life brings him peace of mind.
그의 삶의 **철학**이 그에게 마음의 평화를 가져다준다.

➊ philosophical ⓐ 철학의, 철학적인 | philosopher ⓝ 철학자
🔍 philo-(= love) + sophy(= wisdom) → 지혜에 대한 사랑 → 철학

0512 **thought**
[θɔːt]

ⓝ 생각, 사고

All kinds of **thoughts** raced through my mind at that moment.
그 순간에 온갖 종류의 **생각들**이 내 머릿속을 스쳐 지나갔다.

➊ thoughtful ⓐ 생각이 깊은, 사려 깊은
thoughtless ⓐ 생각이 없는, 경솔한
🔍 동사 think의 과거(분사)형인 thought와 혼동하지 않도록 주의할 것.

합리적 사고

0513 **concept**
[kánsept]

ⓝ 개념

a fundamental **concept** 기본 **개념**
Teachers use various ways to introduce new **concepts** to students.
교사들은 학생들에게 새로운 **개념**을 소개하기 위해 다양한 방법을 사용한다.

➊ conceptual ⓐ 개념(상)의, 개념적인

다의어

0514 **conceive**
[kənsíːv]

ⓥ 1 상상하다, (생각을) 품다 2 아이를 갖다, 임신하다

1 I can't **conceive** of why he did such a stupid thing.
나는 그가 왜 그런 어리석은 짓을 했는지 **상상할** 수 없다.
2 This treatment will help women who have difficulty **conceiving**.
이 치료는 **임신**에 어려움이 있는 여성들에게 도움이 될 것이다.

➊ conception ⓝ 1 이해, 개념, 발상 2 임신

0515 logic
[ládʒik]

ⓝ 논리, 타당성

a leap of **logic** 논리의 비약

The **logic** behind this statement is simple.
이 진술에 담긴 **논리**는 단순하다.

➕ logical ⓐ 논리적인, 타당한

다의어

0516 reason
[ríːzən]

ⓝ 1 이유   2 이성, 사고력   ⓥ 추론하다

n. 1 for personal **reasons** 개인적인 **이유**로

    2 Most animals do not have the power of **reason**.
대부분의 동물들은 **사고력**을 갖고 있지 않다.

v. We **reasoned** that they would eventually find the answer.
우리는 그들이 결국 답을 찾을 것이라고 **추론했다**.

➕ reasonable ⓐ 1 이성적인, 합리적인   2 (가격이) 적절한
reasoning ⓝ 추론, 논리

0517 rational
[rǽʃənəl]

ⓐ 합리적인, 이치에 맞는

We must adopt a **rational** approach to solve the problem.
우리는 그 문제를 해결하기 위해 **합리적인** 접근법을 취해야 한다.

a **rational** explanation   **이치에 맞는** 설명

0518 credible
[krédəbl]

ⓐ 믿을 만한, 신뢰할 수 있는

She failed to give a **credible** explanation for her actions.
그녀는 자신의 행동에 대해 **믿을 만한** 설명을 할 수 없었다.

🔍 cf. incredible (믿기 어려울 만큼) 대단한; 놀라운

0519 concrete
[kánkriːt / kɑnkríːt]

ⓐ 구체적인, 사실에 근거한   ↔ abstract 추상적인

a **concrete** example   **구체적** 사례

The police have **concrete** evidence about what they did.
경찰은 그들이 했던 일에 관한 **구체적인** 증거를 가지고 있다.

0520 intellectual
[ìntəléktʃuəl]

ⓐ 지능의, 지적인

They claimed he had the **intellectual** capacity of an 8-year-old.
그들은 그가 8세 아동의 **지적** 능력을 가졌다고 주장했다.

0521 intelligent
[intélədʒənt]

ⓐ 똑똑한, 지능이 높은

Dan is not very **intelligent**, but he is very reliable.
Dan은 매우 **똑똑**하지는 않지만, 매우 신뢰할 수 있는 사람이다.

➕ intelligence ⓝ 지능

0522 **criticize**
[krítisàiz]

ⓥ 비판하다, 비난하다

They **criticized** the government's decision to develop the land.
그들은 그 땅을 개발하기로 한 정부의 결정을 **비판했다.**

➕ **critical** ⓐ 1 비판적인 2 결정적인 | **criticism** ⓝ 비판, 비난
critic ⓝ 비평가, 평론가

다의어

0523 **deliberate**
[dilíbərit]

ⓐ 1 의도적인, 고의의 2 신중한

1 There was a **deliberate** attempt to delay the trial.
재판을 지연시키려는 **의도적인** 시도가 있었다.

2 She spoke in a clear and **deliberate** manner.
그녀는 분명하고 **신중한** 태도로 말했다.

➕ **deliberately** ⓐⓓ 1 의도적으로(= on purpose) 2 신중하게

비합리적 사고

0524 **exaggerate**
[igzǽdʒərèit]

ⓥ 과장하다

People tend to **exaggerate** their own abilities.
사람들은 자신들의 능력을 **과장하는** 경향이 있다.

➕ **exaggeration** ⓝ 과장 | **exaggerative** ⓐ 과장하는, 허풍의

0525 **excuse**
ⓥ [ikskjú:z]
ⓝ [ikskjú:s]

ⓥ 변명하다 ⓝ 변명, 핑계, 구실

Nothing can **excuse** such a terrible service.
그런 형편없는 서비스는 그 무엇으로도 **변명할** 수 없다.

I'm tired of listening to his **excuses**.
나는 그의 **변명을** 듣는 것에 질렸다.

0526 **distort**
[distɔ́:rt]

ⓥ 1 왜곡하다 2 일그러뜨리다

1 The film **distorted** the culture of Native Americans.
그 영화는 아메리카 원주민의 문화를 **왜곡했다.**

2 His face was **distorted** in extreme pain.
그의 얼굴은 극도의 고통으로 **일그러졌다.**

➕ **distortion** ⓝ 1 왜곡 2 변형, 뒤틀림

다의어

0527 **overlook**
[òuvərlúk]

ⓥ 1 간과하다, 못 보다 2 내려다보다

1 He **overlooked** one important aspect of this question.
그는 이 문제의 중요한 한 측면을 **간과했다.**

2 The cabin on the hill **overlooks** the valley below.
언덕 위의 오두막은 아래로 계곡을 **내려다보고 있다.**

0528 **ignorance**
[ígnərəns]

🄝 무지, 무식

Arrogance is usually born out of **ignorance**.
오만은 보통 **무지**에서 비롯된다.

➕ ignorant ⓐ 무지한 | ignore ⓥ 무시하다, 모른 체하다

0529 **impression**
[impréʃən]

🄝 인상, 감명

People often make judgments about others based on their first **impression**.
사람들은 흔히 첫**인상**을 바탕으로 다른 사람들에 대한 판단을 한다.

➕ impress ⓥ 인상[감명]을 주다 | impressive ⓐ 인상적인, 감명 깊은

추론과 일반화

0530 **abstract**
[ǽbstrækt]

🄐 추상적인, 관념적인 ↔ concrete 구체적인

Animals are not capable of **abstract** thought.
동물들은 **추상적** 사고를 할 수 없다.

0531 **universal**
[jùːnəvə́ːrsəl]

🄐 보편적인, 일반적인

universal human emotions **보편적인** 인간의 감정
The Sophists believed there was no such thing as a **universal** truth. 소피스트들은 **보편적인** 진실 같은 것은 없다고 믿었다.

다의어

0532 **suppose**
[səpóuz]

🅥 1 생각하다, 추측하다 2 가정하다, 상정하다

1 There were more deaths than first **supposed**.
   처음에 **생각했던** 것보다 사망자가 더 많았다.

2 Let's **suppose** that you are married with two children.
   네가 두 아이를 가진 기혼자라고 **가정해** 보자.

다의어

0533 **assume**
[əsúːm]

🅥 1 생각하다, 추정하다 2 (책임을) 맡다 3 띠다, 취하다

1 I **assumed** she would come to help us.
   나는 그녀가 우리를 도우러 올 것이라고 **생각했다**.

2 He formally **assumes** the role of chairman next week.
   그는 다음 주에 정식으로 의장 역할을 **맡는다**.

3 Emily's face **assumed** a look of surprise.
   Emily의 얼굴이 놀란 표정을 **띠었다**.

➕ assumption 🄝 가정

0534 **infer**
[infə́ːr]

🅥 추론하다, 추측하다

I **inferred** from his silence that he didn't like my suggestion.
나는 그의 침묵으로부터 그가 나의 제안을 마음에 들어 하지 않음을 **추론했다**.

➕ inference 🄝 추론

0535 judge
[dʒʌdʒ]

🔵 판사; 심사 위원, 심판　🔵 판단하다

The **judge** ordered the company to pay a $10,000 fine.
판사는 그 회사에 1만 달러의 벌금을 내라고 명령했다.

You should not **judge** people by their appearance.
사람을 외모로 **판단해서는** 안 된다.

➕ judg(e)ment ⓝ 판단

0536 conclude
[kənklúːd]

🔵 결론짓다, 끝맺다

The report **concluded** that the national debt is likely to increase.
그 보고서는 국가 부채가 증가할 가능성이 있다고 **결론지었다**.

➕ conclusion ⓝ 결론　|　conclusive ⓐ 결정적인, 단호한

0537 evaluate
[ivǽljuèit]

🔵 평가하다

Students will be **evaluated** by written assignments and tests.　학생들은 필기 과제와 시험에 의해 **평가될** 것이다.

➕ evaluation ⓝ 평가, 감정

다의어

0538 regard
[rigáːrd]

🔵 1 여기다, 간주하다　2 바라보다, 주시하다

1　Marsha **regards** her family as the most important thing in her life.
　Marsha는 가족을 인생에서 가장 중요한 것으로 **여긴다**.
　👄 regard A as B: A를 B로 여기다[간주하다]

2　He put down his glasses and **regarded** me coldly.
　그는 안경을 내려놓고 나를 차갑게 **바라보았다**.

0539 classify
[klǽsəfài]

🔵 분류하다

This product does not contain any substances that are **classified** as harmful.
이 제품은 유해하다고 **분류된** 어떤 물질도 포함하고 있지 않다.

Digital TVs are **classified** according to their screen size.
디지털 TV는 화면 크기에 따라 **분류된다**.

➕ classification ⓝ 분류

0540 manifest
[mǽnəfèst]

🔵 분명한, 뚜렷이 나타난　🔵 나타내다, 드러내다

The author's interests in women's rights are **manifest** in her works.
여성의 권리에 대한 작가의 관심은 그녀의 저서들에서 **뚜렷이 나타난다**.

His artistic talents are **manifested** in every aspect of his life.
그의 예술적 재능은 그의 삶의 모든 면에서 **나타난다**.

빈칸에 알맞은 우리말 뜻 또는 영어 단어를 써넣어 워드맵을 완성하시오.

3 c _____
개념

9 _____
concrete

4 _____
conceive

10 _____
intellectual

5 _____
논리, 타당성

11 _____
intelligent

6 _____
이유; 이성; 추론하다

12 c _____
비판하다, 비난하다

7 _____
rational

13 _____
deliberate

8 _____
credible

14 _____
exaggerate

15 _____
변명하다; 변명, 핑계

16 _____
distort

17 _____
overlook

18 _____
ignorance

19 _____
인상, 감명

PLAN 5

합리적 사고

비합리적 사고

추론과 일반화

1 _____
philosophy

2 t _____
생각, 사고

판단과 평가

20 _____
abstract

21 _____
universal

22 _____
suppose

23 _____
assume

24 _____
infer

25 _____
판사; 심사 위원; 판단하다

26 _____
결론짓다, 끝맺다

27 _____
evaluate

28 r _____
여기다, 간주하다; 바라보다, 주시하다

29 _____
classify

30 _____
manifest

PLAN 6

자연과 환경

prey 먹이, 사냥감
herd 무리, 떼
poisonous 독이 있는

bud 싹, 눈, 꽃봉오리
reproduce 번식하다
weed 잡초(를 뽑다)

동물

식물

자연과
환경

자원과
환경 보존

기후와
재해

resource 자원, 물자
emission 배출 (물질)
nuclear 핵의, 원자력의

climate 기후
thunderstorm 뇌우
drought 가뭄

Day **19** 동물

Must-Know Words

wildlife 야생 생물	insect 곤충	cattle 소 떼	school (물고기) 떼
poison 독	feed 먹이다; 먹다	male 수컷; 수컷의	female 암컷; 암컷의

동물의 종류

0541 **beast**
[biːst]

ⓝ 짐승, 야수

They were attacked by wild **beasts**.
그들은 야생 **짐승들**의 공격을 받았다.

🕮 *Beauty and the Beast* 「미녀와 야수」(프랑스의 전래 동화)

다의어

0542 **prey**
[prei]

ⓝ 1 먹이, 사냥감 2 희생자, 피해자

1 Rabbits and squirrels are **prey** for coyotes.
토끼와 다람쥐는 코요테의 **먹이**이다.

2 The old man fell **prey** to the thief who stole his wallet.
그 노인은 지갑을 훔친 도둑의 **피해자**가 되었다.

🕮 fall prey to ~: ~의 피해자[먹이]가 되다
⭐ prey는 복수형으로 쓰지 않는다.

다의어

0543 **predator**
[prédətər]

ⓝ 1 포식자, 포식 동물 2 약탈자

1 The population of deer is controlled by natural **predators**.
사슴의 개체 수는 자연적 **포식자**에 의해 조절된다.

2 protect the domestic industry from foreign **predators**
외국의 **약탈자들**로부터 국내 산업을 보호하다

0544 **species**
[spíːʃiːz]

ⓝ 종(種), 종족

native **species** of fish 토착 어종
Over 100 **species** of birds have been recorded in this area.
100여 종의 새들이 이 지역에 있다고 기록되어 왔다.

🕮 *The Origin of Species* 「종의 기원」(찰스 다윈의 저서)
⭐ species는 단수와 복수의 형태가 같다.

0545 **mammal**
[mǽməl]

ⓝ 포유동물, 포유류

a four-legged **mammal** 다리가 네 개인 **포유동물**
Whales are **mammals**, sharing many traits with humans.
고래는 **포유동물**이며 인간과 많은 특성을 공유한다.

PLAN
6

0546 reptile
[réptail / -təl]

🔵 파충류

Snakes, alligators, and turtles are **reptiles**.
뱀, 악어, 거북이는 **파충류**이다.

Reptiles are cold-blooded animals which lay eggs.
파충류는 알을 낳는 냉혈 동물이다.

0547 amphibian
[æmfíbiən]

🔵 양서류

Frogs and toads are classified as **amphibians**.
개구리와 두꺼비는 **양서류**로 분류된다.

🔄 amphi-(양쪽 모두의) + bio(생명) + -an(~한 것)
　→ (물과 육지) 양쪽 모두에 사는 동물 → 양서류

0548 warm-blooded
[wɔ́:rmblʌ́did]

🔵 온혈의 　↔ cold-blooded 냉혈의

a **warm-blooded** animal　온혈 동물
Mammals are **warm-blooded** creatures, unlike reptiles and insects.
포유류는 파충류나 곤충류와는 달리 **온혈** 동물이다.

0549 caterpillar
[kǽtərpìlər]

🔵 애벌레

A **caterpillar** turns into a butterfly at a later stage in its life.
애벌레는 생의 나중 단계에 나비가 된다.

【다의어】

0550 domestic
[douméstik]

🔵 1 국내의　2 가정의　3 길들여진, 사육되는

1 **domestic** market　국내 시장
2 Her **domestic** life was not comfortable.
　그녀의 **가정**생활은 편안하지 않았다.
3 The researchers found several differences between wild and **domestic** cats.
　그 연구자들은 야생 고양이와 **집**고양이의 여러 가지 차이점을 발견했다.

➕ domesticate ⓥ 길들이다, 사육하다

0551 tame
[teim]

🔵 길들여진　↔ wild 야생의　ⓥ 기르다, 길들이다

Tame animals are our pets and farm animals.
길들여진 동물들은 우리의 애완동물과 농장 동물이다.

He **tamed** a stray cat he had found on the street.
그는 길거리에서 발견한 길 잃은 고양이를 **길렀다**.

0552 **parasite**
[pǽrəsàit]

ⓝ 기생충, 기생 동물[식물]

She bought a drug to kill the **parasites** that were making her dog sick.
그녀는 자신의 개를 병들게 하는 **기생충**을 죽이기 위해 약을 샀다.

➕ parasitic ⓐ 기생하는; 기생충의

동물의 몸

0553 **fur**
[fə::r]

ⓝ 모피; 털

She wears her **fur** coat on cold winter days.
그녀는 추운 겨울날에는 **모피** 코트를 입는다.

The **fur** of a rabbit is very soft.
토끼의 **깃털**은 매우 부드럽다.

0554 **feather**
[féðər]

ⓝ 새털, 깃털

duck **feathers** 오리털
Fine **feathers** make fine birds.
훌륭한 **깃털**이 훌륭한 새가 되게 한다. (옷이 날개라.)

다의어

0555 **horn**
[hɔːrn]

ⓝ 1 뿔 2 (차량의) 경적

1 River buffaloes have spirally curled **horns**.
물소들은 나선형으로 구부러진 **뿔**을 가지고 있다.

2 The taxi driver blew his **horn** to announce his arrival.
택시 운전사가 도착을 알리려고 **경적**을 울렸다.

0556 **leather**
[léðəːr]

ⓝ 가죽

a black **leather** jacket 검정색 **가죽** 재킷
The inside of the bag has a soft **leather** lining.
가방의 내부에는 부드러운 **가죽** 안감이 있다.

다의어

0557 **shell**
[ʃel]

ⓝ 1 껍데기, 껍질 2 포탄

1 a turtle's **shell** 거북의 **껍데기**
This sack is great for collecting **shells** at the beach.
이 자루는 해변에서 **조개껍질**을 모으기에 아주 좋다.

2 Many people, including children, were injured as **shells** dropped in the village.
포탄이 마을에 떨어져 아이들을 포함한 많은 사람들이 다쳤다.

0558 claw
[klɔː]

ⓝ 발톱, 집게발

The eagle was carrying a rabbit in its sharp **claws**.
그 독수리는 날카로운 **발톱**으로 토끼 한 마리를 나르고 있었다.

the **claws** of a crab 게의 **집게발**

0559 paw
[pɔː]

ⓝ (발톱이 있는 동물의) 발

the nails in a cat's **paw** 고양이 **발**의 발톱

If your dog licks its **paws**, you should figure out why it is doing so.
개가 **발**을 핥으면, 왜 그렇게 하는지 알아내야 한다.

PLAN
6

다의어

0560 pouch
[pautʃ]

ⓝ 1 주머니, 쌈지 2 새끼주머니

1 Carry your money in a body **pouch** to avoid pickpockets.
소매치기를 피하기 위해 돈을 몸에 착용하는 **주머니**에 넣고 다니세요.

2 A baby kangaroo lives in its mother's **pouch**.
새끼 캥거루는 어미의 **새끼주머니** 안에 산다.

동물의 행동

0561 migration
[maigréiʃən]

ⓝ 이주, 이동

seasonal **migration** 계절에 따른 **이주**

Scientists use satellite tracking to follow birds on their **migration** routes.
과학자들은 위성 추적을 사용하여 **이동** 경로에 있는 새들을 추적한다.

➕ migrate ⓥ 이주하다, 이동하다

0562 flock
[flɑk]

ⓝ (새·양 등의) 무리, 떼 ⓥ 모이다, 무리를 짓다

A **flock** of sheep came down from the mountain.
양 **떼**가 산에서 내려왔다.

Birds of a feather **flock** together.
깃털이 같은 새들이 함께 **모인다**. (유유상종)

다의어

0563 herd
[həːrd]

ⓝ 1 (가축의) 무리, 떼 2 군중, 다수

1 A **herd** of cattle grazed peacefully in the pasture.
소 **떼**가 목장에서 평화롭게 풀을 뜯었다.

2 He follows the **herd** and never thinks for himself.
그는 **군중**을 쫓아가며 결코 스스로 생각하지 않는다.

0564 territory
[térətɔ̀:ri]

ⓝ 1 영토   2 영역, 세력권

1 Much of the **territory** to the north is mountainous.
북쪽 **영토**의 많은 부분은 산악 지대이다.

2 Some animals defend their **territory** by fighting with those that invade it.
어떤 동물들은 **영역**을 침입하는 동물과 싸움으로써 **영역**을 지킨다.

⭐ terra-(땅) + -tory(장소)

0565 aquarium
[əkwéəriəm]

ⓝ 수족관

In the **aquarium**, fish swam around over my head.
수족관에서 물고기들이 내 머리 위로 헤엄쳐 다녔다.

⭐ aqua-(물) + -rium(장소) → 물이 있는 장소 → 수족관

0566 nocturnal
[nɑktə́:rnəl]

ⓐ 야행성의

Hamsters and rats are **nocturnal** animals.
햄스터와 쥐는 **야행성** 동물이다.

0567 habitat
[hǽbətæ̀t]

ⓝ 서식지

the destruction of wildlife **habitats** 야생 생물 **서식지**의 파괴
A grassland is a perfect **habitat** for zebras.
초원은 얼룩말에게 최적의 **서식지**이다.

0568 spawn
[spɔːn]

ⓥ 1 알을 낳다, 산란하다   2 (결과 등을) 낳다, 일으키다

1 Salmon **spawn** in the freshwater streams of their birth.
연어는 자신들이 태어난 민물이 흐르는 강에서 **알을 낳는다**.

2 This technology could **spawn** a revolution in how we work and play.
이 기술은 우리가 일하고 놀이하는 방식에 혁명을 **일으킬** 수 있다.

0569 sting
[stiŋ]
sting-stung-stung

ⓥ 쏘다, 찌르다   ⓝ 쏘인 상처

The farmer was **stung** by a bee while clearing land.
그 농부는 땅을 개간하던 중에 벌에 **쏘였다**.

His face was covered with bee **stings**.
그의 얼굴은 벌에 **쏘인 상처**로 덮여 있었다.

0570 poisonous
[pɔ́izənəs]

ⓐ 독이 있는, 독성의 ⊜ venomous

a tiny spider with a **poisonous** bite 작은 **독거미**
A person bitten by a **poisonous** snake should get medical attention right away.
독이 있는 뱀에게 물린 사람은 즉시 치료를 받아야 한다.

➕ poison ⓝ 독 ⓥ 독살하다

Daily Check-up

빈칸에 알맞은 우리말 뜻 또는 영어 단어를 써넣어 워드맵을 완성하시오.

1 _____
beast

2 _____
먹이, 사냥감; 희생자

3 _____
predator

4 _____
종(種), 종족

5 _____
포유동물, 포유류

6 _____
reptile

7 _____
amphibian

8 _____
parasite

9 _____
caterpillar

10 _____
국내의; 가정의; 길들여진

11 _____
tame

12 _____
warm-blooded

동물의 종류

동물의 몸

동물

동물의 행동

13 _____
모피; 털

14 _____
feather

15 _____
뿔; 경적

16 _____
가죽

17 _____
껍데기, 껍질; 포탄

18 _____
claw

19 _____
paw

20 _____
주머니; 새끼주머니

21 _____
migration

22 _____
flock

23 _____
무리, 떼; 군중, 다수

24 _____
territory

25 _____
수족관

26 _____
nocturnal

27 _____
habitat

28 _____
spawn

29 _____
쏘다, 찌르다; 쏘인 상처

30 _____
poisonous

Day 20 식물

Must-Know Words

grass 풀	vegetable 채소, 야채	soil 흙, 토양	sunlight 햇빛
forest 숲	grow 자라다	bean 콩	corn 옥수수

다의어

0571 plant
[plænt]

n 1 식물 2 공장 **v** 심다

n. 1 Humans and animals could not live without **plants**.
인간과 동물은 **식물** 없이는 살 수 없다.

2 The automobile **plant** produces 100,000 cars a year.
그 자동차 **공장**은 1년에 10만 대의 자동차를 생산한다.

v. We **planted** carrots and tomatoes in the garden.
우리는 정원에 당근과 토마토를 **심었다**.

0572 vegetation
[vèdʒətéiʃən]

n 식물, 초목

a garden of tropical **vegetation** 열대 **식물**이 있는 정원
I barely found my way through the thick **vegetation**.
나는 울창한 **초목**을 간신히 뚫고 나아갔다.

구성 요소

0573 seed
[siːd]

n 씨, 씨앗, 종자

sow the **seeds** 씨를 뿌리다
If you plant these **seeds**, they will grow into beans and corn.
이 **씨앗들**을 심는다면, 그것들은 콩과 옥수수로 자랄 것이다.

0574 bud
[bʌd]

n 싹, 눈, 꽃봉오리

come into **bud** 싹이 트다
The **buds** are just ready to burst open.
꽃봉오리가 곧 터질 준비가 되어 있다.

0575 grain
[grein]

n 곡물, 낟알; 알갱이

Last year, our **grain** harvest was a total disaster.
작년에 우리의 **곡물** 수확은 완전히 실패였다.

Individual **grains** of sand gather to form a beach.
각각의 모래 **알갱이**가 모여 해변을 이룬다.

다의어

0576 **root**
[ruːt]

🔵 1 뿌리   2 근원, 기원

1 This plant has a lot of thin **roots**. 이 식물은 잔**뿌리**가 많다.
2 Money is the **root** of all evil. 돈이 모든 악의 **근원**이다.

다의어

0577 **bulb**
[bʌlb]

🔵 1 구근, 알뿌리   2 전구   ⊜ light bulb

1 Onions are **bulbs** that grow beneath the surface of the soil. 양파는 토양의 표면 아래에서 자라는 **구근**이다.
2 Before changing the **bulb**, you have to turn off the power. **전구**를 교체하기 전에 전원을 꺼야 한다.

다의어

0578 **stem**
[stem]

🔵 줄기   🔵 생겨나다, 유래하다(from)

n. Its leaves grow at the base of the **stem**.
그것의 잎사귀는 **줄기** 밑부분에서 자란다.

v. Many English words **stem** from Latin.
많은 영어 단어들이 라틴어에서 **유래한다**.

다의어

0579 **trunk**
[trʌŋk]

🔵 1 (나무의) 줄기, 몸통   2 (여행용 큰) 가방   3 (자동차) 짐칸
4 (코끼리의) 코   5 (남성용) 짧은 팬츠

1 She leaned against a tree **trunk** with her eyes closed.
그녀는 눈을 감은 채 나무의 **몸통**에 몸을 기댔다.

2 His **trunk** was full of clothes and personal belongings.
그의 **여행 가방**은 옷과 개인 소지품으로 가득 차 있었다.

3 She put her suitcase in the **trunk** and got in the car.
그녀는 가방을 **짐칸** 안에 넣고 차에 탔다.

4 The elephant extended its **trunk** and picked up a peanut.
그 코끼리는 **코**를 뻗어 땅콩을 집어 들었다.

5 I put on my swimming **trunks** and headed for the beach.
나는 수영 **팬츠**를 입고 해변으로 향했다.

다의어

0580 **branch**
[bræntʃ]

🔵 1 나뭇가지   2 지점

1 The monkey climbed the tree and hid in the **branches**.
그 원숭이는 나무에 올라가 **나뭇가지들** 속에 숨었다.

2 The bank has its **branches** in over 50 cities.
그 은행은 50개 이상의 도시에 **지점**을 두고 있다.

0581 **twig**
[twig]

🔵 (나무의) 잔가지

They picked up **twigs** to build a campfire.
그들은 모닥불을 지피기 위해 **잔가지**를 주웠다.

0582 bark
[bɑːrk]

ⓝ 나무껍질   ⓥ (개가) 짖다

n. The **bark** of the tree is used for making ropes.
그 나무의 **껍질**은 밧줄을 만드는 데 쓰인다.

v. A **barking** dog never bites.
짖는 개는 절대 물지 않는다. (떠들어 대는 사람은 도리어 실속이 없다.)

0583 sprout
[spraut]

ⓥ 1 (싹·잎 등을) 틔우다, 돋아나게 하다; 싹트다, 돋아나다
2 생겨나다

1 Trees **sprout** new leaves in the spring.
나무는 봄에 새잎을 **틔운다**.

2 Suburban villages **sprouted** up along the subway route.
교외의 마을들이 지하철 노선을 따라 **생겨났다**.

영영 2 to appear suddenly

0584 blossom
[blɑ́səm]

ⓝ (유실수의) 꽃   ⓥ 꽃을 피우다

The **blossoms** on the peach tree appeared last week.
복숭아나무의 **꽃**이 지난주에 모습을 드러냈다.

The cherry trees are just beginning to **blossom**.
벚나무가 막 **꽃을 피우기** 시작하고 있다.

0585 petal
[pétəl]

ⓝ 꽃잎

flowers with yellow and white **petals**
노랗고 하얀 **꽃잎**을 가진 꽃들

The **petals** of a rose are very soft.
장미의 **꽃잎**은 매우 부드럽다.

0586 thorn
[θɔːrn]

ⓝ 가시

draw[pull] out a **thorn** 가시를 빼다

Roses are beautiful, but they have **thorns**.
장미는 아름답지만 **가시**가 있다.

기능과 번식

0587 photosynthesis
[fòutousínθəsis]

ⓝ 광합성

Plants produce oxygen through **photosynthesis**.
식물은 **광합성**을 통해 산소를 만들어 낸다.

⭐ photo-(= light) + synthesis(= put together 합하다)
→ 빛을 통해 합성하는 과정 → 광합성(光合成)

0588 **bloom**
[bluːm]

Ⓥ (꽃이) 피다 Ⓝ (화초의) 꽃

flowers **blooming** in the wild
야생에서 **피어나는** 꽃들

The plant's **blooms** attract bees and butterflies.
그 식물의 **꽃**은 벌과 나비를 끌어온다.

PLAN
6

다의어

0589 **reproduce**
[rìːprədjúːs]

Ⓥ 1 번식하다 2 복사하다, 복제하다

1 Many amphibians return to water in order to **reproduce**.
많은 양서류 동물들은 **번식하기** 위해 물로 돌아온다.

2 She **reproduced** copies of an article for the class to read.
그녀는 학급 학생들이 읽을 수 있도록 기사 사본을 **복사했다**.

➊ reproduction Ⓝ 1 생식, 번식 2 복사, 복제

0590 **nectar**
[néktər]

Ⓝ (꽃의) 꿀; 과즙, 달콤한 음료

A bee can only harvest a bit of **nectar** at a time.
벌은 한 번에 소량의 **꿀**만 수확할 수 있다.

He had some peach **nectar** for breakfast.
그는 아침 식사로 약간의 복숭아 **과즙**을 먹었다.

0591 **pollen**
[pálən]

Ⓝ 꽃가루, 화분(花粉)

Sneezing is an allergic reaction to **pollen**.
재채기를 하는 것은 **꽃가루**에 대한 알레르기 반응이다.

➊ pollinate Ⓥ 수분하다, 꽃가루를 주다 | pollination Ⓝ 수분, 가루받이

식물의 종류

0592 **bush**
[buʃ]

Ⓝ 덤불, 관목

a rose **bush** 장미 **덤불**

The **bushes** in the front yard need watering.
앞마당에 있는 **관목**에 물을 줄 필요가 있다.

🔖 beat around[about] the bush 요점을 말하지 않고 말을 빙빙 돌리다

0593 **shrub**
[ʃrʌb]

Ⓝ 관목

a path planted with flowering **shrubs**
꽃이 피는 **관목**이 심어진 길

We cut the **shrubs** in front of our house every month.
우리는 매달 집 앞에 있는 **관목**을 베어낸다.

0594 hybrid
[háibrid]

ⓝ 1 (동식물의) 잡종　2 혼성체, 혼합물

1 Gregor Mendel experimented with **hybrid** peas.
그레고르 멘델은 **잡종** 완두콩을 가지고 실험을 했다.

2 A **hybrid** vehicle is powered by both fuel and electricity.
하이브리드 차량은 연료와 전기 둘 다에 의해 동력을 얻는다.

0595 mushroom
[mʌʃruːm]

ⓝ 버섯　ⓥ 급격히 늘어나다

n. She went into the woods to pick wild **mushrooms**.
그녀는 야생 **버섯**을 따러 숲속으로 들어갔다.

v. The population of the city has **mushroomed** over the past decade.
그 도시의 인구는 지난 10년 동안 **급증했다**.

0596 fungus
[fʌŋgəs]

ⓝ 진균류, 곰팡이류; 버섯 (pl. fungi)

Mushrooms are a type of **fungus**.
버섯은 **진균류**의 일종이다.

an edible **fungus** 식용 버섯

0597 moss
[mɔːs]

ⓝ 이끼

the **moss**-covered wall 이끼로 덮여 있는 담장
A rolling stone gathers no **moss**.
구르는 돌에는 **이끼**가 끼지 않는다. (직업을 자주 바꾸는 사람은 돈을 모을 수 없다.)

0598 cactus
[kǽktəs]

ⓝ 선인장 (pl. cactuses, cacti)

the natural habitat of the **cactus** plant 선인장 식물의 자연 서식지
There are many **cactuses** in the deserts of Mexico.
멕시코의 사막에는 **선인장**이 많다.

0599 weed
[wiːd]

ⓝ 잡초　ⓥ 잡초를 뽑다

Our garden has more **weeds** than flowers.
우리 정원에는 꽃보다 **잡초**가 더 많다.
I **weeded** our lawn yesterday, so it looks much nicer now.
어제 잔디밭의 **잡초를 뽑았더니** 훨씬 더 좋아 보인다.

0600 herb
[əːrb / həːrb]

ⓝ 허브, 약초, 향초

a dish cooked with fresh **herbs** 신선한 **허브**로 조리된 요리
In China, **herbs** are used to treat a wide variety of diseases.
중국에서는 **약초**가 매우 다양한 질병을 치료하는 데 사용된다.

Daily Check-up

빈칸에 알맞은 우리말 뜻 또는 영어 단어를 써넣어 워드맵을 완성하시오.

3 _____
씨, 씨앗, 종자

4 _____
bud

5 _____
grain

6 _____
뿌리; 근원, 기원

7 _____
구근, 알뿌리; 전구

8 _____
줄기; 생겨나다

9 _____
줄기, 몸통; 가방; 짐칸;
(코끼리의) 코; 짧은 팬츠

10 _____
나뭇가지; 지점

11 _____
twig

12 _____
나무껍질; (개가) 짖다

13 _____
sprout

14 _____
blossom

15 _____
petal

16 _____
thorn

**구성
요소**

1 _____
식물; 공장; 심다

2 _____
vegetation

**기능과
번식**

**식물의
종류**

17 _____
photosynthesis

18 _____
bloom

19 _____
reproduce

20 _____
nectar

21 _____
pollen

22 _____
bush

23 _____
shrub

24 _____
hybrid

25 _____
버섯; 급격히 늘어나다

26 _____
fungus

27 _____
이끼

28 _____
cactus

29 _____
잡초; 잡초를 뽑다

30 _____
허브, 약초, 향초

Day 21 자원과 환경 보존

자원

0601 abundant
[əbʌ́ndənt]

ⓐ 풍부한 ≡plentiful

Forests are vital for clean and **abundant** supplies of water.
숲은 깨끗하고 **풍부한** 물 공급에 꼭 필요하다.

➊ abound ⓥ 풍부하다, 많이 있다 | abundance ⓝ 풍부; 부유

다의어

0602 resource
[ríːsɔːrs / risɔ́ːrs]

ⓝ 1 **자원, 물자**   2 **자산, 재력**   3 **지략**

1 The country is rich in natural **resources**.
그 나라는 천연**자원**이 풍부하다.
2 She has the **resources** to buy a vacation home.
그녀는 별장을 살 만한 **재력**이 있다.
3 He had to use all his **resources** to escape.
그는 탈출하기 위해 자신의 모든 **지략**을 동원해야 했다.

➊ resourceful ⓐ 지략이 풍부한, 수완이 좋은

0603 coal
[koul]

ⓝ 석탄

a **coal** mine 탄광
He put more **coal** in the stove to keep the room warm.
그는 방을 따뜻하게 하기 위해 난로에 **석탄**을 더 넣었다.

0604 petroleum
[pətróuliəm]

ⓝ 석유

The government maintains strategic **petroleum** reserves.
정부는 전략적 **석유** 비축량을 유지하고 있다.

✪ cf. crude oil 원유 | gasoline 휘발유(= gas)

다의어

0605 raw
[rɔː]

ⓐ 1 **가공하지 않은**   2 **날것의, 익히지 않은**

1 Crude oil is the basic **raw** material for gasoline.
원유는 휘발유의 기본이 되는 **원**자재이다.
2 **raw** fish / meat 날 생선 / 날고기

다의어

0606 mineral
[mínərəl]

ⓝ 1 광물　2 미네랄, 무기물

1 Different methods are used to extract **minerals** from the ground.
땅에서 **광물**을 채굴하기 위해 다양한 방법이 사용된다.

2 Fruit is a good source of vitamins and **minerals**.
과일은 비타민과 **미네랄**의 좋은 공급원이다.

PLAN
6

환경 오염

0607 pollution
[pəlúːʃən]

ⓝ 오염; 공해

air / water **pollution**　대기/수질 **오염**

Many countries strive to reduce **pollution** and protect the environment.
많은 나라들이 **오염**을 줄이고 환경을 보호하기 위해 노력한다.

➕ pollute ⓥ 오염시키다 | pollutant ⓝ 오염 물질

0608 contaminate
[kəntǽmənèit]

ⓥ 오염시키다, 더럽히다

a river **contaminated** by mine waste
광산 폐기물로 **오염된** 강

Their drinking water has been **contaminated** with chemicals.
그들의 식수가 화학 물질로 **오염되었다**.

➕ contamination ⓝ 오염

다의어

0609 emission
[imíʃən]

ⓝ 1 배출, 방출　2 배출 물질, 배기가스

1 the **emission** of carbon dioxide into the air
공기 중으로의 이산화탄소 **배출**

2 Automobiles produce **emissions** that pollute the air.
자동차는 공기를 오염시키는 **배기가스**를 만든다.

➕ emit ⓥ 방출하다, 배출하다
🔄 e-(밖으로) + -mit(보내다) + -ion(행위) → 밖으로 내보내는 행위 → 배출

0610 deforestation
[diːfɔ̀ːristéiʃən]

ⓝ 삼림 벌채, 산림 개간

Widespread **deforestation** is the main cause of soil erosion.
광범위한 **삼림 벌채**는 토양 침식의 주요 원인이다.

🔄 de-(분리) + forest(삼림) + -ation(행위) → 삼림을 분리하는 행위

0611 garbage
[gɑ́:rbidʒ]

ⓝ **1 쓰레기 2 가치 없는 것**

1 I take out the **garbage** after supper every night.
나는 매일 저녁 식사 후에 **쓰레기**를 내다 버린다.

2 What he says is just **garbage**.
그가 하는 말은 그저 **쓸데없는 것**일 뿐이다.

0612 landfill
[lǽndfil]

ⓝ **쓰레기 매립지**

be dumped into **landfills** 쓰레기 매립지에 버려지다

The park was built on a **landfill** near the Hudson River.
그 공원은 허드슨 강 근처의 **쓰레기 매립지**에 지어졌다.

0613 disrupt
[disrʌ́pt]

ⓥ **붕괴시키다, 분열시키다**

Climate change could **disrupt** the global food supply.
기후 변화는 세계의 식량 공급을 **붕괴시킬** 수 있다.

영영 to stop something from continuing in its normal way

➕ disruption ⓝ 붕괴, 분열 | disruptive ⓐ 분열시키는, 파괴적인

0614 vulnerable
[vʌ́lnərəbl]

ⓐ **취약한, 공격받기 쉬운**

vulnerable to the flu 독감에 **걸리기 쉬운**

While eating their prey, birds are **vulnerable** to predators.
새들은 먹이를 먹는 동안 포식자에게 **공격받기 쉽다.**

0615 nuclear
[nú:kliə:r]

ⓐ **핵의, 원자력의**

a **nuclear** power plant **원자력** 발전소

Nuclear energy is potentially more dangerous than other forms of energy.
원자력 에너지는 다른 형태의 에너지보다 잠재적으로 더 위험하다.

0616 extinct
[ikstíŋkt]

ⓐ **멸종된, 더 이상 존재[활동]하지 않는**

Extinct species are now only found in museum collections.
멸종된 종들은 현재 박물관 소장품에서만 발견된다.

Many languages become **extinct** every year.
해마다 많은 언어들이 **사라진다.**

an **extinct** volcano 사화산

➕ extinction ⓝ 멸종

0617 endangered
[indéindʒərd]

ⓐ **멸종 위기에 처한**

These birds are critically **endangered** due to habitat loss.
이 새들은 서식지 상실로 인해 심각한 **멸종 위기에 처해** 있다.

➕ endanger ⓥ 위험에 빠뜨리다, 위태롭게 만들다

🔍 en-(넣다, 처하게 하다) + danger(위험) + -ed(~된) → 위험에 처한

0618 destruction
[distrʌ́kʃən]

ⓝ 파괴, 파멸

environmental **destruction** 환경 **파괴**
The **destruction** of the ozone layer affects all of us.
오존층의 **파괴**는 우리 모두에게 영향을 미친다.

➕ destroy ⓥ 파괴하다 | destructive ⓐ 파괴적인

0619 threat
[θret]

ⓝ 위협, 협박

a direct **threat** to the environment
환경에 대한 직접적인 **위협**
These woodlands are under **threat** from illegal logging.
이 삼림 지대는 불법 벌목으로 인해 **위협**을 받고 있다.

➕ threaten ⓥ 위협하다, 협박하다 | threatening ⓐ 위협적인, 협박하는

환경 보존

0620 renewable
[rinúːəbl]

ⓐ 재생 가능한, 회복할 수 있는

Wind, water, and sunlight are **renewable** energy sources.
바람, 물, 그리고 햇빛은 **재생 가능한** 에너지원이다.

➕ renew ⓥ 1 갱신하다 2 되살리다 | renewal ⓝ 1 재생 2 갱신
🔄 re-(다시) + new(새로운) + -able(~할 수 있는)
  → 다시 새롭게 할 수 있는 → 재생 가능한

0621 sustainable
[səstéinəbl]

ⓐ 지속 가능한, 유지할 수 있는

Organic farming is an effective strategy to promote
sustainable agriculture.
유기 농법은 **지속 가능한** 농업을 촉진하기 위한 효과적인 전략이다.

➕ sustain ⓥ 유지하다, 살아가게 하다 | sustainability ⓝ 지속 가능성

0622 alternative
[ɔːltə́ːrnətiv]

ⓐ 대체 가능한, 대안이 되는 ⓝ 대안, 선택 가능한 것

sources of **alternative** energy 대체 에너지원
People are seeking **alternatives** to fossil fuels.
사람들은 화석 연료에 대한 **대안**을 찾고 있다.

0623 conservation
[kɑ̀nsəːrvéiʃən]

ⓝ 보존, 보호

They carried out **conservation** work in the Himalayas.
그들은 히말라야에서 (환경) **보존** 활동을 수행했다.

➕ conserve ⓥ 보존하다, 보호하다

0624 preserve
[prizə́:rv]

ⓥ 1 보존[보호]하다 2 유지하다, 지키다

1 The group aims to **preserve** endangered species.
그 단체는 멸종 위기에 처한 종들을 **보호하는** 것을 목표로 한다.

2 **preserve** the balance between the environment and development
환경과 개발 사이에서 균형을 **유지하다**

⊕ preservation ⓝ 1 보존, 보호 2 유지

0625 biodiversity
[bàioudivə́:rsəti / -dai-]

ⓝ 생물 다양성

Tropical rainforests are natural treasures of **biodiversity**.
열대 우림은 **생물 다양성**의 천혜의 보고이다.

★ bio-(생물, 생명) + diverse(다양한) + -ity(특징)

0626 biofuel
[báioufjù:əl]

ⓝ 생물 연료, 바이오 연료

biofuels made from sugarcane 사탕수수로 만든 **생물 연료**
Biofuels can be combined with conventional fuels.
생물 연료는 전통적인 연료와 결합될 수 있다.

0627 eco-friendly
[íkoufrèndli]

ⓐ 친환경적인, 환경친화적인 **⊜** environmentally friendly

eco-friendly transportation **환경친화적** 교통수단
Riding bikes is an **eco-friendly** option.
자전거 타기는 **환경친화적인** 선택이다.

0628 ecological
[ikəlɑ́dʒikəl]

ⓐ 생태학의, 생태계의

The loss of one species can disturb the **ecological** balance.
하나의 종의 상실이 **생태계의** 균형을 깨뜨릴 수 있다.

⚘ ecological footprint 생태 발자국(인간이 자원을 생산·폐기하는 데 필요한 비용을 토지 면적으로 환산한 것)

⊕ ecology ⓝ 생태학

0629 ecosystem
[í:kousìstəm]

ⓝ 생태계

damage the **ecosystem** **생태계**에 손상을 입히다
Water, soil, air, and living things form an **ecosystem**.
물, 토양, 공기, 생명체는 **생태계**를 형성한다.

0630 restore
[ristɔ́:r]

ⓥ 회복시키다, 복원하다, 되찾게 하다

This program is intended to **restore** the environment to its original state.
이 프로그램은 환경을 원래 상태로 **복원하도록** 의도된 것이다.

⊕ restoration ⓝ 회복, 복원

빈칸에 알맞은 우리말 뜻 또는 영어 단어를 써넣어 워드맵을 완성하시오.

1 _____
abundant

2 _____
자원, 물자; 자산; 지략

3 _____
coal

4 _____
petroleum

5 _____
가공하지 않은; 날것의

6 _____
광물; 미네랄, 무기물

20 _____
renewable

21 _____
sustainable

22 _____
대체 가능한; 대안

23 _____
conservation

24 _____
preserve

25 _____
biodiversity

26 _____
biofuel

27 _____
eco-friendly

28 _____
ecological

29 _____
ecosystem

30 _____
회복시키다, 복원하다

PLAN
6

자원

자원과
환경 보존

환경
보존

환경
오염

7 _____
오염; 공해

8 _____
contaminate

9 _____
emission

10 _____
deforestation

11 _____
쓰레기; 가치 없는 것

12 _____
landfill

13 _____
disrupt

14 _____
vulnerable

15 _____
핵의, 원자력의

16 _____
extinct

17 _____
멸종 위기에 처한

18 _____
destruction

19 _____
threat

Day 22 기후와 재해

다의어

0631 **climate**
[kláimit]

ⓝ **1 기후 2 환경, 분위기**

1 Humans prefer to live where the **climate** is warm.
인간은 **기후**가 따뜻한 곳에서 사는 것을 선호한다.

2 Small businesses have difficulty surviving in the present economic **climate**.
소기업들은 현재의 경제 **환경**에서 살아남는 데 어려움이 있다.

영영 1 the general weather in a particular region

➕ climatic ⓐ 기후의

다의어

0632 **disaster**
[dizǽstər]

ⓝ **1 재난, 재해, 재앙 2 실패(작)**

1 a natural **disaster** 자연**재해**
The oil spill was a **disaster** for sea animals.
기름 유출은 바다 동물들에게 **재앙**이었다.

2 The dinner party ended up a complete **disaster**.
저녁 파티는 완전한 **실패**로 끝났다.

➕ disastrous ⓐ 재앙의, 끔찍한

다양한 기후 특징

0633 **humid**
[hjú:mid]

ⓐ 습한, 눅눅한 ⊜ wet

The air was so **humid** that it was hard to breathe.
공기가 너무 **습해서** 숨 쉬기가 힘들었다.

➕ humidity ⓝ 습기; 습도 | humidify ⓥ 축이다, 축축하게 하다

다의어

0634 **mild**
[maild]

ⓐ **1 따뜻한, 포근한 2 가벼운, 약간의**

1 The region has a **mild** climate with warm days and cool nights.
그 지역은 낮에는 따뜻하고 밤에는 시원한 **온화한** 기후를 갖고 있다.

2 That morning, she had a **mild** headache and was not feeling well.
그날 아침, 그녀는 **가벼운** 두통을 앓았고 몸이 좋지 않았다.

다의어

0635 **moderate**
[mάːdərət]

ⓐ 1 온화한 2 적당한

1 Coastal cities generally have **moderate** weather.
해안 도시들은 일반적으로 **온화한** 날씨를 보인다.

2 If your doctor allows it, do **moderate** exercise every day.
의사가 허락한다면 매일 **적당한** 운동을 하세요.

다의어

0636 **harsh**
[hɑːrʃ]

ⓐ 1 혹독한 2 가혹한

1 the **harsh** environment of the desert 사막의 **혹독한** 환경

2 The punishment was too **harsh** for a young child.
그 처벌은 어린아이한테는 너무나 **가혹한** 것이었다.

다의어

0637 **prevail**
[privéil]

ⓥ 1 만연하다, 지배하다 2 승리하다, 이기다

1 Extreme cold **prevails** over the plains during winter.
극심한 추위가 겨울 동안 평원을 **지배한다**.

2 Our soccer team **prevailed** over our rival in a tough game.
우리 축구팀은 힘든 경기에서 라이벌 팀을 **이겼다**.

➕ prevailing ⓐ 1 현행하는 2 보편적인
prevalent ⓐ 보편화된, 유행하는 | prevalence ⓝ 보편화, 유행

날씨와 기상 현상

0638 **forecast**
[fɔ́ːrkæst]
forecast–forecast(ed)–
forecast(ed)

ⓝ 예보, 예측 ⓥ 예상하다, 예측하다

According to the weather **forecast**, strong winds are
expected tomorrow.
일기 **예보**에 따르면 내일 강한 바람이 예상된다.

Economists **forecast** that interest rates will fall next month.
경제학자들은 다음 달에 금리가 떨어질 것이라고 **예측한다**.

0639 **likely**
[láikli]

ⓐ 가능성이 있는, 일어날 듯한

the most **likely** outcome 가장 **가능성 높은** 결과

London is **likely** to be colder than Iceland this weekend.
런던은 이번 주말에 아이슬란드보다 더 추울 **것 같다**.

다의어

0640 **shower**
[ʃáuər]

ⓝ 1 샤워 2 소나기

1 take a **shower** **샤워**를 하다

2 After a **shower** in the morning, the sun came out at noon.
아침에 **소나기**가 온 후에 정오에 해가 나왔다.

0641 temperature
[témpərətʃuər]

ⓝ 1 온도, 기온 2 고열, 발열 상태

1 The **temperature** of this area varies throughout the year.
이 지역의 **온도[기온]**는 일 년 내내 변동한다.

2 My son has a cold and is running a **temperature**.
내 아들은 감기에 걸려 **열**이 있다.

0642 lightning
[láitniŋ]

ⓝ 번개

moving at **lightning** speed **번개** 같은 속도로 움직이는

Suddenly, there were a flash of **lightning** and a roar of thunder.
갑자기 **번개**가 번쩍였고 요란한 천둥소리가 났다.

0643 hail
[heil]

ⓝ 우박 ⓥ 부르다, 소리치다

n. **Hail** can ruin an entire crop in minutes.
우박이 농작물 전체를 몇 분 안에 망칠 수 있다.

v. He stood on the curb and **hailed** a taxi.
그는 도로 경계석에 서서 택시를 **불렀다**.

0644 breeze
[bri:z]

ⓝ 1 산들바람, 미풍 2 쉬운 일

1 The **breeze** felt pleasant on a hot day.
더운 날에 **산들바람**이 기분 좋게 느껴졌다.

2 Passing the driving test was a **breeze** to me.
운전면허 시험을 통과하는 것은 나에게 **식은 죽 먹기**였다.

0645 frost
[frɔ:st]

ⓝ 서리, 성에 ⓥ 성에로 덮다

An early **frost** destroyed much of the orange crop.
이른 **서리**가 많은 오렌지 수확물을 파괴했다.

The car's windscreen was **frosted** over.
차의 앞 유리가 온통 **성에로 덮여** 있었다.

0646 vapor
[véipər]

ⓝ 증기

water **vapor** 수증기

Boiling water turns into **vapor** in the air.
끓는 물은 공기 중에서 **증기**로 변한다.

0647 visible
[vízəbl]

ⓐ 눈에 보이는, 볼 수 있는 ↔invisible 보이지 않는

visible to the naked eye 육안으로 **보이는**

The coastline became **visible** through the fog.
안개 사이로 해안선이 **보였다**.

0648	**rainfall** [réinfɔ:l]	Ⓝ 강우, 강우량

rainfall
[réinfɔ:l]

Ⓝ 강우, 강우량

average annual **rainfall** 연평균 강우량
There was not enough **rainfall** for the crops to grow well.
농작물이 잘 자랄 만큼 **강우량**이 충분하지 않았다.

⚙ cf. snowfall 강설, 강설량

0649 **thermometer**
[θəːrmάmitəːr]

Ⓝ 온도계

We put a **thermometer** outside to measure the temperature.
우리는 온도를 측정하기 위해 바깥에 **온도계**를 놓았다.

⚙ thermo-(heat 열) + -meter(measure 측정 기구)
→ 열을 측정하는 기구 → 온도계

자연재해

0650 **thunderstorm**
[θΛndəːrstɔ̀ːrm]

Ⓝ 뇌우(천둥 번개를 동반한 폭풍우)

a violent **thunderstorm** 심한 뇌우
Heavy rain and **thunderstorms** are forecast for the weekend.
주말 동안 폭우와 **뇌우**가 예보되고 있다.

0651 **hurricane**
[hə́ːrəkèin]

Ⓝ 허리케인(주로 서대서양에서 발생하는 강한 열대성 저기압)

the path of a **hurricane** 허리케인의 진로
Hurricanes have winds up to 150 miles per hour.
허리케인은 시속 150마일까지 이르는 바람을 갖는다.

다의어

0652 **monsoon**
[mɑnsúːn]

Ⓝ 1 계절풍 2 우기, 장마철

1 a temperate **monsoon** climate 온대 **계절풍** 기후
2 The **monsoon** season will be over next week.
다음 주에 **장마철**이 끝날 것이다.

0653 **drought**
[draut]

Ⓝ 가뭄

a prolonged **drought** 장기간의 **가뭄**
The region has been experiencing a five-month **drought**.
그 지역은 5개월간 이어지는 **가뭄**을 겪고 있다.

0654 **earthquake**
[ə́ːrθkweik]

Ⓝ 지진

the magnitude of an **earthquake** 지진의 진도
The city was struck by a major **earthquake** a few years ago.
그 도시는 몇 년 전에 대**지진**이 강타했다.

0655 volcano
[vɑlkéinou]

ⓝ 화산

The **volcano** erupted last year, killing about 500 people.
그 **화산**이 작년에 분출하면서 500명 정도가 사망했다.

♨ active volcano 활화산 | dormant volcano 휴화산
➕ volcanic ⓐ 화산의

[다의어]

0656 landslide
[lǽndslaid]

ⓝ 1 산사태 2 (선거에서의) 압도적 승리

1 A massive **landslide** blocked the coastal road.
   대규모의 **산사태**로 해안 도로가 막혔다.

2 The new president won in a **landslide**.
   새로운 대통령이 **압도적 승리**를 거두었다.

[다의어]

0657 collapse
[kəlǽps]

ⓥ 1 붕괴되다, 무너지다 2 (사람이) 쓰러지다 ⓝ 붕괴

v. 1 Several buildings **collapsed** during the earthquake.
      지진 중에 여러 건물이 **무너졌다**.

v. 2 He **collapsed** with a heart attack while he was jogging.
      그는 조깅하다가 심장마비로 **쓰러졌다**.

n.   Heavy snow caused the **collapse** of the roof.
      폭설이 지붕의 **붕괴**를 일으켰다.

0658 widespread
[wáidspred]

ⓐ 광범위한, 널리 퍼진

widespread damage caused by heavy rain
폭우로 인한 **광범위한** 피해

The forest fires were **widespread** across the dry region.
산불은 그 건조한 지역 전역에 걸쳐 **널리 번졌다**.

✪ wide(넓은) + spread(퍼진)

0659 warning
[wɔ́ːrniŋ]

ⓝ 경보, 경고

a flood **warning** 홍수 **경보**

Early earthquake **warning** systems rapidly detect ongoing earthquakes in real time.
지진 조기 **경보** 시스템은 진행 중인 지진을 실시간으로 빠르게 감지한다.

➕ warn ⓥ 경고하다

0660 activate
[ǽktəvèit]

ⓥ 활성화하다, 작동시키다

activate the alarm 경보 장치를 **작동시키다**

The area was struck by a tsunami **activated** by an earthquake.
그 지역은 지진에 의해 **활성화된** 지진 해일의 타격을 받았다.

➕ active ⓐ 1 활동적인 2 적극적인 3 활성화된

빈칸에 알맞은 우리말 뜻 또는 영어 단어를 써넣어 워드맵을 완성하시오.

3 _____
humid

4 _____
따뜻한, 포근한; 가벼운

5 _____
moderate

6 _____
혹독한; 가혹한

7 _____
prevail

8 _____
예보, 예측; 예상하다

9 _____
likely

10 _____
샤워; 소나기

11 _____
온도, 기온; 고열

12 _____
lightning

13 _____
hail

14 _____
산들바람, 미풍; 쉬운 일

15 _____
서리, 성에; 성에로 덮다

16 _____
vapor

17 _____
visible

18 _____
강우, 강우량

19 _____
온도계

PLAN
6

다양한 기후 특징

날씨와 기상 현상

1 _____
기후; 환경, 분위기

2 _____
재난, 재해, 재앙; 실패(작)

자연재해

21 _____
thunderstorm

21 _____
허리케인

22 _____
monsoon

23 _____
가뭄

24 _____
지진

25 _____
화산

26 _____
landslide

27 _____
collapse

28 _____
widespread

29 _____
경보, 경고

30 _____
activate

PLAN 7

과학

molecule 분자
theory 이론, 학설
accurate 정확한

vertical 수직의, 세로의
magnetic 자석의, 자기의
substance 물질

과학
일반

수학·물리학·
화학

과학

생명과학·
지구과학

컴퓨터와
인터넷

evolution 진화; 발전
comet 혜성
fossil 화석

access 접속; 접속하다
delete 삭제하다, 지우다
security 보안; 안전

Day 23 과학 일반

물질의 구성 요소

0661 **component**
[kəmpóunənt]

ⓝ 성분, 부품　ⓐ 구성하는

Researchers are trying to identify the chemical **components** of the gas.
연구자들이 그 가스의 화학 **성분**을 확인하려고 노력 중이다.

the **component** parts of a car 자동차의 **구성 부품**

다의어

0662 **element**
[éləmənt]

ⓝ 1 요소, 요인　2 원소

1 Creative thinking is a vital **element** of success today.
창의적 사고는 오늘날 성공의 필수적인 **요소**이다.

2 Gold is a chemical **element** with the symbol Au.
금은 기호가 Au인 화학 **원소**이다.

다의어

0663 **atom**
[ǽtəm]

ⓝ 1 원자　2 극소량

1 **Atom** is the smallest unit of matter that cannot be divided any more.
원자는 물질의 가장 작은 단위로, 더 이상 분할될 수 없다.

2 There is not an **atom** of truth in the whole story.
그 이야기 전체에서 진실이라고는 **털끝만큼**도 없다.

➊ atomic ⓐ 1 핵의　2 원자의

0664 **molecule**
[mάləkjùːl]

ⓝ 분자

A **molecule** of oxygen gas contains two atoms.
산소 기체의 **분자**는 두 개의 원자를 가지고 있다.

➊ molecular ⓐ 분자의

다의어

0665 **particle**
[pάːrtikl]

ⓝ 1 입자, 미립자　2 극소량

1 Dust is made up of **particles** of different sizes.
먼지는 다양한 크기의 **입자들**로 구성되어 있다.

2 There is not a **particle** of evidence for his view.
그의 견해에 부합하는 증거는 **조금**도 없다.

➌ part(부분, 일부) + -cle(작은) → 작은 일부 → 입자

물질의 상태

0666 fluid
[flúːid]

ⓝ 유동체, 유체 　 ⓐ 유동적인

The mechanic checked the **fluids** in the car's engine.
정비사는 자동차 엔진의 **유동체**를 점검했다.

The negotiations seem to be in a **fluid** state.
협상은 **유동적인** 상태에 있는 것으로 보인다.

0667 liquid
[líkwid]

ⓐ 액체의 　 ⓝ 액체, 유동체

When it is frozen, water is no longer **liquid**.
물은 얼게 되면 더 이상 **액체**가 아니다.

Her diet was restricted to **liquids** during the treatment.
치료를 받는 동안 그녀의 식단은 **유동식**으로 제한되었다.

다의어

0668 solid
[sɑ́lid]

ⓐ 1 고체의 　 2 확실한, 견고한

1 The fat in butter remains **solid** at room temperature.
버터의 지방은 실온에서 **고체** 상태를 유지한다.

2 There is no **solid** evidence that social media is addictive.
소셜 미디어가 중독성이 있다는 **확실한** 증거는 없다.

다의어

0669 expand
[ikspǽnd]

ⓥ 1 팽창하다, 확대되다 　 2 성장하다, 확장하다

1 Water **expands** as it turns to ice.
물은 얼음으로 변할 때 **팽창한다**.

2 The leisure industry has **expanded** over the past decade.
레저 산업은 지난 10년 동안 **성장해** 왔다.

➕ expansion ⓝ 1 팽창, 확대 　 2 성장, 확장

과학적 연구

0670 experiment
ⓝ [ikspérəmənt]
ⓥ [ikspérəmènt]

ⓝ 실험 　 ⓥ 실험하다

They carry out **experiments** in chemistry class each week.
그들은 매주 화학 시간에 **실험**을 수행한다.

He **experimented** on rats to see how they cope with stress.
그는 쥐들이 스트레스에 어떻게 대처하는지를 알기 위해 쥐를 대상으로 **실험했다**.

0671 theory
[θíːəri]

ⓝ 이론, 학설

Scientific **theories** must be based on strong evidence.
과학적 **이론**은 확고한 증거에 기반을 두어야 한다.

➕ theorize ⓥ 이론화하다, 이론을 세우다 | theoretical ⓐ 이론의, 이론적인

0672 **observe**
[əbzə́:rv]

ⓥ 1 관찰하다 2 준수하다 3 (견해를) 말하다

1 During the experiment, they **observed** the volunteers' brain activity.
실험 중에 그들은 지원자들의 두뇌 활동을 **관찰했다**.

2 Both teams agreed to **observe** the rules.
양 팀 모두 규칙을 **준수하기로** 합의했다.

3 The teacher **observed** that we all did well on the test.
선생님은 우리 모두가 시험을 잘 봤다고 **말씀하셨다**.

➕ observation ⓝ 1 관찰 2 견해, 소견 | observance ⓝ 준수

0673 **hypothesis**
[haipɑ́θəsis]

ⓝ 가설, 전제 (*pl.* hypotheses)

Many subsequent observations confirmed the **hypothesis**.
이후의 많은 관찰이 그 **가설**을 입증했다.

🔲 an idea or theory that has not yet been proved to be true

🔍 hypo-(아래에) + thesis(논지) → 아래에 있는 논지 → 가설, 전제

0674 **laboratory**
[lǽbərətɔ̀:ri / ləbɔ́rətəri]

ⓝ 실험실, 연구실 ⩵ lab

Scientists test their hypotheses through experiments in the **laboratory**.
과학자들은 **실험실**에서 실험을 통해 그들의 가설을 검증한다.

🔍 labor(일, 연구) + -tory(장소) → 연구하는 장소 → 실험실, 연구실

0675 **research**
ⓝ [rí:sə:rtʃ / risə́:rtʃ]
ⓥ [risə́:rtʃ]

ⓝ 연구, 조사 ⓥ 연구하다, 조사하다

do **research** in a chemical laboratory 화학 실험실에서 **연구**를 하다
She is **researching** the relationship between diet and health.
그녀는 식단과 건강 사이의 관계를 **연구하고** 있다.

➕ researcher ⓝ 연구자, 연구원; 조사원

0676 **formula**
[fɔ́:rmjələ]

ⓝ 1 공식, 화학식 2 (특정한 일을 이루기 위한) 방식

1 The **formula** for finding the area of a circle is πr^2.
원의 면적을 구하는 **공식**은 πr^2이다.

2 He wrote a book about his **formula** for success.
그는 성공을 위한 자신의 **방식**에 대한 책을 썼다.

0677 **index**
[índeks]

ⓝ 1 색인 2 지표, 지수

1 The **index** of this book includes a lot of scientific terms.
이 책의 **색인**에는 많은 과학 용어가 포함되어 있다.

2 The test provides parents with a reliable **index** of their child's progress.
그 시험은 부모들에게 자녀의 발전에 대한 믿을 만한 **지표**를 제공한다.

🔗 index finger 검지, 집게손가락

0678 principle
[prínsəpl]

ⓝ 원리, 원칙

He explained the general **principles** of physics.
그는 물리학의 일반적 **원리**를 설명했다.

establish a **principle** 원칙을 세우다

0679 definite
[défənit]

ⓐ 확실한, 명확한　≡ clear, obvious

reach a **definite** conclusion **명확한** 결론에 도달하다
Many questions about the universe have no **definite** answers.
우주에 대한 많은 질문들은 **확실한** 대답을 갖고 있지 않다.

➕ define ⓥ 정의하다 | definition ⓝ 정의

다의어

0680 survey
ⓝ [sə́:rvei]
ⓥ [sə:rvéi]

ⓝ 1 (설문) 조사　2 측량　ⓥ 1 조사하다　2 측량하다

n. 1 The results of the **survey** have not yet been analyzed.
조사 결과는 아직 분석되지 않았다.

v. 2 Engineers **surveyed** the land for the construction of the highway.
공학자들이 고속 도로 건설을 위해 토지를 **측량했다**.

수량 계측

0681 calculation
[kælkjəléiʃən]

ⓝ 계산

A simple **calculation** shows that 720 hours equals 30 days.
간단한 **계산**을 통해 720시간이 30일과 같음을 알 수 있다.

➕ calculate ⓥ 계산하다 | calculator ⓝ 계산기

다의어

0682 measure
[méʒər]

ⓥ 1 측정하다, 재다　2 평가하다　ⓝ 1 조치　2 척도

v. 1 We use calories to **measure** the energy in food.
우리는 칼로리를 사용해서 음식에 담긴 에너지를 **측정한다**.

2 **measure** the performance of students
학생들의 수행[성적]을 **평가하다**

n. 1 We should take **measures** to improve the situation.
우리는 상황을 개선하기 위한 **조치**를 취해야 한다.

2 a **measure** of consumer satisfaction 소비자 만족의 **척도**

➕ measurement ⓝ 1 치수　2 측정　3 평가

0683 accurate
[ǽkjərit]

ⓐ 정확한

an **accurate** measuring device **정확한** 측정 장치
She is very **accurate** in her calculations.
그녀는 계산이 아주 **정확하다**.

➕ accuracy ⓝ 정확성, 정확도 | accurately ⓐⓓ 정확히

0684 exact
[igzǽkt]

ⓐ 정확한

the **exact** time 정확한 시각
The results of the experiment were **exact** and left nothing to be interpreted.
그 실험의 결과는 **정확했고**, 해석되어야 할 어떠한 것도 남기지 않았다.

0685 absolute
[ǽbsəlùːt]

ⓐ 1 완전한 2 명확한, 틀림없는 3 절대의, 절대적인

1 **absolute** darkness 완전한 어둠
2 People believed that the laws of physics were **absolute**.
   사람들은 물리학의 법칙은 **명확한** 것이라고 믿었다.
3 **absolute** majority 절대 다수, 과반수

➕ absolutely ⓐⓓ 정말로, 완전히

0686 average
[ǽvəridʒ]

ⓝ 평균 ⓐ 평균의; 보통의, 평범한

above / below **average** 평균 이상 / 이하의
She was in her mid-twenties and of **average** height.
그녀는 20대 중반이었고 키는 **보통**이었다.

0687 proportion
[prəpɔ́ːrʃən]

ⓝ 비율

The liquid contains equal **proportions** of water and ethanol.
그 액체에는 동등한 **비율**의 물과 에탄올이 들어 있다.

0688 density
[dénsəti]

ⓝ 밀도, 농도; 빽빽한 정도

two metals with different **densities** 밀도가 다른 두 가지 금속
Density is an inherent property of materials.
밀도는 물질의 고유한 특성이다.

🔱 population density 인구 밀도
➕ dense ⓐ 빽빽한; 고밀도의

0689 vacuum
[vǽkju(ə)m]

ⓝ 1 진공 2 공백

1 In a **vacuum**, all objects fall at the same rate.
   진공 상태에서 모든 물체는 같은 속도로 떨어진다.
2 Her absence created a **vacuum** that could not be filled.
   그녀의 부재는 채워질 수 없는 **공백**을 만들었다.

0690 weigh
[wei]

ⓥ 1 무게를 재다 2 평가하다

1 They used a scale to **weigh** gold.
   그들은 금의 **무게를 재기** 위해 저울을 사용했다.
2 **Weigh** the benefits of the program against the costs.
   그 프로그램의 이득을 비용에 대비하여 **평가해봐.**

➕ weight ⓝ 무게

빈칸에 알맞은 우리말 뜻 또는 영어 단어를 써넣어 워드맵을 완성하시오.

1 _____
component

2 _____
요소, 요인; 원소

3 _____
원자; 극소량

4 _____
molecule

5 _____
particle

10 _____
experiment

11 _____
이론, 학설

12 _____
관찰하다; 준수하다;
(견해를) 말하다

13 _____
hypothesis

14 _____
laboratory

15 _____
연구(하다), 조사(하다)

16 _____
formula

17 _____
index

18 _____
원리, 원칙

19 _____
definite

20 _____
조사(하다); 측량(하다)

물질의 구성 요소

과학적 연구

과학 일반

수량 계측

물질의 상태

6 f _____
유동체; 유동적인

7 _____
liquid

8 _____
고체의; 확실한, 견고한

9 _____
expand

21 _____
calculation

22 _____
측정하다; 평가하다;
조치; 척도

23 _____
accurate

24 e _____
정확한

25 _____
absolute

26 _____
평균; 평균의; 보통의

27 _____
비율

28 _____
density

29 _____
vacuum

30 _____
무게를 재다; 평가하다

Day 24 수학 · 물리학 · 화학

Must-Know Words

calculate 계산하다   equal 같다; 동일한   sum 총합, 합계   law 법칙

electric 전기의   magnet 자석   force 힘   chemical 화학의; 화학 물질

0691 **mathematics**

[mæ̀θəmǽtiks]

ⓝ 수학

Mathematics can be related to art in many ways.
수학은 여러 가지 면에서 예술과 관련될 수 있다.

➕ mathematical ⓐ 수학의, 수리적인 | mathematician ⓝ 수학자

0692 **physics**

[fíziks]

ⓝ 물리학

The laws of **physics** are the same everywhere.
물리학의 법칙은 어디에서나 같다.

➕ physical ⓐ 1 신체의 2 물리적인 | physicist ⓝ 물리학자

다의어

0693 **chemistry**

[kémistri]

ⓝ 1 화학 2 화합, 공감대

1 **Chemistry** is the study of molecules and how they interact.
화학은 분자들과 그것들이 상호 작용을 하는 방식에 관한 연구이다.

2 Teams with good **chemistry** win the game.
화합이 잘 되는 팀이 경기에서 이긴다.

➕ chemical ⓐ 화학의 ⓝ 화학 물질 | chemist ⓝ 화학자

수학

0694 **vertical**

[və́:rtikəl]

ⓐ 수직의, 세로의 ↔ horizontal 수평의, 가로의

the **vertical** axis of a graph 그래프의 **세로축**
A **vertical** line goes up and down and a horizontal line across.
수직선은 위아래로 그어지고 수평선은 가로질러 그어진다.

다의어

0695 **parallel**

[pǽrəlèl]

ⓐ 1 평행하는, 나란한 2 유사한

1 A square is made of two pairs of **parallel** lines of equal length.
정사각형은 길이가 같은 두 쌍의 **평행**선으로 만들어진다.

2 The two religions are **parallel** in their teachings.
그 두 종교는 가르침에 있어서 **유사하다**.

PLAN
7

0696 **equation**
[ikwéiʒən]

ⓝ 방정식

He spent an hour trying to work out the **equation**.
그는 **방정식**을 풀려고 노력하면서 한 시간을 보냈다.

0697 **diameter**
[daiǽmitər]

ⓝ 지름, 직경

The **diameter** of the Earth is about 13,000km.
지구의 **지름**은 약 13,000km이다.

다의어

0698 **angle**
[ǽŋgl]

ⓝ 1 각도, 각　2 관점

1　The sum of the **angles** of a triangle is 180 degrees.
　　삼각형의 **각**의 합은 180도이다.

2　see things from a different **angle**　사물을 다른 **관점**에서 보다

물리학

0699 **magnetic**
[mægnétik]

ⓐ 자석의, 자기의

the Earth's **magnetic** field　지구의 **자기장**
A **magnetic** force is formed when two magnets are mutually attracted.　두 개의 자석이 서로 이끌릴 때 **자력**이 형성된다.

➕ magnet ⓝ 자석

다의어

0700 **charge**
[tʃɑːrdʒ]

ⓥ 1 충전하다　2 부담시키다, 청구하다　3 기소하다
ⓝ 1 요금　2 책임, 담당　3 전하(물체가 띠고 있는 정전기의 양)

v.　1 **charge** a battery　배터리를 **충전하다**

2 They **charged** a very reasonable rate for the repairs.
　그들은 수리비를 상당히 저렴하게 **청구했다**.

3 He was **charged** with receiving stolen property.
　그는 훔친 물건을 취득한 혐의로 **기소되었다**.

n.　1 free of **charge**　**무료의**

2 the person in **charge**　**담당자**

3 a positive / negative **charge**　양전하 / 음전하

다의어

0701 **current**
[kə́:rənt]

ⓝ 1 전류, 흐름　2 경향, 추세　ⓐ 현재의

n.　1 An electric battery supplies **current** to the motor.
　전기 배터리가 모터에 **전류**를 공급한다.

2 There is a **current** of distrust toward political parties.
　정당에 대한 불신 **경향**이 존재한다.

a.　the **current** situation　**현재** 상황

0702 **constant**
[kɑ́:nstənt]

ⓐ 1 일정한 2 끊임없는

1 Suppose that the elevator is ascending at a **constant** speed.
엘리베이터가 **일정한** 속도로 올라가고 있다고 가정해 보라.

2 When awake, most babies are in **constant** motion.
깨어 있을 때, 대부분의 아기들은 **끊임없이** 움직인다.

➊ constantly ⓐⓓ 항상, 끊임없이

0703 **mass**
[mæs]

ⓝ 1 질량 2 덩어리 3 다수, 많음

1 the law of conservation of **mass** 질량 보존의 법칙

2 **Masses** of dark clouds still hung about the heavens.
먹구름 **덩어리들**이 여전히 하늘에 드리워져 있었다.

3 a **mass** of data 다량의 데이터

0704 **matter**
[mǽtəːr]

ⓝ 1 물질 2 문제 ⓥ 중요하다, 문제가 되다

ⓝ 1 **Matter** is composed of tiny particles called atoms.
물질은 원자로 불리는 아주 작은 입자로 구성되어 있다.

2 a **matter** of importance 중요한 **문제[사안]**

ⓥ It doesn't **matter** to me what you think.
네가 뭐라고 생각하는지는 내게 **중요하지** 않다.

0705 **relativity**
[rèlətívəti]

ⓝ 상대성

the principle of **relativity** 상대성 원리

In science class, we discussed the **relativity** of speed.
과학 수업에서 우리는 속도의 **상대성**에 대해 토론했다.

➊ relative ⓐ 상대적인 ⓝ 친척

0706 **spectrum**
[spéktrəm]

ⓝ 1 스펙트럼, 가시 파장역 2 범위, 영역

1 Red and violet are at opposite ends of the **spectrum**.
빨간색과 보라색은 **스펙트럼**의 정반대 끝에 있다.

2 We have a wide **spectrum** of problems to solve.
우리에게는 해결해야 할 폭넓은 **범위**의 문제들이 있다.

0707 **volume**
[vάljuːm]

ⓝ 1 부피, 체적 2 양, 분량 3 (책의) 권

1 The **volume** of a cylinder is 18 cubic meters.
실린더의 **체적**은 18세제곱미터이다.

2 The current road system cannot cope with the increasing **volume** of traffic.
현재의 도로 시스템은 증가하는 교통량에 대처할 수 없다.

3 The library holds over 100,000 **volumes** of printed books.
그 도서관에는 10만 **권** 이상의 인쇄된 서적이 있다.

다의어

0708 **gravity**
[grǽvəti]

ⓝ 1 중력 2 심각성, 중대함

1 All objects fall in the same way under the force of **gravity**.
모든 물체는 **중력**하에서 같은 방식으로 떨어진다.

2 The **gravity** of the situation became clear.
상황의 **심각성**이 분명해졌다.

➕ grave ⓐ 심각한, 중대한 ⓝ 무덤, 묘

0709 **vibration**
[vaibréiʃən]

ⓝ 진동, 떨림

Frequency refers to how many cycles per second a **vibration** takes place.
주파수는 **진동**이 발생하는 초당 사이클 수를 나타낸다.

Please put your cell phones in **vibration** mode.
휴대 전화를 **진동** 모드로 해주세요.

➕ vibrate ⓥ 진동하다

다의어

0710 **circuit**
[sə́:rkit]

ⓝ 1 회로, 배선 2 순회

1 In a direct-current **circuit**, current flows in one direction.
직류 **회로**에서는 전류가 한 방향으로 흐른다.

2 The sightseeing bus makes a **circuit** of the city.
그 관광버스는 도시를 **순회**한다.

다의어

0711 **tension**
[ténʃən]

ⓝ 1 팽팽함, 긴장(감) 2 장력

1 **tension** between the two countries 두 국가 사이의 **긴장**
2 A suspension bridge uses **tension** of cables for support.
현수교는 지지를 위해 케이블의 **장력**을 이용한다.

➕ tense ⓐ 긴장된; 긴장한

0712 **ultraviolet**
[ʌ̀ltrəváiəlit]

ⓝ 자외선 ⓐ 자외선의 ⊜ UV

The sun's **ultraviolet** rays are responsible for sunburns.
태양의 **자외선**은 햇볕에 타는 원인이 된다.

➕ ultra-(넘어서) + violet(보라색) → 보라색 파장 너머에 있는 → 자외선(의)
cf. infrared 적외선(의)

화학

0713 **compound**
ⓥ [kəmpáund]
ⓝ [kɑ́:mpaund]

ⓥ 혼합하다 ⓝ 화합물; 혼합물

Scientists **compound** various drugs to form a new medicine.
과학자들은 새로운 약을 만들기 위해 다양한 약을 **혼합한다**.

Salt is a **compound** of sodium and chlorine.
소금은 나트륨과 염소의 **화합물**이다.

0714 **substance**
[sʌ́bstəns]

ⓝ 1 물질 2 내용, 실체

1 All chemical **substances** should be safely stored.
모든 화학 **물질**은 안전하게 보관되어야 한다.

2 gossip without **substance** **실체** 없는 소문

0715 **core**
[kɔ:r]

ⓝ 1 핵; 중심부 2 핵심 ⓐ 핵심적인, 가장 중요한

n. 1 the **core** of an atom 원자의 **핵**

2 You are missing the **core** of the argument.
너는 논쟁의 **핵심**을 놓치고 있어.

a. **core** subjects **가장 중요한[핵심]** 과목들

0716 **crystal**
[krístəl]

ⓝ 1 결정, 결정체 2 수정(水晶)

1 Atoms combine to form the **crystal** structure of minerals.
원자들이 결합되어 광물의 **결정** 구조를 형성한다.

2 wine glasses made of **crystal** **수정**으로 만들어진 와인 잔

0717 **filter**
[fíltər]

ⓝ 필터, 여과 장치 ⓥ 여과하다, 거르다

The **filter** was designed to remove harmful bacteria in water.
그 **필터**는 물속의 해로운 세균을 제거하도록 설계되었다.

All drinking water must be **filtered** or boiled.
모든 식수는 **여과되거나** 끓여져야 한다.

0718 **scatter**
[skǽtər]

ⓥ 흩어지다; (빛·입자 등을) 산란시키다

The sheep **scattered** in all directions as I approached.
양들은 내가 다가가자 사방으로 **흩어졌다**.

Particles in the air **scatter** the light.
공기 중의 입자들은 빛을 **산란시킨다**.

0719 **mixture**
[míkstʃər]

ⓝ 1 혼합(물) 2 뒤섞임, 혼재

1 The **mixture** contains alcohol and water in the ratio of 1:3.
그 **혼합물**은 1:3의 비율로 알코올과 물을 함유하고 있다.

2 He felt a **mixture** of excitement and nerves before the game. 그는 시합 전에 흥분과 초조함이 **뒤섞인** 느낌이 들었다.

➊ mix ⓥ 섞다, 혼합하다

0720 **transform**
[trænsfɔ́:rm]

ⓥ 변형시키다, 변환하다

Plants **transform** sunlight into useful energy.
식물은 햇빛을 유용한 에너지로 **변환한다**.

➊ transformation ⓝ (완전한) 변화, 변신

➋ trans-(가로질러) + form(형태) → 형태를 가로지르다 → 변형시키다

Daily Check-up

학습 Check	본문 학습	MP3 듣기	Daily Check-up	누적 테스트 Days 23-24

빈칸에 알맞은 우리말 뜻 또는 영어 단어를 써넣어 워드맵을 완성하시오.

수학

4 ＿＿＿＿＿＿＿ vertical

5 ＿＿＿＿＿＿＿ parallel

6 ＿＿＿＿＿＿＿ equation

7 ＿＿＿＿＿＿＿ diameter

8 ＿＿＿＿＿＿＿ 각도, 각; 관점

화학

23 ＿＿＿＿＿＿＿ compound

24 ＿＿＿＿＿＿＿ substance

25 ＿＿＿＿＿＿＿ 핵; 중심부; 핵심; 핵심적인

26 ＿＿＿＿＿＿＿ crystal

27 ＿＿＿＿＿＿＿ 필터; 여과하다

28 ＿＿＿＿＿＿＿ scatter

29 ＿＿＿＿＿＿＿ mixture

30 ＿＿＿＿＿＿＿ transform

1 ＿＿＿＿＿＿＿ mathematics

2 ＿＿＿＿＿＿＿ 물리학

3 ＿＿＿＿＿＿＿ chemistry

물리학

9 ＿＿＿＿＿＿＿ magnetic

10 ＿＿＿＿＿＿＿ 충전하다; 청구하다; 기소하다; 요금; 책임; 전하

11 ＿＿＿＿＿＿＿ 전류, 흐름; 경향; 현재의

12 ＿＿＿＿＿＿＿ constant

13 ＿＿＿＿＿＿＿ 질량; 덩어리; 다수

14 ＿＿＿＿＿＿＿ 물질; 문제; 중요하다

15 ＿＿＿＿＿＿＿ relativity

16 ＿＿＿＿＿＿＿ 스펙트럼; 범위

17 ＿＿＿＿＿＿＿ 부피, 체적; 양; 권

18 ＿＿＿＿＿＿＿ 중력; 심각성, 중대함

19 ＿＿＿＿＿＿＿ vibration

20 ＿＿＿＿＿＿＿ circuit

21 ＿＿＿＿＿＿＿ tension

22 ＿＿＿＿＿＿＿ ultraviolet

PLAN 7

Day 24 수학·물리학·화학 ★ 167

Day 25 생명과학 · 지구과학

Must-Know Words

evolve 진화하다   gene 유전자   universe 우주   galaxy 은하계

planet 행성   explore 탐사하다   shuttle 왕복선   telescope 망원경

0721 **biology**
[baiάːlədʒi]

ⓝ 생물학

In **biology** class, students learn to conduct experiments.
생물학 시간에 학생들은 실험하는 법을 배운다.

➕ biological ⓐ 생물(학)의 | biologist ⓝ 생물학자

✪ bio-(생명) + -logy(연구) → 생명에 대한 연구 → 생물학

0722 **astronomy**
[əstrάːnəmi]

ⓝ 천문학

He took a course in **astronomy** because he was interested in the planets.
그는 행성에 관심이 있었기 때문에 **천문학** 강좌를 수강했다.

➕ astronomical ⓐ 천문학의 | astronomer ⓝ 천문학자

✪ astro-(= star) + -nomy(= rule, law 규칙, 법)
→ 별에 대한 규칙[법] → 천문학

0723 **geology**
[dʒiːάːlədʒi]

ⓝ 지질학

Geology is a science that impacts all living things on the Earth.
지질학은 지구상의 모든 생명체에 영향을 미치는 과학이다.

➕ geological ⓐ 지질학의 | geologist ⓝ 지질학자

✪ geo-(땅) + -logy(연구) → 땅에 대한 연구 → 지질학

생명과학

0724 **microscope**
[máikrəskòup]

ⓝ 현미경

The students could see tiny bacteria under the **microscope**.
학생들은 **현미경**으로 작은 박테리아를 볼 수 있었다.

✪ micro-(작은) + -scope(관찰하다)
→ 작은 것을 관찰하는 기구 → 현미경

다의어

0725 **cell**
[sel]

🔊 1 세포 2 작은 방 3 휴대 전화 ⊜ cell phone

1 Living organisms are made up of **cells**.
생물체는 **세포**로 이루어져 있다.

2 He stayed in a holding **cell** at the police station overnight.
그는 하룻밤 동안 경찰서 유치**장**에 있었다.

3 I gave him my **cell** number. 나는 그에게 내 **휴대폰** 번호를 주었다.

🌀 '휴대 전화'의 의미로 cell (phone)은 미국 영어에서 사용하며, 영국 영어에서는 mobile (phone)을 주로 쓴다.

다의어

0726 **tissue**
[tíʃuː]

🔊 1 (세포) 조직 2 휴지, 얇은 천

1 High blood sugar levels can damage the body's **tissues**.
높은 혈당 수치는 신체 **조직**에 손상을 줄 수 있다.

2 I wiped my nose with a **tissue** after I sneezed.
재채기를 한 후 나는 **휴지**로 코를 닦았다.

0727 **germ**
[dʒəːrm]

🔊 세균

Dirty hands are a breeding ground for **germs** and bacteria.
더러운 손은 **세균**과 박테리아의 번식지이다.

➕ germinate ⓥ 발아하다[시키다], 싹트다

다의어

0728 **creature**
[kríːtʃər]

🔊 1 생물체 2 창조물, 산물

1 The Inuit believe that every **creature** possesses a spirit.
이누이트 족은 모든 **생물체**가 영혼을 가지고 있다고 믿는다.

2 the **creature** of the times 시대의 **산물**

➕ create ⓥ 창조하다 | creation ⓝ 창조

0722 **evolution**
[èvəlúːʃən]

🔊 진화; 발전

The theory of **evolution** explains how life on the Earth has changed. **진화**론은 지구상의 생물이 어떻게 변해 왔는지 설명한다.
the **evolution** of rock music 록 음악의 **진화[발전]**

➕ evolve ⓥ 진화하다, 서서히 발전하다 | evolutionary ⓐ 진화의, 발달의

다의어

0730 **adaptation**
[ædæptéiʃən]

🔊 1 적응, 순응 2 각색, 개작

1 the **adaptation** of desert species to hot conditions
사막의 생물 종의 더운 환경에 대한 **적응**

2 The film is an **adaptation** of a novel by Klaus Mann.
그 영화는 클라우스 만의 소설을 **각색한 것**이다.

➕ adapt ⓥ 1 적응하다 2 개조하다

0731 astronaut
[ǽstrənɔ̀ːt]

ⓝ 우주 비행사

Astronauts are trained to cope with weightlessness.
우주 비행사들은 무중력 상태에 대처하기 위해 훈련을 받는다.

✿ astro-(= star) + -naut(= sailor 선원)
→ 별을 향해 비행하는 선원 → 우주 비행사

0732 spacecraft
[spéiskræft]

ⓝ 우주선

The mission of the **spacecraft** is to study Mars' atmosphere.
그 **우주선**의 임무는 화성의 대기를 연구하는 것이다.

an unmanned **spacecraft** 무인 **우주선**

다의어

0733 launch
[lɔːntʃ]

ⓥ 1 시작하다, 출시하다 2 발사하다

1 We will **launch** our new product in the near future.
우리는 가까운 미래에 신제품을 **출시할** 것이다.

2 The spacecraft will be **launched** this Friday.
그 우주선은 이번 금요일에 **발사될** 것이다.

다의어

0734 satellite
[sǽtəlàit]

ⓝ 1 인공위성 2 위성

1 The event will be broadcast via **satellite** from London.
그 행사는 런던에서 **인공위성**을 통해 중계될 것이다.

2 The moon is the Earth's only **satellite**.
달은 지구의 유일한 **위성**이다.

다의어

0735 probe
[proub]

ⓝ 우주 탐사선 ⓥ (면밀히) 조사하다

ⓝ. *Cassini* was the first space **probe** to enter the orbit of Saturn.
카시니호는 토성의 궤도에 진입한 최초의 **우주 탐사선**이었다.

ⓥ. He **probed** the witness's truthfulness by asking questions.
그는 질문을 함으로써 증인의 진실성을 **면밀히 조사했다**.

0736 orbit
[ɔ́ːrbit]

ⓝ 궤도 ⓥ ~을 중심으로 궤도를 그리며 돌다

The spacecraft successfully entered the **orbit** of the moon.
그 우주선은 달의 **궤도**에 성공적으로 진입했다.

All the planets in the solar system **orbit** the sun.
태양계의 모든 행성들은 태양을 **중심으로 궤도를 그리며 돈다**.

다의어

0737 **explosion** [iksplóuʒən]

ⓝ 1 폭발 2 급격한 증가

1 My father remembers the **explosion** of the space shuttle *Challenger*.
아버지는 우주 왕복선 챌린저호의 **폭발**을 기억하신다.

2 a population **explosion** **급격한** 인구 **증가**

⊕ explode ⓥ 폭발하다 | explosive ⓐ 폭발하기 쉬운, 폭발성의

0738 **rotation** [routéiʃən]

ⓝ (지구의) 자전; 회전

the **rotation** of the Earth on its axis
지축을 중심으로 한 지구의 **자전**

The device controls the number of **rotations** of the engine.
그 장치는 엔진의 **회전**수를 제어한다.

⊕ rotate ⓥ 1 회전하다 2 교대로 하다

다의어

0739 **sphere** [sfiəːr]

ⓝ 1 구, 구체 2 영역, 권, 계

1 Earth is not a perfect **sphere** but is slightly flattened due to its rotation.
지구는 완전한 **구체**가 아니라 자전 때문에 약간 납작하다.

2 He has a good reputation in scientific **spheres**.
그는 과학**계**에서 평판이 좋다.

0740 **solar** [sóuləːr]

ⓐ 태양의

Solar energy is obtained from the sun's light and heat.
태양 에너지는 태양의 빛과 열로부터 얻어진다.

solar calendar 양력(↔ lunar calendar 음력)

0741 **lunar** [lúːnər]

ⓐ 달의

a **lunar** module **달** 착륙선

Lunar New Year's Day is one of the folk holidays in Korea.
음력 새해 첫날[구정]은 한국의 민속 명절 중 하나이다.

0742 **eclipse** [iklíps]

ⓝ (해·달의) 식

A total solar **eclipse** will take place on August 9.
개기 일**식**이 8월 9일에 일어날 예정이다.

a total/partial solar eclipse 개기/부분 일식

0743 **meteor** [míːtiər]

ⓝ 유성, 별똥별

The huge crater was possibly created by a **meteor** impact.
그 거대한 분화구는 아마도 **운석** 충돌에 의해 만들어졌을 것이다.

a meteor shower 유성우(많은 유성이 비처럼 쏟아지는 현상)

⊕ meteorite ⓝ 운석

0744 asteroid
[ǽstərɔ̀id]

ⓝ 소행성

Ceres is the largest **asteroid** in the solar system.
세레스는 태양계에서 가장 큰 **소행성**이다.

0745 comet
[kɑ́:mət]

ⓝ 혜성

We saw a bright **comet** with a long, glowing tail.
우리는 길게 불타오르는 꼬리를 가진 밝은 **혜성**을 보았다.

🎏 Halley's Comet 핼리 혜성(약 76년을 주기로 태양 주위를 도는 혜성)

0746 beyond
[bijɑ́nd]

prep ~을 넘어서, ~을 벗어나

The forces of nature are sometimes **beyond** our control.
자연의 힘은 때로 우리의 통제를 **벗어난다**.

beyond visual range 가시거리 **밖에**

지질학

0747 continent
[kɑ́:ntənənt]

ⓝ 대륙; 육지

According to the continental drift theory, the **continents** were once connected.
대륙 이동설에 따르면 **대륙들**은 한때 연결되어 있었다.

➊ continental ⓐ 대륙의

0748 layer
[léiə:r]

ⓝ 층, 막, 겹

the Earth's ozone **layer** 지구의 오존**층**

A **layer** of mud lies on the lake bottom.
호수 바닥에 진흙**층**이 있다.

0749 fossil
[fɑ́:sl]

ⓝ 화석

a **fossil** specimen 화석 표본

We know about dinosaurs from the **fossils** they left behind.
우리는 공룡이 남긴 **화석**을 통해 공룡에 대해 안다.

🎏 fossil fuel 화석 연료

0750 erosion
[iróuʒən]

ⓝ 침식 (작용)

The beach suffered severe **erosion** from the storm.
그 해변은 폭풍으로 인해 심한 **침식**을 겪었다.

➊ erode ⓥ 침식하다; 침식되다 | erosive ⓐ 침식성의

Daily Check-up

빈칸에 알맞은 우리말 뜻 또는 영어 단어를 써넣어 워드맵을 완성하시오.

4 _____
현미경

5 _____
세포; 작은 방; 휴대 전화

6 _____
(세포) 조직; 휴지

7 _____
germ

8 _____
creature

9 _____
evolution

10 _____
adaptation

27 _____
continent

28 _____
층, 막, 겹

29 _____
fossil

30 _____
erosion

PLAN 7

생명 과학

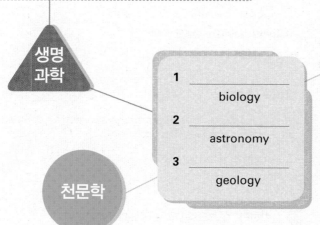

1 _____
biology

2 _____
astronomy

3 _____
geology

지질학

천문학

11 _____
우주 비행사

12 _____
우주선

13 _____
시작하다; 발사하다

14 _____
인공위성; 위성

15 _____
probe

16 _____
orbit

17 _____
explosion

18 _____
rotation

19 _____
sphere

20 _____
태양의

21 _____
달의

22 _____
eclipse

23 _____
meteor

24 _____
asteroid

25 _____
comet

26 _____
~을 넘어서[벗어나]

Day 26 · 컴퓨터와 인터넷

Must-Know Words

portable 휴대용의   device 장치, 기구   electronic 전자의   mobile 이동식의

attach 첨부하다   browse 훑어보다   wireless 무선의   information 정보

컴퓨터의 기능

0751 capable
[kéipəbəl]

ⓐ 할 수 있는; 유능한

The best computer chess programs are now **capable** of beating humans.
가장 우수한 컴퓨터 체스 프로그램은 이제 인간을 이길 **수 있다**.
🔖 capable of (-ing) ~ : ~을 할 능력이 있는

a **capable** lawyer 유능한 변호사

➕ capability ⓝ 1 능력 2 용량, 수용력

0752 storage
[stɔ́:ridʒ]

ⓝ 저장 (공간)

The company provides data **storage** services for companies.
그 회사는 기업에 데이터 **저장** 서비스를 제공한다.

🔖 storage capacity 저장 용량

➕ store ⓥ 저장하다

0753 install
[instɔ́:l]

ⓥ 설치하다; 설치되다   ↔ uninstall 삭제[제거]하다

install software onto a computer
컴퓨터에 소프트웨어를 **설치하다**

The software **installs** automatically on your hard drive.
그 소프트웨어는 하드 드라이브에 자동으로 **설치된다**.

0754 access
[ǽkses]

ⓝ 접속, 접근   ⓥ 접속하다, 접근하다

block **access** to the website 웹사이트에 대한 **접근**을 차단하다
She **accessed** the program by typing in the password.
그녀는 암호를 입력하여 프로그램에 **접속했다**.

다의어

0755 command
[kəmǽnd]

ⓝ 1 명령(어) 2 구사력; 제어[통제] 능력   ⓥ 명령하다

n. 1 Just type the desired **command** and press the "Enter" key. 원하는 **명령어**를 입력하고 'Enter' 키를 누르기만 하세요.

2 Applicants must have a good **command** of English.
지원자들은 뛰어난 영어 **구사력**을 갖추고 있어야 한다.

v. The police officer **commanded** him to drop the gun.
경찰관은 그에게 총을 버리라고 **명령했다**.

다의어

0756 **remote**
[rimóut]

ⓐ 1 먼, 원격의   2 외딴

1 The computer can be turned on by **remote** control.
그 컴퓨터는 **원격** 제어로 전원이 켜질 수 있다.
📺 remote control 리모컨; 원격 조종[제어]

2 Internet access is available even in **remote** locations.
인터넷 접속은 **외딴** 지역에서도 가능하다.

0757 **sort**
[sɔːrt]

ⓥ 분류하다; 정렬하다   ⓝ 종류, 부류

The computer is **sorting** the names into alphabetical order.
컴퓨터가 이름을 알파벳순으로 **정렬하고** 있다.

Students can use the computer to do all **sorts** of tasks.
학생들은 컴퓨터를 사용하여 온갖 **종류**의 일을 할 수 있다.

다의어

0758 **operate**
[ɑ́:pərèit]

ⓥ 1 작동하다, 작용하다   2 수술하다

1 My new computer **operates** at a high speed.
내 새 컴퓨터는 고속으로 **작동한다**.

2 Doctors had to **operate** on him to remove the bullet.
의사들은 총알을 제거하기 위해 그를 **수술해야** 했다.

다의어

0759 **display**
[displéi]

ⓝ 1 진열, 전시, 표시   2 화면 표시 (장치)   ⓥ 전시하다, 나타내다

n. 1 a **display** of small icons and filenames
작은 아이콘과 파일명의 **표시**

2 a high-resolution color **display**   고해상도 컬러 **화면 표시 장치**

v. An error message was **displayed** on the computer screen.
오류 메시지가 컴퓨터 화면에 **나타났다**.

0760 **input**
[ínput]
input–input(ted)–
input(ted)

ⓝ 입력   ⓥ 입력하다

This program accepts **input** from the keyboard.
이 프로그램은 키보드로부터의 **입력**을 수용한다.

When data is **input** into the computer system, it is processed immediately.
컴퓨터 시스템에 데이터가 **입력되면** 그것은 즉시 처리된다.

다의어

0761 **output**
[áutput]

ⓝ 1 산출, 생산량   2 출력

1 The annual agricultural **output** increased over last year's.
지난해에 비해 연간 농업 **생산량**이 증가했다.

2 an **output** device   **출력** 장치

0762 **procedure**
[prəsíːdʒər]

ⓝ 절차

The **procedure** for logging on to the hotel's Wi-Fi is simple.
호텔 와이파이에 로그온하는 **절차**는 간단하다.

다의어

0763 **process**
ⓝ [práːses]
ⓥ [prəsés]

ⓝ 과정　ⓥ 처리하다

n. the **process** of converting videotapes to digital files
비디오테이프를 디지털 파일로 변환하는 **과정**

v. Early computers **processed** data very slowly.
초창기 컴퓨터는 데이터를 매우 느리게 **처리했다**.

다의어

0764 **protocol**
[próutəkɔ̀ːl]

ⓝ 1 의정서, 협약　2 프로토콜, 통신 규약

1 The Kyoto **Protocol** is an international treaty on climate change.　교토 **의정서**는 기후 변화에 관한 국제 협약이다.

2 You have to use a different **protocol** with this modem.
이 모뎀에는 다른 **프로토콜**을 사용해야 한다.

다의어

0765 **archive**
[áːrkaɪv]

ⓝ 1 (pl.) 기록 보관소　2 (pl.) 파일 저장소

1 Visitors are allowed to enter the **archives** by appointment.
방문자는 예약에 의해서 **기록 보관소**에 들어가는 것이 허락된다.

2 You'll find those files if you access the **archives**.
파일 저장소에 접속하면 그 파일들을 찾을 것이다.

다의어

0766 **load**
[loud]

ⓝ 1 (대량의) 짐; (실을 수 있는) 양　2 작업량, 업무량
ⓥ 1 싣다　2 로딩하다

n. 1 a truck carrying a heavy **load**　무거운 **짐**을 실은 트럭

2 My old computer couldn't handle the **load**.
내 오래된 컴퓨터가 **작업량**을 감당할 수 없었다.

v. 1 **load** some boxes into the van　상자 몇 개를 밴에 **싣다**

2 This is an easy way to **load** music files onto your smartphone.
이렇게 하면 음악 파일을 여러분의 스마트폰에 쉽게 **로딩할** 수 있다.

장애

0767 **disconnect**
[dìskənékt]

ⓥ 접속[전원, 연결]을 끊다; (서비스를) 중단하다

The Internet was **disconnected** for a minute.
인터넷이 잠시 **끊겼다**.

You may be **disconnected** if you do not pay the phone bill.
전화 요금을 지불하지 않으면 **서비스가 중단될** 수 있다.

➕ disconnection ⓝ 중단, 차단
🔍 dis-(중단, 제거) + connect(연결하다) → 연결을 중단하다

0768 crash
[kræʃ]

ⓥ 1 충돌[추락]하다 2 고장 나다, 다운되다
ⓝ 1 충돌[추락] 사고 2 (시스템의) 고장

v. 2 The computer **crashed**, and all the data in it was lost.
컴퓨터가 **다운되어** 그 안의 모든 데이터가 손실되었다.

n. 1 a plane **crash** 비행기 **추락** 사고

0769 delete
[dilí:t]

ⓥ 삭제하다, 지우다

Delete the files that are no longer necessary.
더 이상 필요 없는 파일은 **삭제하라.**

0770 erase
[iréis]

ⓥ 지우다

The virus **erased** all the files stored on his hard drive.
바이러스가 그의 하드 드라이브에 저장된 모든 파일을 **지웠다.**

➕ eraser ⓝ 지우개

0771 interrupt
[ìntərʌ́pt]

ⓥ 중단시키다, 방해하다

The download was **interrupted** due to a network error.
네트워크 오류로 다운로드가 **중단되었다.**

➕ interruption ⓝ 방해, 중단

0772 flaw
[flɔ:]

ⓝ 결점, 결함, 흠

I found a fatal **flaw** in the software.
나는 그 소프트웨어의 치명적 **결함**을 발견했다.

유지와 관리

0773 security
[sikjúəriti]

ⓝ 보안; 안전

online **security** systems 온라인 **보안** 시스템
There are several free **security** applications on the Internet.
인터넷에 몇 가지 무료 **보안** 응용 프로그램이 있다.

➕ secure ⓐ 안전한 ⓥ 안전하게 하다

0774 distribute
[distríbju:t]

ⓥ 1 배포하다, 유통시키다 2 분배하다

1 freeware **distributed** on the Internet
인터넷에서 **배포되는** 무료 소프트웨어

He was accused of **distributing** false information.
그는 허위 정보를 **유포했다고** 고소당했다.

2 The money was **distributed** evenly throughout the team.
상금은 팀 전체에 골고루 **분배되었다.**

➕ distribution ⓝ 1 배포, 유통 2 분배

0775 **utility**
[juːtíləti]

ⓝ 1 공과금, 공공요금   2 유틸리티(컴퓨터 기능 지원 소프트웨어)

1 My monthly rent is six hundred dollars, including **utilities**.
나의 월세는 **공과금**을 포함해서 600달러이다.

2 This **utility** allows you to completely delete files.
이 **유틸리티**는 파일을 완전하게 삭제하게 해준다.

0776 **format**
[fɔ́ːrmæt]

ⓝ 포맷, 형식   ⓥ 포맷하다

n. in a digital **format** 디지털 **형식**으로

v. You need to **format** the disk before you can use it.
디스크를 사용하기 전에 그것을 **포맷해야** 한다.

인터넷과 가상 현실

0777 **simulation**
[sìmjəléiʃən]

ⓝ 시뮬레이션, 모의실험

Student pilots learn to fly by using flight **simulations**.
학생 조종사들은 비행 **시뮬레이션**을 이용하여 비행기 조종을 배운다.

➕ simulate ⓥ 모의실험을 하다

0778 **virtual**
[vɜ́ːrtʃuəl]

ⓐ 1 가상의   2 사실상의

1 **Virtual** reality is commonly called VR.
가상 현실은 흔히 'VR'이라고 불린다.
🎮 virtual reality (컴퓨터를 이용해서 만들어진) 가상 현실

2 Getting a cab at this hour is a **virtual** impossibility.
이 시간에 택시를 잡는 것은 **사실상** 불가능한 일이다.

➕ virtually ⓐⓓ 사실상, 거의

0779 **network**
[nétwəːrk]

ⓝ 1 (그물처럼 얽혀 있는) 망   2 네트워크, 통신망
3 (사람·조직 등의) 관계, 인맥

1 a rail / road / telephone / TV **network**
철도**망** / 도로**망** / 전화**망** / TV 방송**망**

2 Only employees have access to our computer **network**.
직원들만이 우리의 컴퓨터 **네트워크**에 접속할 수 있다.

3 She has a large **network** of friends. 그녀는 친구 **관계**가 넓다.

0780 **domain**
[douméin]

ⓝ 1 영역, 세력 범위   2 (컴퓨터) 도메인

1 The U.S. presidency remains an exclusively male **domain**.
미국 대통령직은 남성 전용 **영역**으로 남아 있다.

2 Companies can register **domain** names for their
trademarks.
기업은 자사의 상표에 대한 **도메인** 이름을 등록할 수 있다.

학습 Check	본문 학습	MP3 듣기	Daily Check-up	누적 테스트 Days 25-26

빈칸에 알맞은 우리말 뜻 또는 영어 단어를 써넣어 워드맵을 완성하시오.

1 _____
　　capable

2 _____
　　storage

3 _____
　　install

4 _____
　　access

5 _____
　　command

6 _____
　　remote

7 _____
　　분류하다; 종류

8 _____
　　작동하다; 수술하다

9 _____
　　진열; 화면 표시; 전시하다

10 _____
　　input

11 _____
　　산출, 생산량; 출력

12 _____
　　procedure

13 _____
　　과정; 처리하다

14 _____
　　protocol

15 _____
　　archive

16 _____
　　load

17 _____
　　disconnect

18 _____
　　crash

19 d_____
　　삭제하다, 지우다

20 _____
　　erase

21 _____
　　interrupt

22 _____
　　결점, 결함, 흠

장애

**컴퓨터의
기능**

**컴퓨터와
인터넷**

**인터넷과
가상 현실**

**유지와
관리**

23 _____
　　보안; 안전

24 _____
　　distribute

25 _____
　　공과금; 유틸리티

26 _____
　　포맷, 형식; 포맷하다

27 _____
　　시뮬레이션, 모의실험

28 _____
　　가상의; 사실상의

29 _____
　　망; 네트워크; 관계

30 _____
　　domain

PLAN 8

산업

industry 산업; 근면성
advantage 유리함; 장점
innovation 혁신

agriculture 농업
crop 농작물; 수확량
livestock 가축

기술과
산업

농업.
축산업

산업

수산업.
임업.광업

제조업.
서비스업

freshwater 민물의
lumber 목재; 벌목하다
mine 광산; 채굴하다

automobile 자동차
production 생산
customer 고객, 손님

Day 27 · 기술과 산업

Must-Know Words

technology 기술 　　develop 발전하다; 개발하다 　　solution 해결(책) 　　useful 유용한
convenient 편리한 　　achieve 이루다, 성취하다 　　enable 가능하게 하다 　　skill 기술, 능력

다의어

0781 **industry**
[índəstri]

ⓝ **1 산업　2 근면성**

1　**Industry** grew quickly after the introduction of electricity.
전기의 도입 이후 **산업**은 빠르게 성장했다.

2　a man of great **industry** 대단히 **근면한** 사람

➕ industrial ⓐ 산업의 ｜ industrious ⓐ 근면한

기술의 발전

0782 **innovation**
[ìnouvéiʃən]

ⓝ **혁신; 혁신적인 것[방법]**

technological **innovation** 기술 혁신

Smartphones were an **innovation** in the early years of the 21st century.
스마트폰은 21세기 초반에 **혁신적인 것**이었다.

➕ innovate ⓥ 혁신하다, 쇄신하다 ｜ innovative ⓐ 혁신적인

0783 **revolution**
[rèvəlú:ʃən]

ⓝ **혁명**

The Industrial **Revolution** changed people's lives.
산업 **혁명**은 사람들의 삶을 바꾸었다.

♚ Industrial Revolution 산업 혁명

다의어

0784 **advancement**
[ədvǽnsmənt]

ⓝ **1 발전　2 승진**

1　The invention of the printing press brought the **advancement** of human thoughts.
인쇄기의 발명은 인류 사상의 **발전**을 가져왔다.

2　His **advancement** in his profession was very fast.
자신의 직업에서의 그의 **승진**은 매우 빨랐다.

➕ advance ⓥ 전진하다; 진보[발전]하다　ⓝ 진보, 발전

0785 **boost**
[bu:st]

ⓥ **활성화시키다, 끌어올리다; 북돋우다**

The new resort area has **boosted** tourism in the region.
새로운 휴양지는 그 지역의 관광업을 **활성화시켰다**.

boost one's confidence ~의 자신감을 **북돋우다**

0786	**excellence** [éksələns]	ⓝ 뛰어남, 탁월함 The company is well known for its **excellence** in technology. 그 회사는 기술의 **뛰어남**으로 잘 알려져 있다. ➕ excel ⓥ 탁월하다; ~을 능가하다 | excellent ⓐ 뛰어난, 탁월한
0787	**expertise** [èkspə:rtí:z]	ⓝ 전문 지식, 전문 기술 the level of **expertise** required for the task 그 업무에 필요한 **전문 지식**의 수준 She has **expertise** in graphic design and illustration. 그녀는 그래픽 디자인과 삽화에 **전문 기술**을 갖추고 있다. ➕ expert ⓝ 전문가
0788	**ensure** [inʃúər]	ⓥ 확실히 하다, 보장하다 ═ make sure We must take steps to **ensure** the improvement of products. 우리는 제품 개선을 **확실히 하기** 위한 조치를 취해야 한다.
0789	**incredible** [inkrédəbəl]	ⓐ 믿을 수 없는, 믿기 힘든 ═ unbelievable The demand for the new product is **incredible**. 그 신제품에 대한 수요가 **믿기 힘들 정도로 대단하다**.

다의어

0790	**advantage** [ədvǽntidʒ]	ⓝ 1 유리함 2 장점 1 Our vast experience gives us an **advantage** over other companies. 폭넓은 경험이 우리에게 타사에 비해 **유리함**을 제공한다. 2 Each technique has its **advantages** and disadvantages. 각각의 기술은 나름대로의 **장점**과 단점이 있다.
0791	**collaboration** [kəlæbəréiʃən]	ⓝ 협력, 공동 연구 The project fostered **collaboration** between the university and the industry. 그 프로젝트는 대학과 산업계 간의 **협력**을 촉진했다. ➕ collaborate ⓥ 협력하다 ✦ col-(= together) + labor(= work) + -ation(= action) 　 → 함께 일하는 행위 → 협력
0792	**integrate** [íntəgrèit]	ⓥ 통합되다; 통합시키다 She has the talent to **integrate** various skills to solve problems. 그녀는 문제를 해결하기 위해 다양한 기술을 **통합하는** 재능이 있다. ➕ integration ⓝ 통합

PLAN
8

0793	**prosperity** [prɑspérəti]	ⓝ 번영, 번창
		Our future **prosperity** depends on our ability to innovate. 우리의 미래의 **번영**은 혁신할 수 있는 능력에 달려 있다.
		➕ prosper ⓥ 번영하다 | prosperous ⓐ 번영한, 번창한

0794	**aim** [eim]	ⓝ 목표, 목적 ⓥ 목표로 하다
		The **aim** of technology is to make our lives better. 기술의 **목적**은 우리의 삶을 더 좋게 만드는 것이다.
		Students should **aim** to be job providers rather than job seekers. 학생들은 구직자보다는 일자리 제공자가 되는 것을 **목표로 해야** 한다.

0795	**practical** [prǽktikəl]	ⓐ 실제적인, 실용적인, 현실적인
		practical experience of working in the field 현장에서 일한 **실제적인** 경험
		It is hard to find a **practical** solution to satisfy all situations. 모든 상황을 충족시키는 **실용적인** 해결책을 찾기는 어렵다.

0796	**instant** [ínstənt]	ⓐ 즉각적인, 즉시의 ⓝ 순간, 찰나
		instant messaging program **즉각적인** 메시지 교환 프로그램
		Technology enables us to share information in an **instant**. 기술은 우리가 정보를 한 **순간**에 공유할 수 있게 해준다.

산업의 종류

0797	**sector** [séktə:r]	ⓝ (경제 활동의) 부문, 분야
		the industrial **sector** 산업 **부문**
		A number of key **sectors** in the industry are in trouble. 산업의 많은 핵심 **부문**이 어려움에 처해 있다.

다의어

0798	**essential** [isénʃəl]	ⓐ 1 필수적인 2 본질적인
		1 The spread of electricity was **essential** to industrial growth. 전기의 보급은 산업의 성장에 **필수적**이었다.
		2 the **essential** difference between goods and services 재화와 용역의 **본질적인** 차이

0799	**textile** [tékstail]	ⓝ 직물, 옷감
		the **textile** industry 직물[섬유] 산업
		Their main imports are **textiles**, especially silk and cotton. 그들의 주요 수입품은 **직물**, 특히 비단과 면직물이다.

0800 tourist
[túərist]

🄝 관광객

The **tourist** industry is the country's largest industry.
관광 산업은 그 나라에서 가장 규모가 큰 산업이다.

a **tourist** attraction/destination 관광 명소/관광지

➕ tourism ⓝ 관광업

제품의 생산과 관리

0801 devise
[diváiz]

🄥 고안하다, 생각해내다

We aim to **devise** a way to improve quality and to reduce costs.
우리는 품질을 개선하고 비용을 줄이는 방법을 **고안하는** 것을 목표로 한다.

❌ cf. device 장치

PLAN 8

0802 manufacture
[mǽnjəfǽktʃər]

🄥 제조하다, 생산하다 🄝 제품; 제조

They **manufacture** plastic products for various industries.
그들은 다양한 산업에 쓰이는 플라스틱 제품을 **생산한다**.

England is a major exporter of cotton **manufactures**.
영국은 면 **제품**의 주요 수출국이다.

➕ manufacturer ⓝ 제조업자, 제조사

0803 productivity
[prὰdʌktívəti]

🄝 생산성

labor **productivity** 노동 생산성

Computers have greatly improved the **productivity** of office workers. 컴퓨터는 사무직의 **생산성**을 크게 향상시켜 왔다.

➕ produce ⓥ 생산하다 | product ⓝ 제품, 상품
production ⓝ 생산 | productive ⓐ 생산적인

다의어

0804 quality
[kwάləti]

🄝 1 질, 품질 2 자질

1 The **quality** of their products has gone down recently.
최근에 그들의 제품의 **질**이 떨어졌다.

2 He has all the **qualities** of a good leader.
그는 훌륭한 지도자로서의 모든 **자질**을 갖추고 있다.

0805 quantity
[kwάntəti]

🄝 양, 수량

Add 100 grams of sugar and the same **quantity** of butter.
100그램의 설탕과 같은 **양**의 버터를 첨가하라.

The total **quantity** of energy consumed in the country has greatly increased.
그 나라의 총 에너지 소비**량**이 크게 증가했다.

0806 **warranty**
[wɔ́(ː)rənti]

ⓝ 보증, 품질 보증서

under **warranty** 보증 기간 중의
You can get a one-year **warranty** on the laptop you purchase.
구입하시는 노트북에 대해 1년 **보증**을 받으실 수 있습니다.

0807 **function**
[fʌ́ŋkʃən]

ⓝ 기능　ⓥ 기능하다, 작동하다

Mobile phones provide a variety of important **functions** we rely on.
휴대 전화는 우리가 의존하는 다양한 중요한 **기능**을 제공한다.

The sound system on my computer suddenly stopped **functioning**.
내 컴퓨터의 사운드 시스템이 갑자기 **작동**을 멈췄다.

➕ functional ⓐ 1 기능적인　2 작동되는, 기능하는

다의어

0808 **mechanical**
[məkǽnikəl]

ⓐ 1 기계의　2 기계적인, 자발성이 없는

1 The broadcast stopped due to a **mechanical** breakdown.
기계 고장으로 방송이 중단되었다.

2 Photocopying documents is a boring and **mechanical** job.
서류를 복사하는 것은 지루하고 **기계적인** 일이다.

➕ mechanic ⓝ 정비사, 수리공
mechanism ⓝ 1 (기계) 장치　2 구조; 작동 방식

다의어

0809 **performance**
[pərfɔ́ːrməns]

ⓝ 1 공연　2 성능, 성과　3 수행

1 The musical **performance** lasted almost two hours.
그 음악 **공연**은 거의 두 시간 동안 계속되었다.

2 The computer's **performance** was even better than we had expected.
컴퓨터의 **성능**이 우리가 예상했던 것보다 훨씬 더 좋았다.

3 the **performance** of one's duties 직무 **수행**

➕ perform ⓥ 1 공연하다　2 수행하다

다의어

0810 **gear**
[giər]

ⓝ 1 기어　2 장비　ⓥ 맞추다, 조정하다

n. 1 shift[change] **gears** 기어를 변경하다
2 The company has purchased new **gear** to increase its production.
그 회사는 생산을 늘리기 위해 새로운 **장비**를 구입했다.
climbing / camping / fishing **gear** 등산/캠핑/낚시 **장비**

v. The advertisement is **geared** toward a middle class family.
그 광고는 중산층 가정에 **맞춰져** 있다.

빈칸에 알맞은 우리말 뜻 또는 영어 단어를 써넣어 워드맵을 완성하시오.

2 _____
innovation

3 _____
혁명

4 _____
advancement

5 _____
boost

6 _____
뛰어남, 탁월함

7 _____
expertise

8 _____
ensure

9 _____
incredible

10 _____
유리함; 장점

11 _____
collaboration

12 _____
integrate

13 _____
prosperity

14 _____
aim

15 _____
실제적인, 실용적인

16 _____
즉각적인; 순간

기술의 발전

1 _____
산업; 근면성

제품의 생산과 관리

산업의 종류

17 _____
sector

18 _____
필수적인; 본질적인

19 _____
textile

20 _____
관광객

21 _____
devise

22 _____
manufacture

23 _____
productivity

24 _____
질, 품질; 자질

25 _____
양, 수량

26 _____
warranty

27 _____
기능; 기능[작동]하다

28 _____
mechanical

29 _____
공연; 성능, 성과; 수행

30 _____
기어; 장비; 맞추다

PLAN 8

Day 27 기술과 산업 ★ 187

Day 28 · 농업 · 축산업

farming 농사, 영농   farmland 농지   field (논)밭, 들판   sow (씨를) 뿌리다

rice 쌀   grow 기르다; 자라다   goat 염소   sheep 양

0811 **agriculture**
[ǽgrikʌ̀ltʃər]

ⓝ 농업

The economy of the country is dependent on **agriculture**.
그 나라의 경제는 **농업**에 의존하고 있다.

organic **agriculture** 유기 농업

➕ agricultural ⓐ 농업의

✪ agri-(= field 들판) + culture(= grow 재배하다, 기르다)

경작

0812 **irrigate**
[írəgèit]

ⓥ 물을 대다, 관개하다

irrigate the fields 논밭에 **물을 대다**

The water stored behind the dam is used to **irrigate** the nearby farmland.
댐 뒤에 저장된 물은 인근 농지에 **물을 대는** 데 사용된다.

➕ irrigation ⓝ 물을 댐, 관개

다의어

0813 **cultivate**
[kʌ́ltəvèit]

ⓥ 1 재배하다, 경작하다   2 (품성을) 기르다, 함양하다

1 From ancient times, humans have **cultivated** crops.
고대로부터 인간은 농작물을 **재배해** 왔다.

2 He has **cultivated** his passion for teaching and research.
그는 강의와 연구에 대한 열정을 **키워** 왔다.

다의어

0814 **fertile**
[fə́ːrtl / -tail]

ⓐ 1 비옥한   2 번식력이 있는

1 The land is **fertile**, so its agricultural production is high.
그 땅은 **비옥해서** 농업 생산량이 높다.

2 The average age a pig becomes **fertile** is about 6 months.
돼지가 **번식력이 생기는** 나이는 6개월 정도이다.

➕ fertilize ⓥ 1 비옥하게 하다   2 수정시키다 | fertilizer ⓝ 비료
fertility ⓝ 1 비옥함   2 생식력

✍ 학습 날짜　　월　　일

0815 **pesticide**
[péstəsàid]

ⓝ 살충제

Farmers are exposed to **pesticides** by directly handling and applying them.
농부들은 살충제를 직접 다루고 살포함으로써 **살충제**에 노출된다.

✪ pest(해충) + -cide(= killer) → 해충을 죽이는 것 → 살충제

0816 **harvest**
[háːrvist]

ⓝ 수확, 수확량　ⓥ 수확하다, 거둬들이다

We expect a good **harvest** this year.
우리는 올해 풍작을 예상한다.

They **harvest** apples in early autumn.
그들은 초가을에 사과를 **수확한다**.

PLAN
8

0817 **plantation**
[plæntéiʃən]

ⓝ 대규모 농장; 조림지

There were many cotton **plantations** in the northern part of the state.
그 주의 북부 지방에는 많은 면화 **농장**이 있었다.

The fire was spreading into the **plantation** of pines.
불은 소나무 **조림지**로 번지고 있었다.

0818 **peasant**
[pézənt]

ⓝ 영세농, 소작농

The **peasant** worked in the fields from sunrise to sunset.
그 **영세농**은 해가 뜰 때부터 질 때까지 밭에서 일했다.

a **peasant** revolt 소작농 반란

다의어

0819 **plow**
[plau]

ⓝ 쟁기　ⓥ 갈다, 경작하다　ⓔ plough

n. We saw a farmer walk behind a **plow** pulled by a horse.
우리는 한 농부가 말이 끄는 **쟁기** 뒤에서 걷는 것을 보았다.

v. In those days, the land was **plowed** by cows.
그 당시에는 땅이 소에 의해 **경작되었다**.

다의어

0820 **ripe**
[raip]

ⓐ 1 (과일·곡물이) 익은　2 (시기가) 무르익은, 적합한

1 Most fruits taste best when they are **ripe**.
대부분의 과일은 **익었**을 때 가장 맛이 좋다.

2 I thought it would be better to wait until the time was **ripe**.
나는 시기가 **무르익을** 때까지 기다리는 것이 더 좋을 것이라고 생각했다.

➕ ripen ⓥ 익다

0821 orchard
[ɔ́:rtʃərd]

ⓝ 과수원

an **orchard** with different fruits 다양한 과일이 있는 **과수원**
They picked apples from their **orchards** to make jam.
그들은 잼을 만들기 위해 **과수원**에서 사과를 땄다.

다의어

0822 intensive
[inténsiv]

ⓐ 1 집중적인 2 (농업 방식이) 집약적인

1 a one-week **intensive** course 일주일 동안의 **집중**[속성] 과정
2 In **intensive** farming, farmers grow high-yield crops by
   using fertilizers and pesticides.
   집약적 농업에서 농부들은 비료와 살충제를 사용하여 수확량이 높은 농작물을
   재배한다.

0823 famine
[fǽmin]

ⓝ 기근, 기아

Famine is often caused by a long period of drought.
기근은 종종 오랜 기간의 가뭄에 의해 발생한다.

raise money for **famine** relief **기아** 구호를 위해 모금하다

농작물

0824 wheat
[wi:t]

ⓝ 밀

wheat flour **밀**가루
Wheat is a major food source grown throughout the world.
밀은 전 세계에서 재배되는 주요 식량원이다.

0825 barley
[bá:rli]

ⓝ 보리

an ear of **barley** **보리** 이삭
I had **barley** soup for breakfast.
나는 아침 식사로 버섯 **보리**죽을 먹었다.

다의어

0826 crop
[krɑp]

ⓝ 1 농작물 2 수확량

1 Rice is the most important **crop** for most Asian countries.
   쌀은 대부분의 아시아 국가에서 가장 중요한 **농작물**이다.
2 There was a good **crop** of rice last year.
   작년에 쌀 **수확량**이 괜찮았다.

다의어

0827 produce
ⓥ [prədú:s]
ⓝ [prádu:s]

ⓥ 생산하다 ⓝ 농산물

v. The small village **produces** considerable amounts of
   quality wine grapes.
   그 작은 마을은 상당한 양의 질 좋은 양조용 포도를 **생산한다.**
n. This market sells fresh local **produce**.
   이 시장은 신선한 지역 **농산물**을 판매한다.

다의어

0828 cereal
[síəriəl]

ⓝ 1 시리얼　2 곡식, 곡물

1 I have a bowl of **cereal** for breakfast.
나는 아침 식사로 **시리얼** 한 그릇을 먹는다.

2 Wheat, barley, and rice are common **cereal** crops.
밀, 보리, 쌀은 흔한 **곡물**이다.

0829 soybean
[sɔ́ibìːn]

ⓝ 콩, 대두

In the whole world, over 85% of **soybeans** are used for oil.
전 세계에서 **대두**의 85% 이상이 기름을 만드는 데 사용된다.

ꭗ soybean milk 두유

0830 cotton
[kátn]

ⓝ 목화, 면화; 면직물

a pure **cotton** T-shirt 순면 티셔츠

Approximately half of all textiles are made of **cotton**.
모든 직물의 약 절반 정도가 **면**으로 만들어진다.

다의어

0831 yield
[jiːld]

ⓥ 1 (농작물을) 산출하다, 생산하다　2 굴복하다(to)　3 양보하다(to)
ⓝ 산출량, 수확량

v. 1 Our farm **yields** 3 tons of wheat per acre.
우리 농장은 1에이커당 3톤의 밀을 **산출한다**.

2 The president finally **yielded** to the people's demand for democracy.
대통령은 민주주의에 대한 국민의 요구에 결국 **굴복했다**.

3 Drivers should **yield** to school buses.
운전자들은 통학 버스에 **양보해야** 한다.

n. They achieved an increase in the crop **yield** of 20%.
그들은 농작물 **생산량**의 20% 증가를 이루어냈다.

0832 expose
[ikspóuz]

ⓥ 노출시키다; 드러내다

These crops are **exposed** to the attacks of disease.
이 농작물들은 질병의 공격에 **노출되어** 있다.

She smiled, **exposing** her perfect white teeth.
그녀는 완벽한 모양의 새하얀 치아를 **드러내며** 미소를 지었다.

다의어

0833 straw
[strɔː]

ⓝ 1 짚, 지푸라기　2 빨대

1 They were lying on a mattress filled with **straw**.
그들은 **짚**을 채워 넣은 매트리스 위에 누워 있었다.

2 He drank his milkshake through a **straw**.
그는 **빨대**를 이용하여 밀크셰이크를 마셨다.

0834 dairy
[déəri]

ⓝ 낙농장　ⓐ 유제품의; 낙농업의

a **dairy** farmer　낙농업자

You can find fresh cheese and yogurt in the **dairy** section.
유제품 코너에서 신선한 치즈와 요구르트를 찾을 수 있다.

ⵣ the dairy industry 낙농업 | dairy products[produce] 유제품

0835 livestock
[láivstɑk]

ⓝ 가축

In summer, the farmer keeps his **livestock** in the fields.
여름에 그 농부는 자신의 **가축**을 들판에 둔다.

ⵣ livestock industry 축산업

다의어

0836 raise
[reiz]

ⓥ 1 **사육하다, 기르다**　2 (들어) 올리다　3 인상하다

1 The Bolt family **raises** cattle and sheep in South Carolina.
Bolt 씨 가족은 사우스캐롤라이나주에서 소와 양을 **기른다**.

2 He **raised** his hand to stop a taxi.
그는 택시를 세우기 위해 손을 **들었다**.

3 The prices of crops were **raised**, but the prices of livestock declined.　농작물 가격은 **인상되었지만** 가축의 가격은 하락했다.

0837 graze
[greiz]

ⓥ 풀을 뜯다; 방목하다

There were cows **grazing** all over the mountainsides.
산기슭 전역에 **풀을 뜯고 있는** 소들이 있었다.

The two farmers **grazed** their cattle in the same pasture.
두 농부는 자신들의 소를 같은 목장에서 **방목했다**.

0838 meadow
[médou]

ⓝ 목초지, 초원

Each day the grass in the **meadow** grew higher.
목초지의 풀은 매일 더 높이 자랐다.

0839 ranch
[ræntʃ]

ⓝ 목장, 대농장

The man lives on a **ranch** called Heartland and rides his horse every day.
그는 Heartland라고 불리는 **목장**에 살면서 매일 말을 탄다.

0840 slaughter
[slɔ́:tər]

ⓝ 도살; 학살　ⓥ 도살하다; 학살하다

animals raised for **slaughter**　도살용으로 사육된 동물

The army **slaughtered** hundreds of civilians in the streets.
군대가 수백 명의 민간인들을 거리에서 **학살했다**.

Daily Check-up

빈칸에 알맞은 우리말 뜻 또는 영어 단어를 써넣어 워드맵을 완성하시오.

2 _____
irrigate

3 _____
cultivate

4 _____
비옥한; 번식력이 있는

5 _____
pesticide

6 _____
수확(량); 수확하다

7 _____
plantation

8 _____
peasant

9 _____
쟁기; 갈다, 경작하다

10 _____
익은; 무르익은

11 _____
orchard

12 _____
집중적인; 집약적인

13 _____
famine

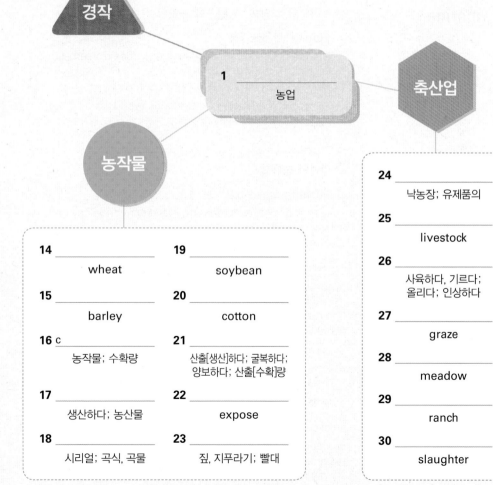

경작

1 _____
농업

축산업

농작물

14 _____
wheat

15 _____
barley

16 c _____
농작물; 수확량

17 _____
생산하다; 농산물

18 _____
시리얼; 곡식, 곡물

19 _____
soybean

20 _____
cotton

21 _____
산출[생산]하다; 굴복하다;
양보하다; 산출[수확]량

22 _____
expose

23 _____
짚, 지푸라기; 빨대

24 _____
낙농장; 유제품의

25 _____
livestock

26 _____
사육하다, 기르다;
올리다; 인상하다

27 _____
graze

28 _____
meadow

29 _____
ranch

30 _____
slaughter

Day 29 · 수산업 · 임업 · 광업

Must-Know Words

fishing 낚시; 어업   farm 양식장; 양식하다   rod 낚싯대   net 그물

shrimp 새우   saw 톱; 톱으로 켜다   metal 금속   iron 철

수산업

0841 ocean
[óuʃən]

ⓝ 대양, 바다

The **ocean** is an important source of food and resources.
바다는 식량과 자원의 중요한 원천이다.

🏛 the Pacific Ocean 태평양 | the Atlantic Ocean 대서양

➕ oceanic ⓐ 대양의, 바다의

다의어

0842 marine
[mərí:n]

ⓐ 1 바다의, 해양의 2 해군의, 해병의

1 **marine** life 해양 생물

Marine pollution causes the water to lose oxygen and to kill fish.
해양 오염으로 인해 물은 산소를 잃고 물고기가 죽게 된다.

2 He was in the **Marine** Corps during World War II.
그는 2차 세계대전 동안 해병대에 복무했다.

0843 offshore
[ɔ́:ʃɔ̀:r]

ⓐ 연안의, 근해의

an **offshore** fishing boat 연안 어선

They took a boat to an **offshore** island surrounded by good fishing grounds.
그들은 배를 타고 고기가 잘 잡히는 곳으로 둘러싸인 근해의 섬으로 갔다.

0844 coast
[koust]

ⓝ 해안, 해변

Shrimp fishing along the **coast** is currently active.
해안에서의 새우잡이가 현재 활발하다.

🏛 along the coast 해안을 따라 | off the coast 앞바다에, 연안에

0845 zone
[zoun]

ⓝ 구역

an exclusive fishing **zone** 배타적 어업 구역

By international law, a country's offshore fishing **zone** can extend 370km from its shores.
국제법에 의하면, 한 나라의 근해 어업 구역은 해안에서 370km까지를 포괄한다.

0846 **overfishing**
[òuvərfíʃiŋ]

🇳 (어류) 남획

a shortage of fish caused by **overfishing**
남획으로 인한 어류 부족

They are concerned about the effects of **overfishing** on ocean birds.
그들은 **어류 남획**이 바다 새들에게 미치는 영향에 대해 걱정하고 있다.

0847 **seafood**
[síːfuːd]

🇳 해산물

a **seafood** dish　해산물 요리

The little fishing company supplies fish to the town's best **seafood** restaurants.
그 작은 수산 회사는 도시 최고의 **해산물** 식당들에 생선을 공급한다.

0848 **underwater**
[ʌ̀ndərwɔ́ːtər]

🇦 물속의, 수중의　🇦🇩 물속에서, 수중에서

underwater plants　수중 식물

Some people believe **underwater** farming may feed the world in the future.
어떤 사람들은 **수중** 농업이 미래에 세계를 먹여 살릴 수도 있다고 믿는다.

Female divers in Jeju-do hold their breath **underwater** while harvesting seafood.
제주도의 해녀들은 해산물을 채취하는 동안 **물속에서** 숨을 참는다.

0849 **hook**
[huk]

🇳 낚시 바늘; 고리

For hundreds of years, fishermen have used **hooks** to catch fish.
수백 년 동안, 어부들은 **낚시 바늘**로 물고기를 잡아 왔다.

Your jacket is hanging on a **hook** behind the door.
네 재킷은 문 뒤에 있는 **고리**에 걸려 있다.

0850 **bait**
[beit]

🇳 미끼　🇻 미끼를 달다[끼우다]

When a fish bites the **bait**, the line will tighten.
물고기가 **미끼**를 물면 줄이 팽팽해질 것이다.

He **baited** his hook with an earthworm and threw his line in the water.
그는 낚시 바늘에 지렁이를 **미끼로 끼우고** 낚싯줄을 물속에 던졌다.

0851 **freshwater**
[fréʃwɔ̀ːtər]

ⓐ 민물의, 담수의; 민물에 사는

a **freshwater** lake 담수호
Most **freshwater** fish will die shortly after being released in salt water.
대부분의 **민물에 사는** 물고기는 바닷물에 풀어 놓으면 곧 죽는다.

0852 **salmon**
[sǽmən]

ⓝ 연어 (*pl.* salmon)

smoked **salmon** 훈제 연어
Salmon live in the sea but swim up rivers to lay their eggs.
연어들은 바다에서 살지만 알을 낳기 위해 강을 헤엄쳐 올라간다.

0853 **trout**
[traut]

ⓝ 송어 (*pl.* trout)

grilled **trout** 그릴에 구운 **송어**
The **trout** spawn in late summer or autumn.
송어는 늦여름이나 가을에 알을 낳는다.

임업

0854 **lumber**
[lʌ́mbər]

ⓝ 목재 ⓥ 벌목하다

Dad bought some **lumber** to make a sled.
아빠는 썰매를 만들기 위해 **목재**를 사셨다.
The man **lumbers** for a living.
그 남자는 생계를 위해 **벌목한다**.

⚙ 영국 영어에서는 timber를 쓴다.

0855 **pine**
[pain]

ⓝ 소나무

Pines are vulnerable to a range of diseases.
소나무는 여러 가지 질병에 취약하다.
We built a summer house in a **pine** forest.
우리는 **소나무** 숲에 여름 별장을 지었다.

0856 **log**
[lɔ(ː)g]

ⓝ 통나무

logs for the fire 장작용 **통나무**
They cut trees into **logs** with an electric saw.
그들은 전기톱으로 나무를 베어 **통나무**로 만들었다.

🪵 log cabin 통나무집
⚙ cf. firewood 땔나무

0857 **forestry**
[fɔ́(ː)ristri]

ⓝ 삼림학; 임업

The objective of **forestry** is to ensure a stable development of forest ecosystems.
삼림학의 목적은 숲 생태계의 안정적인 발전을 확고히 하는 것이다.

Forestry is an important economic sector in Germany.
임업은 독일에서 중요한 경제 부문이다.

0858 **extensive**
[iksténsiv]

ⓐ 아주 넓은, 광범위한

an **extensive** forest area 아주 넓은 삼림 지대

He has **extensive** knowledge of tree and plant species.
그는 나무와 식물 종에 대해 **광범위한** 지식을 가지고 있다.

광업

0859 **mine**
[main]

ⓝ 광산 ⓥ 채굴하다, 캐다

a diamond **mine** 다이아몬드 **광산**

The area has been **mined** for coal for centuries.
그 지역은 수 세기 동안 석탄을 얻기 위해 **채굴되어** 왔다.

➕ mining ⓝ 광업, 채굴 | miner ⓝ 광부

0860 **cave**
[keiv]

ⓝ 동굴 ⓥ 함몰하다, 꺼지다

a limestone **cave** 석회암 **동굴**

The roof of the tunnel **caved** in on the miners.
갱도의 지붕이 광부들 위로 **무너져 내렸다**.

0861 **drilling**
[dríliŋ]

ⓝ 시추, 지하 탐사

exploratory **drilling** for oil 석유 탐사를 위한 **시추**

The **drilling** company collaborates with many oil companies.
그 **시추** 회사는 여러 석유 회사와 공동 작업을 한다.

0862 **extract**
ⓥ [ikstrǽkt]
ⓝ [ékstrækt]

ⓥ 추출하다 ⓝ 추출물

The Hittites learned to **extract** iron from rocks.
히타이트 족은 바위로부터 철을 **추출하는** 법을 배웠다.

natural plant **extracts** 천연 식물 **추출물**

0863 **steel**
[stiːl]

ⓝ 강철

All the frames and columns of the building are made of **steel**.
그 건물의 모든 뼈대와 기둥은 **강철**로 되어 있다.

♨ the iron and steel industry 철강 산업

0864 shovel
[ʃʌvəl]

ⓝ 삽 ⓥ 삽질하다, 삽으로 파다

a **shovel** for gardening 정원용 **삽**
They **shoveled** the coal into the huge boilers.
그들은 석탄을 거대한 보일러에 **삽질하여** 넣었다.

♨ put in one's shovel 관여하다, 참견하다

0865 exploit
[iksplɔ́it]

ⓥ 1 착취하다; 이용하다 2 개발하다

1 He **exploited** workers by paying them small wages.
그는 적은 임금을 지불하여 노동자들을 **착취했다**.
2 No minerals have been **exploited** in this area.
어떠한 광물도 이 지역에서 **개발되지** 않았다.

➕ exploitation ⓝ 1 착취; 이용 2 개발

0866 leak
[li:k]

ⓥ 새다 ⓝ 새는 곳, 구멍

The smoke was **leaking** out through cracks in the ceiling.
연기가 천장의 틈으로 **새어** 나오고 있었다.

a **leak** in the gas pipe 가스 파이프에 난 **구멍**

0867 precious
[préʃəs]

ⓐ 1 귀중한, 소중한 2 값비싼, 고가의

1 a **precious** memory **소중한** 추억
2 **Precious** metals are a form of global currency.
귀금속은 국제 통화의 한 형태이다.
precious jewels **값비싼** 보석

0868 ore
[ɔ:r]

ⓝ 광석

iron **ore** 철**광석**
Extracting rare earth metals from **ores** involves a complex process.
광석에서 희토류 금속을 추출하는 것은 복잡한 과정을 수반한다.

0869 refine
[rifáin]

ⓥ 1 정제하다 2 세련되게 하다, 다듬다

1 Oil **refining** is a capital-intensive industry.
정유업은 자본 집약적 산업이다.
2 He **refined** his musical skills through years of practice.
그는 수년간의 연습을 통해 음악적 기술을 **세련되게 다듬었다**.

0870 copper
[kɑ́pər]

ⓝ 구리

a **copper** mine 구리 광산
The pipes in my home are made of **copper**.
우리 집의 파이프는 **구리**로 되어 있다.

Daily Check-up

빈칸에 알맞은 우리말 뜻 또는 영어 단어를 써넣어 워드맵을 완성하시오.

1 _____
  대양, 바다

2 _____
  marine

3 _____
  offshore

4 c _____
  해안, 해변

5 z _____
  구역

6 _____
  overfishing

7 _____
  해산물

8 _____
  underwater

9 _____
  낚시 바늘; 고리

10 _____
   bait

11 _____
   freshwater

12 _____
   연어

13 _____
   trout

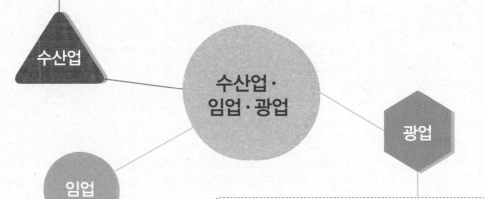

수산업

수산업 · 임업 · 광업

광업

임업

14 _____
   lumber

15 _____
   pine

16 _____
   통나무

17 _____
   forestry

18 _____
   extensive

19 _____
   광산; 채굴하다, 캐다

20 _____
   동굴; 함몰하다

21 _____
   drilling

22 _____
   extract

23 _____
   강철

24 _____
   shovel

25 _____
   exploit

26 _____
   새다; 새는 곳, 구멍

27 _____
   precious

28 _____
   ore

29 _____
   refine

30 _____
   copper

PLAN 8

199 ★ Day 29 수산업 · 임업 · 광업

Day 30 제조업 · 서비스업

Must-Know Words

factory 공장	goods 상품	product 제품, 상품	machine 기계
automatic 자동의	business 사업	firm 회사	service 서비스, 용역

제조업의 종류

0871 automobile
[ɔ́ːtəməbìːl]

ⓝ 자동차

The process of manufacturing **automobiles** includes a number of stages.
자동차 제조 과정은 여러 단계를 포함한다.

☆ the automobile industry 자동차 산업
🔍 auto-(= self 스스로, 저절로) + mobile(= move 움직이다)

다의어

0872 fabric
[fǽbrik]

ⓝ 1 **직물, 천** 2 기본 구조

1 The curtains are made of luxurious **fabric**.
그 커튼은 고급 **천**으로 만들어졌다.

2 The **fabric** of our society has been torn by violent crime.
우리 사회의 **기본 구조**는 폭력 범죄로 인해 파괴되어 왔다.

0873 pottery
[pɑ́təri]

ⓝ 도자기

Pottery making is one of the most ancient industries.
도자기 제조는 가장 오래된 산업 중 하나이다.

0874 shipbuilding
[ʃípbìldiŋ]

ⓝ 조선(업)

a **shipbuilding** yard 조선소
Shipbuilding was a major driver of South Korea's economic growth.
조선업은 한국의 경제 성장의 주요 동력이었다.

제조 · 생산

0875 production
[prədʌ́kʃən]

ⓝ 생산

The **production** of biofuel is a complex process.
바이오 연료 **생산**은 복잡한 과정이다.

go out of **production** 생산이 중단되다

➕ produce ⓥ 생산하다 | product ⓝ 제품, 상품

0876 conveyor
[kənvéiər]

ⓝ 운반 장치, 컨베이어

After being cooled, the chocolate is sent along the **conveyor** belt for wrapping.
초콜릿은 식혀진 후에 포장을 위해 **컨베이어** 벨트를 따라 보내진다.

🏭 conveyor belt 컨베이어 벨트
➕ convey ⓥ 전달하다; 운반하다

다의어

0877 assembly
[əsémbli]

ⓝ 1 집회　2 조립

1　freedom of **assembly** and association　집회 및 결사의 자유
2　On an **assembly** line, each worker deals with only one part of a product.
　　조립 라인에서 각 작업자는 제품의 한 부분만을 다룬다.

➕ assemble ⓥ 1 모이다; 모으다　2 조립하다

0878 equipment
[ikwípmənt]

ⓝ 장비, 설비

the latest high-tech **equipment**　최신 첨단 기술 **장비**
Our factory keeps growing with new **equipment**.
우리 공장은 새로운 **설비**를 갖추며 계속 성장하고 있다.

➕ equip ⓥ ~에 장비[시설]를 갖추다

다의어

0879 facility
[fəsíləti]

ⓝ 1 (pl.) 시설　2 쉬움

1　They announced a plan to build new manufacturing **facilities**.　그들은 새 제조 **시설**을 건설하겠다는 계획을 발표했다.
2　with **facility**　쉽게

다의어

0880 mill
[mil]

ⓝ 1 공장　2 방앗간

1　The train carried thousands of tons of iron ore to the steel **mills** in Pittsburgh.
　　그 열차는 수천 톤의 철광석을 피츠버그의 제철 **공장**까지 운반했다.
2　I went to a **mill** to have some acorns ground into flour.
　　나는 도토리를 가루로 갈기 위해 **방앗간**에 갔다.

다의어

0881 shift
[ʃift]

ⓝ 교대 근무 (시간)　ⓥ 옮기다, 이동하다

n.　He starts his **shift** as a factory security guard at 7 p.m.
　　그는 공장 경비원으로 오후 7시에 **교대 근무**를 시작한다.
v.　In recent years, manufacturing has **shifted** to new locations abroad.
　　최근 몇 년간 제조업은 해외의 새로운 지역으로 **옮겨갔다**.

0882 **mechanism**
[mékənìzm]

ⓝ 1 장치, 기구 2 방법, 기제

1 The door lock **mechanism** of my car is broken.
내 차의 문 잠금 **장치**가 망가졌다.

2 an effective defense **mechanism** 효과적인 방어 **기제**

0883 **automation**
[ɔ̀:təméiʃən]

ⓝ 자동화

the **automation** of the factory 공장 **자동화**
Automation in the workplace has caused people to lose their jobs.
직장에서의 **자동화**는 사람들로 하여금 직장을 잃게 만들었다.

➕ automate ⓥ 자동화하다 | automatic ⓐ 자동의
automatically ⓐⓓ 자동으로

0884 **fuel**
[fjú:əl]

ⓝ 연료 ⓥ 부채질하다

n. A tax on carbon-producing **fuels** affects the costs of production.
탄소를 생성하는 **연료**에 대한 세금은 생산 비용에 영향을 미친다.

v. Alicia **fueled** her mother's anger by laughing.
Alicia는 웃음으로써 어머니의 화를 **부채질했다**.

🏛 add fuel to the fire 불난 집에 부채질하다(문제를 더욱 악화시키다)

0885 **license**
[láisəns]

ⓝ 면허(증), 허가(증) ⓥ 사용을 허가하다

a driver's **license** 운전 **면허증**
The company decided to **license** the technology to others.
그 회사는 다른 회사들에게 그 기술의 **사용을 허가하기로** 결정했다.

제품의 출시와 판매

0886 **brand-new**
[bræn(d)nú:]

ⓐ 신형의, 아주 새것의

a **brand-new** computer 신형 컴퓨터
He purchased a **brand-new** motorcycle last year.
그는 작년에 **신형** 오토바이를 구입했다.

0887 **standard**
[stǽndə:rd]

ⓝ 수준, 기준; 규범

reach the required **standard** 요구 **수준**에 도달하다
All new vehicles must meet the **standard** for air pollution control.
모든 신차는 대기 오염 통제 기준을 **충족해야** 한다.

0888	**shipment** [ʃípmənt]	ⓝ 배송, 수송, 선적

be ready for **shipment** 배송 준비가 되다
The parcel was lost during **shipment**.
그 소포는 **배송** 중에 분실되었다.

0889	**maximum** [mǽksəməm]	ⓐ 최대의 ⓝ 최대, 최대한도 ↔minimum 최소(의)

We always try to make **maximum** use of resources.
우리는 항상 자원을 **최대한** 활용하려고 노력한다.

I will show you how to use your space to the **maximum**.
공간을 **최대한**으로 활용하는 방법을 보여드릴게요.

There can be a **maximum** of 10 students in a group.
한 모둠에 **최대** 10명씩 있을 수 있다.

PLAN
8

0890	**durable** [dúərəbl]	ⓐ 내구성 있는, 오래가는

durable goods 내구재(오래 쓸 수 있는 물건)
Plastic window frames are more **durable** than wooden ones.
플라스틱 창틀은 나무 창틀보다 **내구성이 좋다**.

0891	**agency** [éidʒənsi]	ⓝ 대리점, 대행사

They advertise their products through an advertising **agency**.
그들은 광고 **대행사**를 통해 제품을 광고한다.

Ⓜ a travel agency 여행사 | an employment agency 직업소개소

다의어

0892	**stock** [stɑk]	ⓝ 1 재고(품) 2 주식 ⓥ (판매할 상품을) 갖추다, 비축하다

n. 1 out of **stock** 재고가 없는, 품절된
2 the **stock** market 주식 시장
v. The auto parts store **stocks** front bumpers and tires.
그 자동차 부품 가게는 전면 범퍼와 타이어를 **갖추고 있다**.

0893	**estimate** ⓥ [éstimèit] ⓝ [éstimət]	ⓥ 추정하다, 추산하다 ⓝ 추정치, 견적

It is **estimated** that online sales will increase by 10%.
온라인 매출이 10% 증가할 것으로 **추정된다**.

The mechanic gave me a rough **estimate** for the repairs.
그 정비공은 수리비의 대략적 **추정치[견적]**를 알려주었다.

다의어

0894	**flourish** [fláːriʃ]	ⓥ 1 (사업 등이) 번창하다 2 (동식물이) 잘 자라다 =thrive

1 The company has continued to **flourish** over the years.
그 회사는 수년간 계속 **번창해** 왔다.
2 These plants **flourish** in a dry climate.
이 식물들은 건조한 기후에서 **잘 자란다**.

0895 **customer**
[kʌ́stəmər]

ⓝ 고객, 손님

the **Customer** Service Department 고객 관리부

Our company provides our **customers** with excellent service and quality products.
저희 회사는 뛰어난 서비스와 질 좋은 제품을 **고객**에게 제공합니다.

0896 **client**
[kláiənt]

ⓝ 고객; 의뢰인

a prospective[potential] **client** 미래의[잠재] **고객**

He is a famous lawyer with many **clients**.
그는 **의뢰인**이 많은 유명한 변호사이다.

0897 **clerk**
[klə:rk / kla:k]

ⓝ 점원

a part-time **clerk** at a convenience store 편의점의 시간제 **점원**

My brother is a **clerk** at the department store.
내 남동생은 그 백화점의 **점원**이다.

다의어

0898 **hospitable**
[hɔspítəbl / hɑ́:spitəbl]

ⓐ 1 환대하는, 친절한 2 쾌적한, 알맞은

1 The salesclerks in the mall are **hospitable** to their customers.
그 쇼핑몰의 판매원들은 고객에게 **친절하다**.

2 The southern parts of the country have a very **hospitable** climate.
그 나라의 남부 지방은 기후가 매우 **쾌적하다**.

0899 **cashier**
[kæʃíər]

ⓝ 계산원, 출납원

She works as a **cashier** at a supermarket.
그녀는 슈퍼마켓에서 **계산원**으로 일한다.

work experience as a **cashier** 출납원 근무 경력

➕ cash ⓝ 현금

0900 **merchant**
[mə́:rtʃənt]

ⓝ 상인, 무역상, 도매상

He was born to a wealthy **merchant** family.
그는 한 부유한 **상인** 가정에서 태어났다.

a wine **merchant** 와인 도매상

📖 The Merchant of Venice 「베니스의 상인」(셰익스피어의 희곡)

빈칸에 알맞은 우리말 뜻 또는 영어 단어를 써넣어 워드맵을 완성하시오.

제조업의 종류

1 a _____
자동차

2 _____
fabric

3 _____
pottery

4 _____
shipbuilding

제조 · 생산

5 _____
생산

6 _____
conveyor

7 _____
assembly

8 e _____
장비, 설비

9 _____
facility

10 _____
mill

11 _____
교대 근무 (시간); 옮기다

12 _____
mechanism

13 _____
automation

14 _____
연료; 부채질하다

15 _____
license

제조업 · 서비스업

제품의 출시와 판매

16 _____
brand-new

17 _____
수준, 기준; 규범

18 _____
shipment

19 _____
최대의; 최대(한도)

20 _____
durable

21 _____
agency

22 _____
재고(품); 주식; 갖추다

23 _____
estimate

24 _____
flourish

서비스업

25 cu _____
고객, 손님

26 cl _____
고객; 의뢰인

27 c _____
점원

28 _____
hospitable

29 _____
cashier

30 _____
merchant

PLAN 9

예술

literature 문학
novel 소설
author 작가, 저자

artistic 예술의, 예술적인
composer 작곡가
depict 묘사하다, 그리다

문학

음악과
미술

예술

연극과
영화

director 감독, 연출자
script 대본, 원고
release 개봉하다; 개봉(작)

Day 31 문학

Must-Know Words

poet 시인   poem 시   tale 이야기   writer 작가

title 제목; 출판물   describe 묘사하다   copy (책) 한 부   edit 편집하다

다의어

0901 **literature**
[lítərətʃər]

ⓝ 1 문학 2 문헌

1 **Literature** is a mirror that reflects the internal human spirit.
문학은 내면적인 인간 정신을 반영하는 거울이다.
Russian **literature** 러시아 문학

2 There is now an extensive **literature** on the subject.
이제 그 주제에 대해서는 광범위한 문헌이 있다.

0902 **literary**
[lítərèri / lítərəri]

ⓐ 문학의, 문학적인, 문예의

a **literary** work 문학 작품

The essay is written in a **literary** style and aims at a general audience.
그 수필은 문학적인 문체로 쓰여 있고 일반 대중을 겨냥한 것이다.

🔄 cf. literal 문자 그대로의 | literate 글을 읽고 쓸 줄 아는

문학의 분야

0903 **genre**
[ʒáːnrə]

ⓝ 장르, 유형, 양식

a literary **genre** 문학 장르

In this course, students will explore different **genres** of literature.
이 강좌에서 학생들은 여러 문학 장르를 탐구할 것이다.

다의어

0904 **classical**
[klǽsikəl]

ⓐ 1 **고전적인, 고전의** 2 전형적인, 모범적인 ᄅ classic

1 **Classical** literature provides readers with insights into human nature.
고전 문학은 독자들에게 인간 본성에 대한 통찰력을 제공한다.
🏛 classical literature 고전 문학 | classical music 고전 음악, 클래식

2 a **classical** example 전형적인 사례

➕ classic ⓐ 1 고전의, 고전적인 2 전형적인 ⓝ 고전, 걸작

다의어

0905 **fiction**
[fíkʃən]

ⓝ 1 소설 ↔ nonfiction 논픽션, 비소설 2 허구, 꾸며낸 이야기

1 a work of **fiction** 소설 작품
   ⚘ science fiction 공상 과학 소설[영화]

2 Her explanation of what she did was pure **fiction**.
  자신이 했던 일에 대한 그녀의 설명은 순전히 **허구**였다.

➕ fictional ⓐ 허구의, 가공의

다의어

0906 **novel**
[nάːvəl]

ⓝ 소설 ⓐ 기발한, 새로운

n. The movie is based on a **novel** by Victor Hugo.
   그 영화는 빅토르 위고의 **소설**을 바탕으로 한다.

a. a **novel** solution to the problem 그 문제에 대한 **기발한** 해결책

0907 **poetry**
[póuitri]

ⓝ 시, 시가

epic **poetry** 서사시

Poetry has been in my life since I was eight years old.
시는 내가 8살 때부터 내 삶에 있어 왔다.

✪ poetry는 집합적 의미의 시 장르를, poem은 개별적인 시를 뜻한다.

0908 **verse**
[vəːrs]

ⓝ 운문

Not all **verse** is poetry, and not all poetry is written in **verse**.
모든 **운문**이 시인 것은 아니고, 모든 시가 **운문**으로 쓰인 것도 아니다.

0909 **prose**
[prouz]

ⓝ 산문

a unique **prose** style 독특한 **산문**체
Novels and essays are written in **prose**.
소설과 수필은 **산문**으로 쓰인다.

0910 **legend**
[lédʒənd]

ⓝ 전설; 전설적 인물

Each culture has its own **legends**. 각 문화에는 고유의 **전설**이 있다.
a rock and roll **legend** 로큰롤의 **전설적 인물**

➕ legendary ⓐ 1 전설적인 2 전설상의

다의어

0911 **myth**
[miθ]

ⓝ 1 신화 2 (사회적) 통념

1 The **myths** of ancient Greece and Rome are the foundation of Western culture.
  고대 그리스와 로마의 **신화**는 서양 문화의 기반이다.

2 contrary to popular **myth** 일반적인 **통념**과는 반대로

0912 narrative
[nǽrətiv]

ⓝ 이야기, 서술   ⓐ 이야기체의

She wrote a detailed **narrative** of the whole trip.
그녀는 여행 전체에 대한 상세한 **서술**을 기록했다.

language used in the **narrative** style
이야기체에 사용되는 언어

다의어

0913 mystery
[místəri]

ⓝ 1 신비, 수수께끼, 불가사의   2 **추리 소설**

1 remain a **mystery**   **수수께끼**로 남아 있다
2 My friend likes to read Agatha Christie's **mysteries**.
내 친구는 애거서 크리스티의 **추리 소설** 읽는 것을 좋아한다.

➕ mysterious ⓐ 신비한, 수수께끼의

0914 fable
[féibəl]

ⓝ 우화, 교훈적 이야기

Aesop's **Fables**   이솝 **우화**

The students discussed the lesson of the **fable**.
학생들은 그 **우화**의 교훈에 대해 토론했다.

다의어

0915 lyric
[lírik]

ⓐ 서정시의, 서정적인   ⓝ 1 서정시   2 (pl.) 노래 가사

a. Horace was one of the greatest **lyric** poets of ancient Roman times.
호라티우스는 고대 로마 시대의 가장 위대한 **서정** 시인 중 한 명이었다.

n. 1 a poet known for beautiful **lyrics**
아름다운 **서정시**로 알려진 시인

2 **lyrics** to popular songs   대중가요의 **가사**

구성 요소와 작법

0916 heroine
[hérouin]

ⓝ 여주인공; 여성 영웅

The **heroine** of the novel is born into a normal family.
그 소설의 **여주인공**은 평범한 가정에서 태어난다.

the French war **heroine** Jeanne d'Arc
프랑스의 **여성** 전쟁 **영웅** 잔 다르크

🔄 cf. hero 남자 주인공; 영웅

다의어

0917 plot
[plɑːt]

ⓝ 1 줄거리, 구상   2 음모, 계략

1 The **plot** of the novel concerns a woman deceived into marrying a man.
그 소설의 **줄거리**는 어떤 남자에게 속아서 결혼하게 되는 여자에 관한 것이다.

2 a **plot** to overthrow the government
정부를 전복시키려는 **음모**

0918 analogy
[ənǽlədʒi]

ⓝ 1 유사성, 비슷함 2 **유추, 비유**

1 an **analogy** between the human heart and a pump
인간의 심장과 펌프 사이의 **유사성**

2 Literary techniques such as metaphor and simile are examples of **analogy**.
은유와 직유와 같은 문학적 기법은 **비유**의 예이다.

🔹 cf. metaphor 은유 | simile 직유

0919 anecdote
[ǽnəkdòut]

ⓝ 일화

a previously untold **anecdote** 이전에 알려지지 않은 **일화**
He told me funny **anecdotes** about his college days.
그는 나에게 자신의 대학 시절에 관한 재미있는 **일화들**을 들려주었다.

0920 climax
[klái̇mæks]

ⓝ 최고조, 절정, 클라이맥스

reach a **climax** 절정에 달하다
At the novel's **climax**, the main character realizes what truly matters to him.
그 소설의 **클라이맥스**에서 주인공은 자신에게 정말 중요한 것을 깨닫는다.

0921 rhyme
[raim]

ⓝ 운, 각운 ⓥ (각)운이 맞다

a poem with **rhyme** 운을 갖추고 있는 시
The word "sky" **rhymes** with "tie".
sky라는 단어는 tie와 **운이 맞는다.**

집필 · 출판 · 평가

0922 description
[diskrípʃən]

ⓝ 묘사, 설명

The writer has given a detailed **description** of the landscape.
그 작가는 경치를 상세히 **묘사**했다.

➕ describe ⓥ 묘사하다, 서술하다 | descriptive ⓐ 묘사적인, 서술하는

0923 composition
[kɑ̀mpəzíʃən]

ⓝ 1 (요소·성분 등의) 구성, 구조 2 (문학·음악 등의) 작품 3 작문

1 the chemical **composition** of the Earth's air
지구 대기의 화학적 **구성**

2 a **composition** by a young musician
젊은 음악가에 의해 만들어진 **작품**

   a literary **composition** 문학 **작품**

3 I found lots of grammatical errors in your **composition**.
나는 너의 **작문**에서 많은 문법적 오류를 발견했어.

➕ compose ⓥ 1 구성하다 2 쓰다, 작곡하다

0924 imaginative
[imǽdʒənətiv]

ⓐ 상상력이 풍부한, 창의적인

Coleridge was one of the most **imaginative** poets of his time.
콜리지는 그가 살던 시대에 가장 **상상력이 풍부한** 시인들 중 한 명이었다.

➕ imagine ⓥ 상상하다 | imaginary ⓐ 가상의, 상상 속에 존재하는

0925 author
[ɔ́:θər]

ⓝ 작가, 저자

a best-selling **author** 베스트셀러 **작가**
Orhan Pamuk is a Turkish **author** who won a Nobel Prize in Literature.
오르한 파묵은 노벨 문학상을 수상한 터키의 **작가**이다.

0926 publish
[pʌ́bliʃ]

ⓥ 출판하다; 발표하다

Her last novel was **published** six months before her death.
그녀의 마지막 소설은 그녀가 죽기 6개월 전에 **출판되었다.**

➕ publication ⓝ 출판(물)

0927 translation
[trænsléiʃən / trænz-]

ⓝ 번역, 통역

a rough **translation** 조잡한[정확하지 않은] **번역**
Translation is a complex process involving cultural factors.
번역은 문화적 요인을 수반하는 복잡한 과정이다.

➕ translate ⓥ 번역하다

0928 criticism
[krítisìzm]

ⓝ 비평, 평론, 비판

The purpose of literary **criticism** is to interpret and evaluate literary writings.
문학 **비평**의 목적은 문학 작품을 해석하고 평가하는 것이다.

➕ criticize ⓥ 비평하다, 비판하다 | critic ⓝ 비평가, 평론가

다의어

0929 appreciate
[əprí:ʃièit]

ⓥ 1 감상하다, 진가를 알아보다   2 고마워하다

1 You can't truly **appreciate** a work of art until you recognize your own ignorance.
자신의 무지를 인식해야만 예술 작품을 진정으로 **감상할** 수 있다.

2 The elderly lady **appreciated** help in getting on the bus.
그 노부인은 버스에 타는 것을 도와준 것에 대해 **고마워했다.**

0930 comparative
[kəmpǽrətiv]

ⓐ 비교의, 상대적인

He studied **comparative** literature with a focus on English and Korean authors.
그는 영국과 한국 작가들에 초점을 맞추어 **비교** 문학을 공부했다.

➕ compare ⓥ 비교하다 | comparison ⓝ 비교

빈칸에 알맞은 우리말 뜻 또는 영어 단어를 써넣어 워드맵을 완성하시오.

3 _____
장르, 유형, 양식

4 _____
classical

5 _____
fiction

6 _____
소설; 기발한, 새로운

7 _____
poetry

8 _____
verse

9 _____
prose

10 _____
전설; 전설적 인물

11 _____
myth

12 _____
narrative

13 _____
신비; 추리 소설

14 _____
fable

15 _____
lyric

문학의 분야

1 _____
문학; 문헌

2 _____
literary

구성 요소와 작법

집필·출판·평가

16 _____
여주인공; 여성 영웅

17 _____
줄거리, 구상; 음모

18 _____
analogy

19 _____
anecdote

20 _____
climax

21 _____
rhyme

22 _____
description

23 _____
composition

24 _____
imaginative

25 a _____
작가, 저자

26 _____
출판하다; 발표하다

27 _____
번역, 통역

28 _____
criticism

29 _____
appreciate

30 _____
comparative

Day 32 음악과 미술

Must-Know Words

perform 공연하다	audience 관객, 청중	concert 음악회, 연주회	modern 현대의
artwork 예술[미술] 작품	painting 그림, 회화	create 만들다, 창작하다	craft 공예

음악 · 미술 공통

0931 **artistic** [ɑːrtístik]

ⓐ 예술의, 예술적인

Creators of **artistic** works have a right to their creations.
예술 작품의 창작자들은 자신의 창작물에 대한 권리를 갖는다.

an **artistic** sense of colors 색채에 대한 **예술적** 감각

0932 **talent** [tǽlənt]

ⓝ 재능, 재주; 재능 있는 사람

Jasmine has a **talent** for painting. Jasmine은 그림에 **재능**이 있다.

He is a special **talent**, performing hip hop, R&B, and rock.
그는 힙합, R&B, 록을 연주하는 특별한 **재능을 갖춘 인물**이다.

0933 **masterpiece** [mǽstəːrpìːs]

ⓝ 걸작, 명작, 대표작

a **masterpiece** of Renaissance art 르네상스 미술의 **걸작**

Rigoletto is Verdi's **masterpiece**, full of drama, emotion, and great music.
'리골레토'는 드라마, 감정, 훌륭한 음악으로 가득한 베르디의 **대표작**이다.

음악

0934 **composer** [kəmpóuzər]

ⓝ 작곡가

a **composer** of great genius 위대한 천재 **작곡가**

She prefers classical **composers** to modern **composers**.
그녀는 현대 음악 **작곡가들**보다 고전파 **작곡가들**을 더 좋아한다.

다의어

0935 **instrument** [ínstrəmənt]

ⓝ 1 기구, 도구 2 **악기** ⊜ musical instrument

1 The microscope is a scientific **instrument** used to observe very small objects and organisms.
현미경은 아주 작은 물체와 유기체를 관찰하는 데 사용되는 과학 **기구**이다.

2 The piano is the most common keyboard **instrument** today.
피아노는 오늘날 가장 흔한 건반 **악기**이다.

다의어

0936 **string**
[striŋ]

ⓝ 1 줄, (악기의) 현　2 연속 ⊜ series　3 (pl.) 현악 파트
ⓥ 실에 꿰다; 줄을 매다

n. 1 a piece[length] of **string** 줄 한 가닥
　　a guitar **string** 기타 줄
　2 a **string** of hit songs **연속**된 히트 곡들
　3 The initial theme is played by the **strings**.
　　첫 주제는 **현악 파트**가 연주한다.

v. **stringed** instruments 현악기

0937 **orchestra**
[ɔ́ːrkəstrə]

ⓝ 오케스트라, 관현악단

conduct an **orchestra** 관현악단을 지휘하다
The **orchestra** began to play a lively march.
오케스트라는 활기찬 행진곡을 연주하기 시작했다.

➔ orchestral ⓐ 관현악의, 오케스트라(용)의

0938 **symphony**
[símfəni]

ⓝ 교향곡

Beethoven's Ninth **Symphony** is one of the best-known musical compositions.
베토벤 9번 **교향곡**은 가장 유명한 음악 작품 중 하나이다.

다의어

0939 **score**
[skɔːr]

ⓝ 1 점수, 스코어　2 음악　3 악보

1 the final **score** 최종 **점수**
2 The film's main **score** was composed by John Williams.
　그 영화의 주제 **음악**은 존 윌리엄스가 작곡했다.
3 an orchestral **score** 오케스트라용 **악보**

다의어

0940 **vocal**
[vóukəl]

ⓐ 1 목소리의　2 소리 높여 항의하는

1 Freddie Mercury's **vocal** range was four octaves.
　프레디 머큐리의 **목소리의** 범위[음역]는 4옥타브였다.
2 A **vocal** group of protesters complained about low wages.
　소리 높여 항의하는 시위대는 낮은 임금에 대해 불평했다.

☖ vocal cords 성대

다의어

0941 **chorus**
[kɔ́ːrəs]

ⓝ 1 후렴　2 합창, 합창단

1 The audience joined the singer in singing the **chorus**.
　청중들은 **후렴** 부분을 가수와 함께 불렀다.
2 The **chorus** was singing "Ode to Joy" in the street.
　합창단이 거리에서 '환희의 송가'를 부르고 있었다.

0942 pitch
[pitʃ]

Ⓝ 1 (야구) 투구 2 음조 3 정점, 최고조 Ⓥ (야구) 던지다

n. 1 throw a **pitch** 투구하다

2 He sang the beautiful melodies in a very high **pitch**.
그는 아주 높은 **음조**로 아름다운 멜로디를 노래했다.

3 As the match was nearing the end, the excitement reached a high **pitch**.
경기가 마지막을 향해 감에 따라, 흥분이 **최고조**에 이르렀다.

v. He **pitched** so well in the last game.
그는 지난 경기에서 아주 잘 **던졌다**.

0943 tune
[tuːn]

Ⓝ 곡조, 선율, 음정 Ⓥ 조율하다

n. a familiar **tune** 익숙한 **곡조[선율]**

Her voice sounds funny, but she can carry a **tune**.
그녀의 목소리는 이상하게 들리지만, 그녀는 **음정**을 잘 맞춘다.

v. A piano needs to be **tuned** at least once a year.
피아노는 적어도 1년에 한 번은 **조율해야** 한다.

0944 note
[nout]

Ⓝ 1 쪽지, 짧은 편지 2 음; 음표 Ⓥ 주목하다, 유념하다

n. 1 a thank-you **note** 감사 **편지**

2 The whole audience sat in silence until he reached the last **notes** of the piece.
그가 곡의 마지막 **음**에 이를 때까지 모든 청중은 침묵하며 앉아 있었다.

v. Please **note** that the program is subject to change.
프로그램이 바뀔 수 있다는 것을 **유념하세요**.

미술

0945 depict
[dipíkt]

Ⓥ 묘사하다, 그리다, 표현하다

This painting **depicts** Napoleon crossing the Alps.
이 그림은 알프스를 횡단하는 나폴레옹을 **묘사한다**.

The novel **depicts** a man's struggle against the forces of nature.
그 소설은 자연의 힘에 대항하는 한 남자의 투쟁을 **그린다**.

➕ depiction ⓝ 묘사

0946 illustrate
[íləstrèit]

Ⓥ 1 (예를 들어) 설명하다, 예증하다 2 삽화를 넣다

1 Let me give an example to **illustrate** this.
이것을 **설명하기** 위해 예를 하나 들겠습니다.

2 The book is **illustrated** with portraits of historical figures.
그 책에는 역사적 인물들의 초상화가 **삽화로 들어가 있다**.

➕ illustration ⓝ 1 삽화, 일러스트 2 사례, 실례 | illustrator ⓝ 삽화가

0947 portray
[pɔːrtréi]

ⓥ 그리다, 묘사하다

This painting **portrays** rural life of England.
이 그림은 영국의 전원생활을 **그리고** 있다.

➕ portrayal ⓝ 묘사 | portrait ⓝ 초상화, 인물 사진

0948 landscape
[lǽndskeip]

ⓝ 풍경, 경치; 풍경화, 풍경 사진

The **landscape** seen from this point is breathtaking.
이 지점에서 보이는 **경치**가 숨 막힐 정도이다.

William Turner was an English painter known for his watercolor **landscapes**.
윌리엄 터너는 수채 **풍경화**로 유명한 영국 화가였다.

다의어

0949 perspective
[pəːrspéktiv]

ⓝ 1 관점, 시각 ⩦ viewpoint 2 원근법

1 a new **perspective** on life 삶에 대한 새로운 **관점[시각]**
2 A painter uses **perspective** to create depth.
화가는 깊이를 만들어 내기 위해 **원근법**을 이용한다.

다의어

0950 background
[bǽkgraund]

ⓝ 1 (사람·사건의) 배경, 환경 2 (그림·사진의) 배경

1 academic **background** 학문적 **배경[학력]**
2 I took a picture of him with his house in the **background**.
나는 그의 집을 **배경**으로 그의 사진을 찍었다.

다의어

0951 graphic
[grǽfik]

ⓐ 1 생생한, 상세한 2 시각 예술의

1 a **graphic** description **생생한** 묘사[설명]
2 The artwork will be used in a **graphic** project such as an advertisement.
그 작품은 광고와 같은 **시각 예술** 프로젝트에 사용될 것이다.

다의어

0952 shade
[ʃeid]

ⓝ 1 그늘 2 (그림의) 색조, 음영

1 He pulled the car into a spot that offered **shade**.
그는 차를 **그늘**진 곳으로 댔다.
2 The **shades** of the painting are very calm.
그 그림의 **색조**는 매우 차분하다.

다의어

0953 canvas
[kǽnvəs]

ⓝ 1 캔버스 천(질긴 무명천); 화포, 캔버스 2 유화

1 As Thoreau said, the world is but a **canvas** to our imagination.
소로가 말했듯이, 세상은 우리의 상상력을 담는 **화포**일 뿐이다.
2 The museum has several **canvases** by Henri Matisse.
그 박물관에는 앙리 마티스가 그린 **유화** 여러 점이 있다.

0954 sculpture
[skʌ́lptʃəːr]

🄝 조각품, 조각, 조소

Local artists gathered to create **sculptures** for the garden.
지역 예술가들이 그 정원을 위한 **조각품**을 만들기 위해 모였다.

➕ sculpt ⓥ 조각하다 | sculptor ⓝ 조각가

0955 statue
[stǽtʃuː]

🄝 상, 조각상

The city council decided to move the **statue** to a new site.
시 의회는 **동상**을 새로운 장소로 옮기기로 결정했다.

👑 the Statue of Liberty 자유의 여신상

0956 carve
[kɑːrv]

🅥 조각하다; 새기다, 파다

Michelangelo **carved** the sculpture in his seventies.
미켈란젤로는 70대에 그 조각품을 **조각했다**.

She **carved** her lover's name on the tree.
그녀는 그 나무에 연인의 이름을 **새겼다**.

0957 clay
[klei]

🄝 점토, 찰흙

a figure made of **clay** 점토로 만들어진 형상
She learned to make dishes and pots out of **clay** in her ceramics class.
그녀는 도자기 수업 시간에 **진흙**으로 접시와 그릇을 만드는 법을 배웠다.

0958 calligraphy
[kəlígrəfi]

🄝 서예

Steve Job's favorite college class was a course in **calligraphy**.
스티브 잡스가 가장 좋아했던 대학 강의는 **서예** 강좌였다.

🔍 calli-(아름다운) + graphy(글, 글씨) → 아름다운 글씨 → 서예

【다의어】

0959 gallery
[gǽləri]

🄝 1 미술관, 화랑 2 방청석, 위층 관람석

1 She visited many art **galleries** around the world.
  그녀는 전 세계의 많은 **미술관**을 방문했다.
2 There were few people in the **gallery** at the theater.
  극장의 **위층 관람석**에는 사람이 거의 없었다.

0960 exhibition
[èksəbíʃən]

🄝 전시회, 전시

an **exhibition** of contemporary paintings 현대 회화 **전시회**
A collection of paintings by Picasso is on **exhibition** now.
피카소의 그림 컬렉션이 지금 **전시** 중이다.

➕ exhibit ⓝ 1 전시회 2 전시물 ⓥ 전시하다

Daily Check-up

빈칸에 알맞은 우리말 뜻 또는 영어 단어를 써넣어 워드맵을 완성하시오.

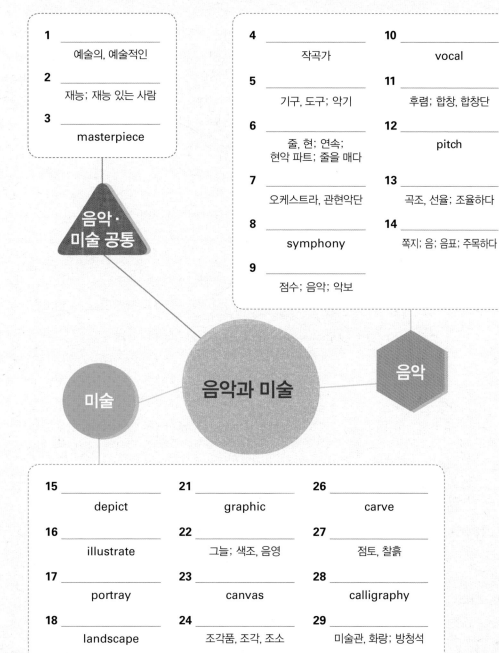

1 _____
예술의, 예술적인

2 _____
재능; 재능 있는 사람

3 _____
masterpiece

음악·미술 공통

4 _____
작곡가

5 _____
기구, 도구; 악기

6 _____
줄, 현; 연속;
현악 파트; 줄을 매다

7 _____
오케스트라, 관현악단

8 _____
symphony

9 _____
점수; 음악; 악보

10 _____
vocal

11 _____
후렴; 합창, 합창단

12 _____
pitch

13 _____
곡조, 선율; 조율하다

14 _____
쪽지; 음; 음표; 주목하다

음악

음악과 미술

미술

15 _____
depict

16 _____
illustrate

17 _____
portray

18 _____
landscape

19 _____
관점, 시각; 원근법

20 _____
배경, 환경

21 _____
graphic

22 _____
그늘; 색조, 음영

23 _____
canvas

24 _____
조각품, 조각, 조소

25 _____
statue

26 _____
carve

27 _____
점토, 찰흙

28 _____
calligraphy

29 _____
미술관, 화랑; 방청석

30 _____
전시회, 전시

Day 33 · 연극과 영화

Must-Know Words

theater 극장; 영화관; 연극   act (연극의) 막; 연기하다   actor/actress 배우   part 배역

cinema 영화; 영화관   film 영화; 촬영하다   box office 매표소   screen 화면; 상영하다

연극 · 영화 공통

0961 **theme**
[θi:m]

ⓝ 주제, 테마

What do you think the **theme** of the play is?
너는 그 연극의 **주제**가 뭐라고 생각해?

The film's **theme** song stayed in my head for days.
그 영화의 **주제**가는 며칠 동안 내 머릿속에 남았다.

다의어

0962 **script**
[skript]

ⓝ 1 대본, 원고   2 필체, 글씨체   ⓔ handwriting

1 The actor had difficulty memorizing the **script**.
그 배우는 **대본**을 외우는 데 어려움을 겪었다.

2 She wrote a thank-you note in neat **script**.
그녀는 깔끔한 **필체**로 감사의 편지를 썼다.

다의어

0963 **scene**
[si:n]

ⓝ 1 장면   2 현장

1 There is a very exciting fight **scene** in that movie.
그 영화에는 매우 흥미진진한 싸움 **장면**이 나온다.

2 He won a prize for his photo of a crime **scene**.
그는 범죄 **현장**의 사진으로 상을 받았다.

다의어

0964 **feature**
[fí:tʃər]

ⓝ 특징   ⓥ 1 ~을 주연으로 하다   2 ~을 특징으로 하다

ⓝ. an interesting **feature** of the movie   그 영화의 흥미로운 **특징**

ⓥ. 1 The film **features** Robin Williams as John Keating.
그 영화는 존 키팅 역의 로빈 윌리엄스를 **주연으로 한다**.

2 The exhibition **features** paintings by local artists.
그 전시회는 지역 화가들의 그림들을 **특징으로 한다**.

다의어

0965 **director**
[diréktər / dai-]

ⓝ 1 (영화·연극의) 감독, 연출자   2 (회사의) 임원, 이사

1 He is regarded as one of the most talented **directors** in Hollywood.
그는 할리우드에서 가장 재능 있는 **감독** 중 한 명으로 여겨진다.

2 the board of **directors** 이사회

0966 **crisis**
[kráisis]

ⓝ 위기, 고비, 결정적 단계

in a moment of **crisis** 위기의 순간에

The **crisis** in the movie occurs when the boy loses his mother in an accident.
그 영화의 **위기**는 소년이 사고로 어머니를 잃었을 때 발생한다.

다의어

0967 **episode**
[épəsòud]

ⓝ 1 사건, 일화   2 (연속극 등의) 방송 1회분

1 The movie is full of funny **episodes** centered on a family.
그 영화는 한 가족을 중심으로 한 재미있는 **일화들**로 가득하다.

2 He watched the final **episode** of the soap opera.
그는 그 연속극의 마지막 **회**를 시청했다.

다의어

0968 **intrigue**
[intrí:g]

ⓥ 흥미를 끌다, 호기심을 자극하다   ⓝ 모의, 음모

v. Something about the character **intrigued** the actress.
그 등장인물의 무언가가 그 여배우의 **흥미를 끌었다**.

n. It is a movie of **intrigue** and mystery.
그것은 **음모**와 미스터리에 관한 영화이다.

➕ intriguing ⓐ 흥미로운, 호기심을 자극하는

0969 **base**
[beis]

ⓥ ~에 근거[바탕]를 두다   ⓝ 토대, 기초

The movie is **based** on the novel with the same title by Stephen King.
그 영화는 스티븐 킹의 동명 소설을 **바탕으로 하고** 있다.

The play later served as the **base** for an opera by Rossini.
그 연극은 후에 로시니의 오페라의 **토대**가 되었다.

0970 **terrific**
[tərífik]

ⓐ 아주 멋진, 훌륭한   ⊜ fantastic

The actor who played the detective was **terrific**.
탐정을 연기한 그 배우는 **아주 멋졌다**.

The movie was **terrific** with great acting and a solid plot.
그 영화는 연기도 좋고 줄거리도 탄탄해서 **훌륭했다**.

다의어

0971 **original**
[ərídʒənəl]

ⓐ 1 원래의, 원본[원작]의   2 독창적인

1 The **original** script of the play is in a museum.
그 연극의 **원본** 대본은 박물관에 있다.

2 The film is highly **original** and the script very funny.
그 영화는 매우 **독창적이고** 대본이 매우 재미있다.

➕ originality ⓝ 독창성

0972 debut
[déibjù: / deibjú:]

ⓝ 데뷔, 첫 출연　ⓥ 데뷔하다, 첫 무대에 서다

make one's **debut** 데뷔하다, 첫선을 보이다
The actress **debuted** on Broadway last month.
그 여배우는 지난달 브로드웨이에 **데뷔했다.**

0973 narrator
[nəréitər / nǽreitər]

ⓝ 이야기하는 사람, 화자

The **narrator** of the story is a twelve-year-old girl.
그 이야기의 **화자**는 12살 소녀이다.

➕ narrate ⓥ 이야기하다, 들려주다
　narration ⓝ 이야기 진행하기, 서술

다의어

0974 role
[roul]

ⓝ 1 역할　2 배역

1　The director plays a crucial **role** in making a movie.
　감독은 영화를 만드는 데 있어서 매우 중요한 **역할**을 한다.
2　It is the most challenging **role** the actress has played.
　그것은 그 여배우가 연기한 가장 어려운 **배역**이다.

다의어

0975 cast
[kæst]
cast-cast-cast

ⓝ 1 출연진　2 깁스　ⓥ 1 캐스팅하다　2 던지다

n. 1　The film has a large **cast** of skilled actors.
　그 영화에는 많은 실력 있는 배우들이 **출연진**으로 나온다.
　2　The doctor put a **cast** on the soccer player's broken leg.
　그 의사는 축구 선수의 부러진 다리에 **깁스**를 했다.
v. 1　She was **cast** in the leading role for the first time in her
　career.　그녀는 경력에서 처음으로 주연에 **캐스팅되었다.**
　2　**cast** a welcoming smile　환영의 미소를 **보내다**

다의어

0976 appear
[əpíər]

ⓥ 1 ~처럼 보이다　2 나타나다　↔ disappear 사라지다
3 출연하다

1　It **appears** that the weather will be nice.
　날씨가 좋을 **것 같다.**
2　Some brown spots **appeared** on my face.
　갈색 반점이 내 얼굴에 **나타났다.**
3　The actor has **appeared** in 36 movies so far.
　그 배우는 지금까지 36편의 영화에 **출연했다.**

➕ appearance ⓝ 1 외모, 외관　2 등장, 출현　3 출연

0977 comedy
[kɑ́:mədi]

ⓝ 희극, 코미디; 희극적 사건

a romantic **comedy** 로맨틱 **코미디**(사랑에 관한 희극)
He has always dreamed of a career in **comedy**.
그는 항상 **희극** 분야에서의 경력을 꿈꿔 왔다.

0978 tragedy
[trǽdʒədi]

ⓝ 비극; 비극적 사건

the four great **tragedies** by Shakespeare
셰익스피어의 4대 **비극**

He was a talented man whose life ended in **tragedy**.
그는 **비극**적으로 인생을 마무리한 재능 있는 사람이었다.

다의어

0979 stage
[steidʒ]

ⓝ 1 단계 2 무대 ⓥ 무대에 올리다, 상연하다

n. 1 the early **stages** of recovery 회복 초기 **단계**
　　2 **stage** fright **무대** 공포증
v. A local theater group is **staging** a production of *Hamlet*.
　　한 지역의 극단이 '햄릿' 작품을 **상연하고** 있다.

0980 mime
[maim]

ⓝ 무언극 ⓥ 몸짓으로 표현하다

Charlie Chaplin is regarded as a master of **mime**.
찰리 채플린은 **무언극**의 대가로 간주된다.

He **mimed** taking out the cell phone and pressing the number buttons.
그는 휴대폰을 꺼내 숫자 버튼을 누르는 동작을 **몸짓으로 표현했다**.

0981 studio
[stúːdiòu]

ⓝ (제작) 스튜디오; 영화사

a TV **studio** TV 스튜디오

He works as an engineer at a big Hollywood **studio**.
그는 할리우드의 대형 **영화사**에서 엔지니어로 일한다.

다의어

0982 effect
[ifékt]

ⓝ 1 영향, 결과 ⊜ result, consequence 2 (영화 등에서의) 효과

1 the **effects** of violence shown in movies on teenagers
　영화에 나오는 폭력이 십 대에게 미치는 **영향**
　cause and **effect** 원인과 **결과**
2 special **effects** (영화 제작에 있어서의) 특수 **효과**
　Sound **effects** make the movie more realistic.
　음향 **효과**가 그 영화를 더욱 실감나게 만든다.

다의어

0983 sequence
[síːkwəns]

ⓝ 1 순서, 차례; 연속 2 (영화의 일부) 장면

1 The task should be performed in a particular **sequence**.
　그 작업은 특정한 **순서**로 수행해야 한다.
2 I liked the chase **sequence** in the middle of the movie.
　나는 그 영화 중간에 있는 추격 **장면**이 좋았다.

0984 shooting
[ʃúːtiŋ]

ⓝ 1 발사, 총격 2 촬영

1 The director was satisfied with the **shooting** scene.
감독은 **총격** 장면에 만족해했다.

2 We had ten days of rehearsals before **shooting** began.
우리는 **촬영**이 시작되기 전에 열흘간의 리허설을 가졌다.

➕ shoot ⓥ 1 (총 등을) 쏘다 2 촬영하다

0985 nominate
[nάːmənèit]

ⓥ 후보로 지명하다

He was **nominated** as best actor.
그는 최우수 배우 **후보로 지명되었다.**

The movie was **nominated** for eight Academy Awards.
그 영화는 아카데미상 8개 부문에 **후보로 올랐다.**

0986 celebrity
[səlébrəti]

ⓝ 연예인; 유명인사

The actress is the only **celebrity** I have met in person.
그 여배우는 내가 직접 만난 유일한 **연예인**이다.

The movie's success made him an overnight **celebrity**.
그 영화의 성공으로 그는 하룻밤 사이에 **유명인사**가 되었다.

0987 soundtrack
[sáundtræk]

ⓝ 영화 음악, 사운드트랙

I downloaded the **soundtrack** for the new movie.
나는 그 새로 나온 영화의 **영화 음악**을 내려받았다.

original **soundtrack** 영화에 쓰인 그대로의 **사운드트랙**

0988 animation
[ænəméiʃən]

ⓝ 1 만화 영화, 애니메이션 2 생기, 활기

1 It is the first Korean **animation** to be exported.
그것은 수출된 최초의 한국 **만화 영화**이다.

2 with great **animation** 매우 **활기**차게

0989 horror
[hɔ́ːrər]

ⓝ 공포, 경악

a look of **horror** **공포**에 질린 표정

Silence of the Lambs is my favorite **horror** movie.
'양들의 침묵'은 내가 가장 좋아하는 **공포** 영화이다.

0990 release
[rilíːs]

ⓥ 1 풀어주다, 석방하다 2 개봉하다, 발매하다 ⓝ 개봉(작)

ⓥ 1 The former prime minister was **released** from prison.
전 수상이 감옥에서 **풀려났다.**

2 That movie was **released** last week.
그 영화는 지난주에 **개봉되었다.**

ⓝ The movie goes on wide **release** next month.
그 영화는 다음 달에 전면 **개봉**에 들어간다.

빈칸에 알맞은 우리말 뜻 또는 영어 단어를 써넣어 워드맵을 완성하시오.

1 _____
　　주제, 테마

2 _____
　　대본, 원고; 필체

3 _____
　　장면; 현장

4 _____
　　feature

5 _____
　　감독, 연출자; 임원

6 _____
　　crisis

7 _____
　　episode

8 _____
　　intrigue

9 _____
　　~에 근거를 두다; 토대

10 _____
　　terrific

11 _____
　　원래의, 원본[원작]의;
　　독창적인

12 _____
　　debut

13 _____
　　narrator

14 r_____
　　역할; 배역

15 _____
　　cast

16 _____
　　~처럼 보이다;
　　나타나다; 출연하다

17 _____
　　comedy

연극·
영화 공통

연극과 영화

영화

연극

18 _____
　　비극; 비극적 사건

19 _____
　　단계; 무대; 무대에 올리다

20 _____
　　mime

21 _____
　　studio

22 _____
　　영향, 결과; 효과

23 _____
　　sequence

24 _____
　　발사, 총격; 촬영

25 _____
　　nominate

26 _____
　　celebrity

27 _____
　　soundtrack

28 _____
　　만화 영화; 생기

29 _____
　　공포, 경악

30 _____
　　release

PLAN 10

여가 활동

competition 경쟁; 대회
defeat 이기다; 패배
injury 부상

available 이용 가능한
passport 여권
local 지역의; 지역 주민

스포츠

여행과
관광

여가
활동

오락과
취미

봉사와
기부

leisure 여가
collection 수집(품)
enjoyable 즐거운

nonprofit 비영리의
generous 후한; 관대한
voluntary 자발적인

Day 34 스포츠

Must-Know Words

player 선수   practice 연습(하다)   train 훈련하다   cheer 응원하다; 환호

fair 공정한, 공평한   beat 이기다   final 마지막의; 결승전   semifinal 준결승전

대회와 리그

0991 **tournament**
[túə:rnəmənt / tə́:r-]

ⓝ 토너먼트(승자 진출전), 선수권 대회

be out of the **tournament** 토너먼트에서 탈락하다

I'm sure he will win this **tournament** unless something unexpected happens.
나는 이변이 없으면 그가 이번 **선수권** 대회에서 우승할 것이라고 확신한다.

다의어

0992 **league**
[li:g]

ⓝ 1 (스포츠 경기의) 리그   2 연합, 연맹

1   Our local team belongs to the Western Football **League**.
우리 지역 팀은 서부 축구 **리그**에 속해 있다.

2   the **League** of Women Voters 여성 유권자 **연합**

다의어

0993 **competition**
[kàmpətíʃən]

ⓝ 1 경쟁   2 대회, 시합

1   Intense **competition** exists between the two teams.
그 두 팀 사이에는 치열한 **경쟁**이 존재한다.

2   He enters every **competition** that he can.
그는 참가할 수 있는 모든 **대회**에 참가한다.

➊ compete ⓥ 경쟁하다 | competitive ⓐ 경쟁적인
competitor ⓝ 경쟁자, 경쟁 상대

0994 **annual**
[ǽnjuəl]

ⓐ 해마다의, 연례의

The school held its **annual** sports day on October 12.
그 학교는 10월 12일에 **연례** 체육 대회를 개최했다.

0995 **international**
[ìntərnǽʃənəl]

ⓐ 국제적인

international exchange through sports 스포츠를 통한 **국제** 교류

The Olympic Games are an **international** sports festival held every four years.
올림픽은 4년마다 개최되는 **국제적인** 스포츠 축제이다.

✪ inter(= between) + nation(국가) + al(~의)
   → 국가 사이의 → 국제적인

0996	**stadium** [stéidiəm]	ⓝ (규모가 큰) 경기장, 스타디움

fill[crowd, jam] a **stadium** 경기장을 꽉 채우다
The **stadium** has a capacity of over 50,000 spectators.
그 **경기장**은 5만 명 이상의 관중을 수용할 수 있다.

다의어

0997	**arena** [ərí:nə]	ⓝ 1 경기장, 투기장 2 활동 무대, 경쟁의 장

1 The city is planning to build a new sports **arena**.
   시에서는 새로운 스포츠 **경기장**을 건설할 계획을 세우고 있다.

2 He is ready to enter the political **arena**.
   그는 정계에 입문할 준비가 되어 있다.

다의어

0998	**entry** [éntri]	ⓝ 1 들어감, 입장 ↔ exit 퇴장 2 참가, 출전

1 Mobile tickets provide quick and easy **entry** to the arena.
   모바일 티켓은 경기장에 빠르고 쉽게 **입장**할 수 있게 해준다.

2 the closing date for **entries** 참가 신청 마감일

➊ enter ⓥ 1 들어가다 2 참가하다

0999	**amateur** [ǽmətər / -tʃər / -tʃùər]	ⓝ 아마추어, 애호가 ⓐ 아마추어의, 직업적이 아닌

They were real professionals while I was just an **amateur**.
내가 그저 **아마추어**였던 반면 그들은 진정한 전문가였다.

She is an **amateur** golfer. 그녀는 **아마추어** 골프 선수이다.

1000	**extreme** [ikstrí:m]	ⓐ 극도의, 극단적인; 과격한

Even top players make mistakes under **extreme** pressure.
심지어 최고의 선수들도 **극도의** 압박감 속에서 실수를 한다.

👟 extreme sports 익스트림 스포츠(위험성을 동반하는 스포츠)

경기

1001	**defense** [dí:fens]	ⓝ 방어, 수비 ↔ offense 공격

An important quality of a good basketball team is a strong **defense**. 훌륭한 농구 팀의 중요한 특징은 강력한 **수비**이다.

1002	**strategy** [strǽtədʒi]	ⓝ 전략, 계획

a defense **strategy** 방어[수비] **전략**
Players have to understand their coach's **strategy**.
선수들은 코치의 **전략**을 이해해야 한다.

1003 match
[mætʃ]

ⓝ 1 경기, 시합 2 맞수, 호적수 3 성냥 4 잘 어울리는 것
ⓥ ~와 어울리다

n. 1 We watched the big soccer **match** on TV.
우리는 TV로 그 중요한 축구 **경기**를 보았다.

2 My brother is no **match** for me at badminton.
형은 배드민턴에서 나의 **상대**가 되지 못한다.

3 strike[light] a **match** 성냥을 켜다

4 a perfect **match** 천생연분, 잘 어울리는 **짝**

v. Make sure the curtains **match** the walls.
커튼이 벽과 **잘 어울리도록** 해야 해.

1004 rivalry
[ráivəlri]

ⓝ 경쟁 (관계)

friendly **rivalry** 우호적인[선의의] **경쟁**

The two teams have been well known for their tight **rivalry**.
그 두 팀은 치열한 **경쟁 관계**로 잘 알려져 있다.

➕ rival ⓝ 경쟁 상대, 라이벌

1005 defeat
[difíːt]

ⓥ 이기다, 물리치다 **ⓝ** 패배

He **defeated** the defending champion in the semifinal.
그는 준결승에서 전년도 챔피언을 **물리쳤다**.

So far, we've only had two **defeats** in the league.
지금까지 우리는 리그전에서 단 두 번의 **패배**만 했다.

1006 tie
[tai]

ⓝ 1 동점, 무승부 2 유대 관계
ⓥ 1 묶다 2 비기다, 동점[무승부]이 되다

n. 1 The first match ended in a **tie**.
첫 번째 시합은 **무승부**로 끝났다.

2 She still has **ties** to her old neighborhood.
그녀는 아직도 옛 이웃들과 **유대 관계**를 갖고 있다.

v. 1 **tie** a ribbon 리본을 **묶다**

2 Korea **tied** Japan 1-1. 한국은 일본과 1대1로 **비겼다**.

1007 tough
[tʌf]

ⓐ 1 힘든, 어려운 2 강인한; 강한 3 엄격한

1 Our team is going to have a **tough** match tomorrow.
우리 팀은 내일 **어려운** 경기를 하게 될 것이다.

They are having a **tough** season.
그들은 **힘든** 시기를 보내고 있다.

2 She is a very **tough** lawyer; she fights passionately for her clients.
그녀는 매우 **강인한** 변호사이다. 자신의 의뢰인들을 위해 열정적으로 싸운다.

3 **tough** controls on car emissions
자동차 배기가스에 대한 **엄격한** 규제

1008 fierce
[fiərs]

ⓐ 1 강력한 2 사나운, 험악한

1 The boxer kept fighting even after receiving a **fierce** blow.
그 권투 선수는 **강력한** 일격을 받고 나서도 계속 싸웠다.

2 The game was canceled due to **fierce** weather conditions.
그 경기는 **악천후**로 취소되었다.

1009 violent
[váiələnt]

ⓐ 과격한, 난폭한

have a **violent** protest **과격** 시위를 벌이다

With slow motion replay, viewers could see the player's **violent** tackle.
느린 동작 재생으로 시청자들은 그 선수의 **난폭한** 태클을 볼 수 있었다.

➕ violence ⓝ 폭력 (행위)

1010 injury
[índʒəri]

ⓝ 부상

serious / minor **injury** 심한 / 경미한 **부상**

He had an ankle **injury** and missed four games.
그는 발목 **부상**을 당해서 네 경기에 결장했다.

➕ injure ⓥ 부상을 입히다

PLAN
10

1011 penalty
[pénəlti]

ⓝ 1 벌, 벌칙, 벌금 2 (축구 등의) 페널티 킥

1 impose a **penalty** **벌금**을 부과하다

2 We received a **penalty** in the last minute of the game.
우리는 경기 막판에 **페널티 킥**을 얻었다.

1012 whistle
[wísəl]

ⓝ 호루라기[휘파람, 기적] 소리 ⓥ 호루라기[휘파람]를 불다

a train **whistle** 기차의 **기적 소리**

In soccer, a **whistle** signals the beginning and end of a match. 축구에서 **호루라기 소리**는 경기의 시작과 끝을 알린다.

whistle a tune 휘파람으로 곡조를 불다

1013 revenge
[rivéndʒ]

ⓝ 복수, 보복, 설욕

The team wanted to get **revenge** for their last defeat.
그 팀은 지난번 패배에 대해 **복수**하기를 원했다.

an act of **revenge** 보복 행위

1014 applause
[əplɔ́ːz]

ⓝ 박수갈채

a round of **applause** 한 차례의 **박수갈채**

The violinist's fine performance drew thunderous **applause**.
그 바이올리니스트의 훌륭한 연주는 우레와 같은 **박수갈채**를 받았다.

➕ applaud ⓥ 박수갈채하다

1015 athlete
[ǽθliːt]

ⓝ 운동선수

The **athletes** are training hard for the Olympic Games.
선수들은 올림픽을 위해 열심히 훈련하고 있다.

🔖 athlete's foot 무좀

1016 coach
[koutʃ]

ⓝ (스포츠 팀의) 코치, 감독 ⓥ 코치하다, 지도하다

The head **coach** of the national soccer team was interviewed after the match.
국가 대표 축구팀의 **감독**은 경기가 끝난 후 인터뷰를 했다.

He **coaches** a youth baseball team.
그는 청소년 야구팀을 **지도한다**.

다의어

1017 captain
[kǽptin]

ⓝ 1 선장, 기장 2 (스포츠 팀의) 주장

1 the **captain** of the ship 선장
2 The **captain** encouraged the players by saying that they played well.
주장은 선수들이 잘했다고 말하며 그들을 격려했다.

다의어

1018 opponent
[əpóunənt]

ⓝ 1 상대, 적수 2 반대자

1 a tough **opponent** 어려운[강한] **상대**
   Fear of a stronger **opponent** would motivate a retreat.
   더 강한 **상대**에 대한 두려움은 후퇴를 부추길 것이다.
2 an **opponent** of the death penalty 사형 **반대론자**

1019 referee
[rèfəríː]

ⓝ 심판

The **referee** blew his whistle, and the players began to move.
심판이 호루라기를 불자 선수들은 움직이기 시작했다.

1020 spectator
[spékteitəːr]

ⓝ 관중, 구경꾼

The baseball stadium is full of screaming **spectators**.
야구장은 함성을 지르는 **관중들**로 가득 차 있다.

빈칸에 알맞은 우리말 뜻 또는 영어 단어를 써넣어 워드맵을 완성하시오.

1 _____
tournament

2 _____
리그; 연합, 연맹

3 _____
경쟁; 대회, 시합

4 _____
annual

5 _____
국제적인

6 _____
stadium

7 _____
arena

8 _____
입장; 참가, 출전

9 _____
아마추어(의)

10 _____
extreme

25 _____
운동선수

26 _____
코치, 감독; 지도하다

27 _____
선장, 기장; 주장

28 _____
opponent

29 _____
referee

30 _____
spectator

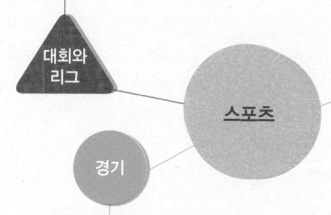

대회와 리그

스포츠

경기 관련자

경기

11 _____
defense

12 _____
strategy

13 _____
경기, 시합; 맞수; 성냥;
잘 어울리는 것; 어울리다

14 _____
rivalry

15 _____
defeat

16 _____
동점, 무승부; 유대 관계;
묶다; 비기다

17 _____
tough

18 _____
fierce

19 _____
과격한, 난폭한

20 _____
injury

21 _____
벌, 벌칙, 벌금;
페널티 킥

22 _____
whistle

23 _____
revenge

24 _____
applause

Day 35 여행과 관광

Must-Know Words

schedule 일정; 예정하다   suitcase 여행 가방   vacation 방학, 휴가   holiday 휴일; 휴가

arrive 도착하다   plan 계획(하다)   book 예약하다   flight 항공편; 비행

여행 준비

1021 arrange
[əréindʒ]

ⓥ 준비하다, 마련하다

I **arranged** the hotel reservations for my trip.
나는 여행을 위한 호텔 예약을 **준비했다**.

Airport transportation can be **arranged** in advance.
공항 교통편은 미리 **마련될** 수 있다.

➕ arrangement ⓝ 준비, 마련

1022 cancel
[kǽnsəl]

ⓥ 취소하다

I **canceled** my hotel reservation after reading some horrible reviews.
나는 몇몇 끔찍한 후기들을 읽고 나서 호텔 예약을 **취소했다**.

All flights have been **canceled** due to a snowstorm.
눈보라로 모든 항공편이 **결항되었다**.

➕ cancellation ⓝ 취소

1023 search
[səːrtʃ]

ⓝ 찾기, 검색   ⓥ 찾다, 검색하다

You should make a **search** for hotels on your desired dates.
원하는 날짜에 묵을 호텔을 **검색해야** 한다.

Search the Internet for transportation options.
교통편을 찾기 위해 인터넷을 **검색하세요**.

다의어

1024 available
[əvéiləbl]

ⓐ 1 이용 가능한, 구할 수 있는   2 시간이 있는, 여가가 있는

1 The clerk told us that there were no rooms **available**.
그 직원은 우리에게 **이용 가능한** 방이 없다고 말했다.

2 I'm **available** tomorrow to help you prepare for your trip.
나는 내일 네가 여행 준비하는 것을 도울 **시간이 있다**.

1025 destination
[dèstənéiʃən]

ⓝ 목적지, 도착지

a vacation **destination** 휴양지
The **destination** of our trip is Rio de Janeiro.
우리 여행의 **목적지**는 리우데자네이루이다.

| 1026 | **itinerary** [aitínərèri / -rəri] | ⓝ 여행 일정, 여정 |

Our **itinerary** includes a visit to the Guggenheim Museum.
우리의 **여행 일정**에는 구겐하임 미술관 방문이 포함되어 있다.

영영 a plan for a journey, including the route and the places you will visit

---

| 1027 | **backpack** [bǽkpæk] | ⓝ 배낭 ⓥ 배낭여행을 하다 |

I finished packing my **backpack** for the trip.
나는 여행을 위해 **배낭** 꾸리는 것을 끝냈다.

We **backpacked** in Spain and Italy for two months.
우리는 스페인과 이탈리아에서 두 달 동안 **배낭여행을 했다**.

PLAN **10**

이동

| 1028 | **journey** [dʒə́ːrni] | ⓝ 여행, 행로 |

He set out on a long train **journey** across Europe.
그는 유럽을 가로지르는 긴 기차 **여행**을 시작했다.

⭐ journey는 기간이 긴 여행을 말할 때 쓰며, trip이 주로 왕복 여행을 나타내는 데 비해 journey는 편도로 이동하는 경우에 흔히 사용된다.

| 1029 | **voyage** [vɔ́idʒ] | ⓝ 항해 ⓥ 항해하다 |

take a **voyage** by boat 보트 **항해**를 떠나다

He spent his youth **voyaging** around the world.
그는 젊은 시절을 세계 일주 **항해를 하며** 보냈다.

| 1030 | **abroad** [əbrɔ́ːd] | ⓪ 해외에, 해외로 |

save up for a trip **abroad** **해외**여행을 위해 저축하다

I hope to travel **abroad** next year.
나는 내년에 **해외로** 여행하기를 바란다.

| 1031 | **overseas** [òuvərsíːz] | ⓪ 해외에, 해외로 ⓐ 해외(로부터)의 |

go **overseas** for vacation **해외로** 휴가를 가다

The hotel is popular with **overseas** visitors to Paris.
그 호텔은 파리에 오는 **해외** 방문객들에게 인기가 있다.

1032 passport
[pǽspɔːrt]

ⓝ 여권

issue a **passport** 여권을 발급하다
Don't forget to have your **passport** renewed before leaving.
떠나기 전에 **여권**을 갱신하는 것을 잊지 마.

1033 aboard
[əbɔ́ːrd]

⒜ 탑승[승차, 승선]하여 ⊜ on board
⒫ ~에 탑승[승차, 승선]하여

Almost all the tourists **aboard** were injured in the accident.
탑승한 거의 모든 관광객들이 그 사고에서 다쳤다.

aboard the train 기차에 타고

➕ board ⓥ 탑승[승차, 승선]하다
ⓠ abroad(해외에)와 혼동하지 않도록 주의할 것.

1034 aisle
[ail]

ⓝ 통로

Would you like a window seat or an **aisle** seat?
창가 좌석이 좋으십니까 아니면 **통로** 측 좌석이 좋으십니까?

⛺ an aisle seat 통로 측 좌석
ⓠ s는 묵음으로, 발음하지 않는다.

1035 jet lag
[dʒét læg]

ⓝ 시차 부적응

She's still suffering from **jet lag** after her trip to Vancouver.
그녀는 밴쿠버 여행 후 아직까지 **시차 부적응**으로 고생하고 있다.

ⓠ jet(제트기) + lag(뒤에 처지다, 뒤떨어지다)

1036 round-trip
[ráundtrip]

ⓐ 왕복의, 왕복 여행의 ↔ one way, single 편도의

a **round-trip** fare 왕복 요금
A New York-London **round-trip** ticket is $430 on weekdays.
뉴욕-런던 간 **왕복** 티켓은 주중에 430달러이다.

1037 baggage
[bǽgidʒ]

ⓝ 수하물 ⊜ luggage

I'll check my **baggage** and go to the departure lounge.
나는 **수하물**을 부치고 출발 라운지로 갈 것이다.

⛺ baggage claim 수하물 찾는 곳
ⓠ baggage는 주로 미국 영어에서, luggage는 영국 영어에서 쓴다.

다의어

1038 customs
[kʌ́stəmz]

ⓝ 1 세관 2 관세

1 a **customs** officer 세관 직원
   I had to declare my goods when I went through **customs**.
   나는 **세관**을 통과할 때 내 물품을 신고해야 했다.

2 pay **customs** on an international order
   해외 주문에 대한 **관세**를 지불하다

1039 rental
[réntəl]

ⓝ 1 임대, 대여 2 임대료, 대여료

1 a car **rental** company 자동차 대여 회사
2 This package deal includes car **rental** and lodging.
이 패키지 상품에는 자동차 **대여료** 및 숙박 요금이 포함되어 있다.

➕ rent ⓥ 대여하다, 빌리다

숙박

1040 accommodation
[əkɑ̀mədéiʃən]

ⓝ 숙소, 숙박 시설

We should book our travel **accommodations** and flights.
우리는 여행 **숙소**와 항공편을 예약해야 한다.

➕ accommodate ⓥ 1 수용할 수 있다 2 받아들이다

1041 check-in
[tʃékin]

ⓝ 숙박 수속; 탑승 수속 (장소)

check-in time 입실 시간
You should arrive at **check-in** at least two hours before departure.
출발 2시간 전에는 **탑승 수속 장소**에 도착해야 한다.

🔄 check in 숙박[탑승] 수속을 하다; 짐을 부치다

1042 resort
[rizɔ́ːrt]

ⓝ 휴양지, 리조트   ⓥ 의지하다(to)

n. We went to a **resort** in Florida for our vacation.
우리는 휴가를 보내기 위해 플로리다주에 있는 **휴양지**에 갔다.

v. We had to **resort** to using guidebooks for our trip.
우리는 여행을 위해 안내 책자를 사용하는 것에 **의지해야** 했다.

1043 local
[lóukəl]

ⓐ 지역의, 현지의   ⓝ 지역 주민

Tourists should not disturb **local** residents.
관광객들은 **지역** 주민들을 성가시게 해서는 안 된다.

I asked one of the **locals** for directions to the beach.
나는 **지역 주민** 중 한 명에게 해변으로 가는 길을 물었다.

1044 overnight
[óuvərnàit]

ⓐⓓ 밤사이에, 하룻밤 동안   ⓐ 하룻밤의, 야간의

He stayed **overnight** at his uncle's house.
그는 삼촌 집에서 **하룻밤 동안** 묵었다.

The old woman won the lottery and became a millionaire **overnight**.
그 노부인은 복권에 당첨되어 **하룻밤 사이에** 백만장자가 되었다.

an **overnight** train 야간열차

1045 sightseeing
[sáitsì:iŋ]

ⓝ 관광, 유람

a **sightseeing** bus 관광버스
We did some **sightseeing** at Yellowstone National Park.
우리는 옐로스톤 국립 공원에서 **관광**을 했다.

✪ sight(광경; 명소) + seeing(보기)

다의어

1046 wander
[wándə:r]

ⓥ 1 돌아다니다, 유랑하다
2 (마음·생각이) 산만해지다, 다른 데로 흐르다

1 She was **wandering** the streets of New York City.
그녀는 뉴욕의 거리를 **배회하고** 있었다.

2 You should not let your mind **wander** in a strange place.
낯선 곳에서는 정신이 **딴 데 팔리지** 않도록 해야 한다.

✪ wonder(궁금해하다)와 혼동하지 않도록 주의할 것.

1047 excursion
[ikskə́:rʒən]

ⓝ 유람 여행, 소풍

We took an **excursion** to Tasmania on a cruise ship.
우리는 유람선을 타고 태즈메이니아로 **유람 여행**을 갔다.

go on an **excursion** 소풍 가다

다의어

1048 attraction
[ətrǽkʃən]

ⓝ 1 명소, 명물 2 끌림; (사람을 끄는) 매력

1 a tourist **attraction** 관광 명소
Iguazu Falls are a major **attraction** for people visiting Argentina.
이구아수 폭포는 아르헨티나를 방문하는 사람들에게 주요 **명소**이다.

2 I felt a strong **attraction** toward him.
나는 그에게 강한 **끌림**을 느꼈다.

➕ attract ⓥ 끌다 | attractive ⓐ 매력적인

1049 souvenir
[sù:vəní:r / sú:vənìə:r]

ⓝ 기념품

a **souvenir** shop 기념품 가게
This vase is a **souvenir** of our trip to Rome.
이 꽃병은 로마 여행의 **기념품**이다.

1050 encounter
[inkáuntər]

ⓥ 접하다, 마주치다 ⓝ 접촉, 조우

I **encountered** a lot of difficulties during my trip.
나는 여행 동안 많은 어려움에 **직면했다**.

a chance **encounter** 우연한 만남

Daily Check-up

빈칸에 알맞은 우리말 뜻 또는 영어 단어를 써넣어 워드맵을 완성하시오.

1 _____
arrange

2 _____
취소하다

3 _____
찾기, 검색; 찾다

4 _____
available

5 _____
destination

6 _____
itinerary

7 _____
배낭; 배낭여행을 하다

8 _____
journey

9 _____
voyage

10 a _____
해외에, 해외로

11 _____
overseas

12 _____
여권

13 _____
aboard

14 _____
aisle

15 _____
jet lag

16 _____
round-trip

17 b _____
수하물

18 _____
customs

19 _____
rental

이동

여행 준비

여행과 관광

숙박

관광

20 _____
accommodation

21 _____
check-in

22 _____
휴양지, 리조트; 의지하다

23 _____
지역[현지]의; 지역 주민

24 _____
overnight

25 _____
sightseeing

26 _____
wander

27 _____
excursion

28 _____
명소, 명물; 끌림; 매력

29 _____
souvenir

30 _____
encounter

PLAN
10

Day 35 여행과 관광 ★ 239

Day 36 오락과 취미

Must-Know Words

enjoy 즐기다	favorite 제일 좋아하는	activity 활동	hobby 취미
collect 수집하다	take up (취미를) 시작하다	pursue 추구하다	popular 인기 있는

1051 recreation
[rèkriéiʃən]

ⓝ 여가 활동, 휴양, 레크리에이션

My father's favorite **recreation** is fishing.
아버지가 가장 좋아하시는 **여가 활동**은 낚시이다.

recreation facilities **휴양** 시설

1052 pastime
[pǽstaim]

ⓝ 오락, 취미, 기분 전환

a popular **pastime** 인기 있는 **오락**

Watching movies became a national **pastime**.
영화 감상은 전 국민의 **취미**가 되었다.

◎ pastime은 일반적인 의미로서의 취미를 말할 때 쓰인다. 개인적인 취미를 말할 때는 hobby나 interest를 쓴다.

1053 entertainment
[èntərtéinmənt]

ⓝ 오락, 즐거움; 연예

They hired a band for the **entertainment** of the visitors.
그들은 방문객들의 **즐거움**을 위해 밴드를 고용했다.

the **entertainment** industry **연예** 산업

➕ entertain ⓥ 즐겁게 하다; 접대하다 | entertainer ⓝ 연예인

1054 leisure
[líːʒər / léʒ-]

ⓝ 여가, 한가한 시간

The hotel boasts **leisure** facilities like a swimming pool and a gym.
그 호텔은 수영장과 체육관과 같은 **여가** 시설을 자랑한다.

♔ at one's leisure 서두르지 않고, 한가하게

오락과 취미의 종류

1055 gardening
[gáːrdniŋ]

ⓝ 정원 가꾸기, 원예

Gardening is the best hobby for nature-loving people.
정원을 가꾸는 것은 자연을 사랑하는 사람들에게 최고의 취미이다.

1056 outdoor
[áutdɔ:r]

ⓐ 야외의, 집 밖의 (↔ indoor 실내의)

outdoor activities 야외 활동
I enjoy **outdoor** swimming in summer.
나는 여름에 **야외에서의** 수영을 즐긴다.

➕ outdoors ⓐ 야외에서, 옥외에서(↔ indoors 실내의) ⓝ (the –) 자연, 야외

1057 knit
[nit]

ⓥ 뜨개질하다, 뜨다, 짜다

knit a sweater 스웨터를 뜨다
Knitting is a relaxing pastime with cozy outcomes.
뜨개질은 기분 좋은 결과물을 만드는 편안한 취미이다.

1058 martial art
[mɑ́:rʃəl ɑ́:rt]

ⓝ (주로 pl.) 무술, 무도

an expert in **martial arts** 무술 전문가
She wanted to learn **martial arts** for self-defense.
그녀는 자기 방어를 위해 **무술**을 배우고 싶었다.

1059 collection
[kəlékʃən]

ⓝ 수집(품); 소장품

a stamp/coin **collection** 우표/동전 **수집품**
The museum has a **collection** of more than 5,000 paintings.
그 박물관은 5천 점이 넘는 그림을 **소장품**으로 보유하고 있다.

➕ collect ⓥ 수집하다

1060 antique
[æntí:k]

ⓝ 골동품　ⓐ 고풍스러운

an **antique** dealer 골동품 거래상
His hobby is collecting **antique** fountain pens.
그의 취미는 **고풍스러운** 만년필을 수집하는 것이다.

1061 weave
[wi:v]
weave-wove-woven

ⓥ 짜다, 엮다

a hand-**woven** carpet 손으로 **짠** 양탄자
Basket **weaving** is a great hobby that adds charm to your house. 바구니를 **엮는 것**은 집에 매력을 더해 주는 훌륭한 취미이다.

1062	**sew** [sou]	ⓥ 바느질하다, 재봉하다

a **sewing** machine 재봉틀
Sewing can be a hobby, side business, or way to save money.
바느질은 취미, 부업, 또는 돈을 절약하는 방법이 될 수 있다.

1063	**gambling** [gǽmbliŋ]	ⓝ 도박, 내기

The lottery is the most popular form of legal **gambling**.
복권은 합법적인 **도박**의 가장 인기 있는 형태이다.

취미 활동

1064	**regularly** [régjələːrli]	ⓐ 규칙적으로, 정기적으로

I started taking photos **regularly** as a hobby.
나는 취미로 사진을 **정기적으로** 찍기 시작했다.

➕ regular ⓐ 규칙적인, 정기적인

다의어

1065	**pursuit** [pərsúːt]	ⓝ 1 추구 2 활동, 소일거리

1 in **pursuit** of one's dreams 꿈을 **추구**하여
2 On weekends, they participate in outdoor **pursuits** such as camping and hiking.
주말에 그들은 캠핑과 하이킹 같은 야외 **활동**에 참여한다.

➕ pursue ⓥ 추구하다

1066	**master** [mǽstəːr]	ⓥ 완전히 익히다, 숙달하다 ⓝ 대가, 명수, 거장

It takes years to **master** the art of oil painting.
유화의 기술을 **완전히 익히는** 데는 수 년이 걸린다.

a **master** at gardening 정원 가꾸기의 **대가**

다의어

1067	**spare** [spɛəːr]	ⓐ 한가한, 여가의 ⓥ 할애하다, 내다

a. He enjoys playing the guitar in his **spare** time.
　 그는 **여가** 시간에 기타 치는 것을 즐긴다.

v. I can't **spare** the time to enjoy my hobby.
　 나는 취미를 즐길 시간을 **낼** 수가 없다.

1068	**adventure** [ədvéntʃər]	ⓝ 모험

adventure travel 모험 여행
Our hiking turned into an **adventure** when the weather got worse.
날씨가 더 나빠지자 우리의 하이킹은 **모험**으로 변했다.

1069 interest
[íntərist]

ⓝ 1 관심, 흥미 2 관심사, 취미 3 이자 ⓥ 관심[흥미]을 끌다

n. 1 I have an **interest** in learning Spanish.
나는 스페인어를 배우는 것에 **관심**이 있다.

2 have a common **interest** 같은 **관심사[취미]**를 가지다
Electronic music has become a real **interest** for him.
전자 음악은 그에게 진정한 **관심사**가 되었다.

3 pay **interest** on a loan 대출에 대한 **이자**를 내다

v. Jazz doesn't **interest** me. 재즈는 내 **흥미를** 끌지 못한다.

➕ interesting ⓐ 흥미로운 | interested ⓐ 관심이 있는

1070 passion
[pǽʃən]

ⓝ 열정, 열의

a man of **passion** **열정**을 가진 사람
Since he was a child, he has had a **passion** for music.
그는 어렸을 때부터 음악에 대한 **열정**이 있었다.

➕ passionate ⓐ 열정적인

취미의 효능

1071 pleasure
[pléʒər]

ⓝ 기쁨, 즐거움

Reading is one of life's great **pleasures**.
독서는 인생의 큰 **즐거움** 중 하나이다.

➕ please ⓥ 기쁘게 하다

1072 enjoyable
[endʒɔ́iəbl]

ⓐ 즐거운, 유쾌한

an **enjoyable** experience **즐거운** 경험
Riding a bicycle is a very **enjoyable** way to stay in shape.
자전거를 타는 것은 건강을 유지하는 매우 **즐거운** 방식이다.

⭐ enjoy(즐기다) + able(~할 수 있는)

1073 comfort
[kʌ́mfərt]

ⓝ 1 편안함 2 위로, 위안 ⓥ 위로하다

n. 1 I always find **comfort** in playing computer games.
나는 항상 컴퓨터 게임을 하면서 **편안함**을 느낀다.

2 I cannot think of any words of **comfort** to offer her.
나는 그녀에게 건넬 어떤 **위로**의 말도 떠올릴 수가 없다.

v. Just her being there **comforted** me.
그녀가 있어주는 것만으로 내게 **위로가 되었다**.

➕ comfortable ⓐ 편안한

1074 balance
[bǽləns]

🄝 균형　🅥 균형을 맞추다

keep a **balance** between work and life
일과 생활 사이에서 **균형**을 유지하다

He tries to **balance** his work and hobby.
그는 자신의 일과 취미의 **균형을 맞추려고** 노력한다.

1075 amusement
[əmjúːzmənt]

🄝 즐거움, 재미

For **amusement**, they go to the movies once a week.
즐거움을 얻기 위해 그들은 일주일에 한 번 영화를 보러 간다.

🎠 amusement park 놀이공원
➕ **amuse** ⓥ 즐겁게 하다, 재미있게 하다

1076 refresh
[rifréʃ]

🅥 상쾌하게 하다, 맑게 하다

She returned from vacation feeling **refreshed**.
그녀는 **상쾌해진** 기분을 느끼며 휴가에서 돌아왔다.

refresh one's mind　정신을 **맑게 하다**

1077 relaxation
[rìːlækséiʃən]

🄝 긴장 완화, 이완, 휴식

a **relaxation** exercise　긴장을 푸는 운동
I listen to classical music for **relaxation**.
나는 **휴식**을 위해 클래식 음악을 듣는다.

➕ **relax** ⓥ 긴장을 풀게 하다

다의어

1078 fitness
[fítnis]

🄝 1 건강, 체력　2 적합성

1　Yoga offers many **fitness** benefits.
　요가는 많은 **건강**상의 이점을 제공한다.
　pass a **fitness** test　**체력** 검사를 통과하다
2　one's **fitness** for a job　일에 대한 **적합성**

1079 enrich
[inrítʃ]

🅥 풍부하게 하다, 질을 높이다

Literature can **enrich** our imagination and sensibility.
문학은 우리의 상상력과 감성을 **풍부하게 한다.**

1080 broaden
[brɔ́ːdn]

🅥 넓히다, 확장하다

broaden one's outlook　시야를 **넓히다**
All of us would agree that travel **broadens** our horizons.
우리 모두는 여행이 우리의 시야를 **넓혀준다는** 것에 동의할 것이다.

🔩 broad(넓은) + -en(~로 만들다) → 넓히다

빈칸에 알맞은 우리말 뜻 또는 영어 단어를 써넣어 워드맵을 완성하시오.

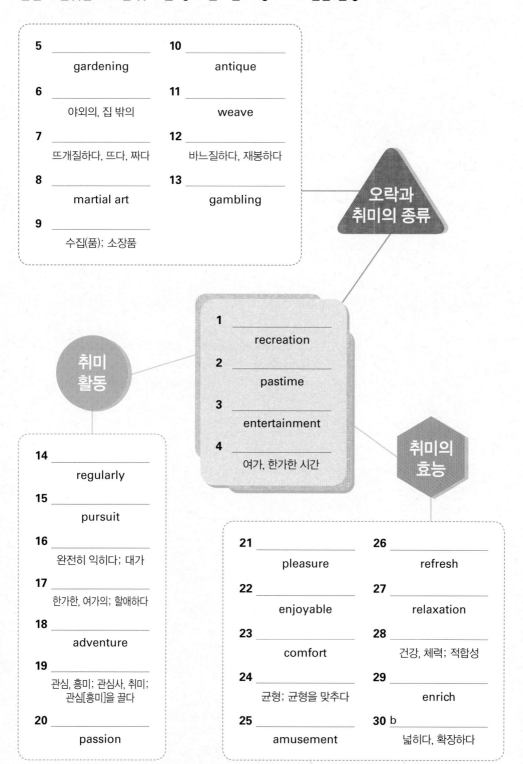

오락과 취미의 종류

5 _____ gardening

6 _____ 야외의, 집 밖의

7 _____ 뜨개질하다, 뜨다, 짜다

8 _____ martial art

9 _____ 수집(품); 소장품

10 _____ antique

11 _____ weave

12 _____ 바느질하다, 재봉하다

13 _____ gambling

취미 활동

1 _____ recreation

2 _____ pastime

3 _____ entertainment

4 _____ 여가, 한가한 시간

14 _____ regularly

15 _____ pursuit

16 _____ 완전히 익히다; 대가

17 _____ 한가한, 여가의; 할애하다

18 _____ adventure

19 _____ 관심, 흥미; 관심사, 취미; 관심[흥미]을 끌다

20 _____ passion

취미의 효능

21 _____ pleasure

22 _____ enjoyable

23 _____ comfort

24 _____ 균형; 균형을 맞추다

25 _____ amusement

26 _____ refresh

27 _____ relaxation

28 _____ 건강, 체력; 적합성

29 _____ enrich

30 b_____ 넓히다, 확장하다

Day 37 봉사와 기부

Must-Know Words

donate 기증[기부]하다 donor 기증[기부]자 event 행사 in need 도움이 필요한
victim 희생자, 피해자 homeless 노숙하는 disabled 장애가 있는 support 지원(하다)

자선·비영리 단체

1081 charity
[tʃǽrəti]

ⓝ 자선 단체; 자선 사업

People give money to **charities** to help the less fortunate.
사람들은 불우한 사람들을 돕기 위해 **자선 단체**에 돈을 기부한다.

The school raised over fifty thousand dollars for **charity**.
그 학교는 **자선 사업**을 위해 5만 달러 이상을 모금했다.

➕ charitable ⓐ 자선의; 자비로운

다의어

1082 foundation
[faundéiʃən]

ⓝ 1 토대, 기초 2 재단 3 설립, 건립

1 a **foundation** for a happy marriage 행복한 결혼을 위한 **토대**
2 The **foundation** provides shelter for the homeless.
   그 **재단**은 노숙자들에게 숙소를 제공한다.
3 He contributed money for the **foundation** of a library.
   그는 도서관 **건립**을 위해 돈을 기부했다.

➕ found ⓥ 설립하다, 창설하다

1083 organization
[ɔ̀:rgənəzéiʃən]

ⓝ 조직, 단체, 기구

The main drivers of most charitable **organizations** are donors.
대부분의 자선 **단체**들에게 주된 동력을 제공하는 사람들은 기부자들이다.

➕ organize ⓥ 조직하다

1084 nonprofit
[nɑ̀nprɑ́fit]

ⓐ 비영리의, 비영리적인

a **nonprofit** organization **비영리** 단체
Charities are run on a **nonprofit** basis.
자선 단체는 **비영리** 기반으로 운영된다.

1085 proceeds
[próusi:dz]

ⓝ 수익금, 수입

The **proceeds** will go to local charities.
수익금은 지역 자선 단체에 기부될 것이다.

🔍 cf. proceed 나아가다, 진행하다

1086 fund
[fʌnd]

ⓝ 기금, 재원　ⓥ ~에 자금을 대다

We established a **fund** to support victims of the hurricane.
우리는 허리케인의 피해자들을 지원하기 위해 **기금**을 설립했다.

The event will be **funded** by local businesses.
그 행사는 지역의 기업들에 의해 **자금이 지원될** 것이다.

➕ fundraiser ⓝ 기금 조성 행사; 기금 조성자

봉사와 기부 행위

1087 volunteer
[vɑ̀ləntíər]

ⓝ 자원봉사자　ⓥ 자원하다, 자원봉사를 하다

Most of the work was carried out by individual **volunteers**.
대부분의 활동은 개인 **자원봉사자들**에 의해 수행되었다.

He **volunteers** at the homeless shelter once a week.
그는 일주일에 한 번 노숙자 쉼터에서 **자원봉사를 한다**.

1088 voluntary
[vɑ́ləntèri / -təri]

ⓐ 자발적인; 자원봉사의

She did some **voluntary** work at the local hospital.
그녀는 지역 병원에서 **자원봉사** 활동을 했다.

1089 participate
[pɑːrtísəpèit]

ⓥ 참가하다, 참여하다(in)

Two out of three students report having **participated** in voluntary activities.
학생 3명 중 2명은 자원봉사 활동에 **참여한** 적이 있다고 말한다.

➕ participation ⓝ 참가 ｜ participant ⓝ 참가자

다의어

1090 generous
[dʒénərəs]

ⓐ 1 후한, 넉넉한　2 관대한

1 be **generous** in giving help　도움을 주는 데 있어서 **후하다**
2 I like him because he is kind and **generous**.
　나는 그가 친절하고 **관대해서** 그를 좋아한다.

➕ generosity ⓝ 관대함, 인심

다의어

1091 contribution
[kɑ̀ntrəbjúːʃən]

ⓝ 1 기여, 공헌　2 기부금, 성금

1 make a **contribution**　기여[공헌]하다
2 The company makes large **contributions** to charities.
　그 회사는 자선 단체에 많은 **기부금**을 낸다.

➕ contribute ⓥ 기여하다, 공헌하다

1092 donation
[dounéiʃən]

ⓝ 기부(금), 기증(품)

make a **donation** 기부[기증]하다
Our school received a generous **donation** from an alumnus.
우리 학교는 한 졸업생으로부터 후한 **기부금**을 받았다.

➕ donate ⓥ 기부하다, 기증하다 | donor ⓝ 기부자, 기증자

1093 anonymous
[ənɑ́nəməs]

ⓐ 익명의

an **anonymous** donor 익명의 기부자
The donor chose to remain **anonymous** to the public.
그 기증자는 일반인에게 **익명으로** 남아 있기를 택했다.

➕ anonymity ⓝ 익명
🔍 an-(= without ~이 없는) + nym(= name 이름) + -ous(형용사 어미)
→ 이름이 없는 → 익명의

1094 steady
[stédi]

ⓐ 꾸준한; 확고한, 안정된

We have received a **steady** stream of donations.
우리는 **꾸준하게** 이어지는 기부금을 받아 왔다.

a **steady** income 안정된 수입

1095 sponsor
[spɑ́nsə:r]

ⓥ 후원하다 ⓝ 후원자

sponsor a charitable event 자선 행사를 **후원하다**
I'm trying to attract **sponsors** for next week's charity run.
나는 다음 주에 있을 자선 달리기를 위해 **후원자들**을 유치하려고 노력하고 있다.

1096 offer
[ɔ́(:)fər]

ⓥ 제의하다, 제공하다 ⓝ 제의

They promised to **offer** practical help to disabled children.
그들은 장애아들에게 실질적인 도움을 **제공하기로** 약속했다.

a kind **offer** of help 친절한 도움 제의

1097 assistance
[əsístəns]

ⓝ 도움, 원조, 지원

Any **assistance** you can give them would be appreciated.
네가 그들에게 줄 수 있는 어떠한 **도움**도 감사받을 것이다.

➕ assist ⓥ 돕다

1098 aid
[eid]

ⓝ 도움, 원조 ⓥ 돕다

The Red Cross gives **aid** to those in need.
적십자는 도움이 필요한 사람들에게 **원조**를 제공한다.

efforts to **aid** flood victims 홍수 피해자들을 **돕기** 위한 노력

1099 relief
[rilí:f]

ⓝ 1 안도, 안심 2 경감, 완화 3 구호, 구호품

1 a sense of **relief** 안도감
2 the **relief** of suffering 고통의 **완화**
3 We raised funds for the **relief** of those who lost their homes.
우리는 집을 잃은 사람들에 대한 **구호**를 위해 기금을 모금했다.

➕ relieve ⓥ 완화하다, 덜어주다

동기와 보람

1100 considerate
[kənsídərit]

ⓐ 사려 깊은, 배려하는

We should be more **considerate** toward the disabled.
우리는 장애인을 더 **배려해야** 한다.

➕ consider ⓥ 고려하다, 숙고하다 | consideration ⓝ 사려, 숙고
ⓠ cf. considerable 상당한, 적지 않은

1101 thoughtful
[θɔ́:tfəl]

ⓐ 1 자상한, 배려심 있는 2 생각이 깊은, 신중한

1 It was **thoughtful** of him to help the old woman.
그가 그 할머니를 도운 것은 **자상했다**.
2 He was quieter and more **thoughtful** than usual.
그는 평소보다 더 조용하고 **신중했다**.

1102 selfless
[sélflis]

ⓐ 이타적인, 사심 없는

As a nurse, she shows a **selfless** concern for her patients.
간호사로서 그녀는 환자들에 대해 **이타적인 관심**을 보인다.

1103 cause
[kɔ:z]

ⓝ 1 원인; 이유 2 대의명분; (자선의) 목적
ⓥ 일으키다, 야기하다

n. 1 the **cause** of the fire 화재의 **원인**
without good **cause** 타당한 **이유**도 없이
2 I don't mind fighting as long as it's for a worthy **cause**.
가치 있는 **명분**을 위한 것이라면 나는 싸우는 것을 꺼리지 않는다.
The proceeds go to good **causes**.
수익금은 자선의 **목적**으로 사용됩니다.

v. The child **caused** trouble again. 그 아이가 또 문제를 **일으켰다**.

1104 noble
[nóubl]

ⓐ 1 숭고한, 고귀한 2 귀족의

1 The doctor made a personal sacrifice for a **noble** cause.
그 의사는 **숭고한** 대의를 위해 개인적인 희생을 했다.
2 She is of **noble** birth. 그녀는 **귀족** 혈통이다.

ⓠ novel((소설)과 혼동하지 않도록 주의할 것.

1105	**goodwill** [gùdwíl]	ⓝ 선의, 호의; 친선

He donated the money in a spirit of **goodwill**.
그는 **선의**로 그 돈을 기부했다.

a **goodwill** mission **친선** 사절단

☆ good(좋은) + will(의지)

1106	**empathy** [émpəθi]	ⓝ 공감, 감정 이입

Most of us have **empathy** for other people's situations.
우리들 대부분은 다른 사람들이 처한 상황에 대해 **공감**한다.

☆ em-(= in, into) + pathy(= feeling 느낌, 마음)
   cf. sympathy 동정(심), 연민

1107	**humanitarian** [hju:mænətéəriən]	ⓐ 인도(주의)적인, 인간애의

humanitarian causes **인도주의적인** 명분
They made that offer on **humanitarian** grounds.
그들은 **인도적** 정신에 근거하여 그 제안을 했다.

영영 concerned with improving the bad living conditions of people

---

1108	**pride** [praid]	ⓝ 자랑스러움, 자부심 ⓥ 자랑하다

They took great **pride** in their efforts to support poor children.
그들은 가난한 아이들을 지원하려는 자신들의 노력에 큰 **자부심**을 가졌다.
ⓦ take pride in ~: ~에 자부심을 갖다

He **prides** himself on giving back his wealth to society.
그는 자신의 부를 사회에 환원하는 것을 **자랑스러워한다**.
ⓦ pride oneself on ~: ~을 자랑스러워하다

➕ proud ⓐ 자랑스러워하는

1109	**worth** [wə:rθ]	prep ~의 가치가 있는 ⓝ 가치, 값어치 = value

I spent many weekends caring for old people, and it was all **worth** it.
나는 많은 주말을 어르신들을 돌보며 보냈고, 그것은 모두 그만한 **가치가 있었다**.

They don't know your real **worth**.
그들은 너의 진정한 **가치**를 몰라.

ⓦ of great worth 대단히 가치 있는

1110	**impact** [ímpækt]	ⓝ (강력한) 영향, 충격

a lasting **impact** 지속적인 **영향**
He wanted his donation to have an **impact** on the lives of children in need.
그는 자신의 기부금이 도움이 필요한 아이들의 삶에 **영향**을 주기를 원했다.
ⓦ have an impact on ~: ~에 영향을 주다

빈칸에 알맞은 우리말 뜻 또는 영어 단어를 써넣어 워드맵을 완성하시오.

1 _____
자선 단체; 자선 사업

2 _____
토대, 기초; 재단; 설립

3 _____
organization

4 _____
nonprofit

5 _____
proceeds

6 _____
기금, 재원; 자금을 대다

20 _____
considerate

21 _____
자상한, 배려심 있는;
생각이 깊은, 신중한

22 _____
selfless

23 _____
원인; 이유; 대의명분;
목적; 일으키다

24 _____
noble

25 _____
goodwill

26 _____
empathy

27 _____
humanitarian

28 _____
자부심; 자랑하다

29 _____
~의 가치가 있는;
가치

30 _____
impact

자선 · 비영리 단체

봉사와 기부

동기와 보람

봉사와 기부 행위

7 _____
자원봉사자; 자원하다

8 _____
voluntary

9 _____
참가하다, 참여하다

10 _____
후한, 넉넉한; 관대한

11 _____
contribution

12 d_____
기부(금); 기증(품)

13 _____
anonymous

14 _____
꾸준한; 확고한, 안정된

15 _____
sponsor

16 _____
offer

17 _____
assistance

18 _____
aid

19 _____
안도, 안심; 경감, 완화;
구호, 구호품

PLAN
10

PLAN 11

역사와 지리

historian 역사가
civilization 문명
settlement 정착(지)

hemisphere 반구
region 지역, 지방
canyon 협곡

문명과
역사

지리

역사와
지리

교통과
운송

transport 수송(하다)
vehicle 차량, 탈것
route 경로, 노선

Day 38 · 문명과 역사

역사학

1111 historic
[histɔ́(ː)rik]

ⓐ 역사적으로 중요한, 역사적인

The U.K. made a **historic** decision to leave the EU.
영국은 유럽 연합을 탈퇴한다는 **역사적인** 결정을 내렸다.

영영 important in history

✪ cf. historical(역사상의, 역사학의 예) historical records 역사 기록

1112 historian
[histɔ́ːriən]

ⓝ 역사가, 사학자

The majority of **historians** pursue a career in education.
역사가들의 대다수는 교육계에 종사한다.

an art **historian** 미술 **사학자**

1113 arch(a)eology
[àːrkiɑ́lədʒi]

ⓝ 고고학

He took a course in **archaeology** before traveling to Egypt.
그는 이집트로 여행하기 전에 **고고학** 강좌를 들었다.

➊ arch(a)eologist ⓝ 고고학자 | arch(a)eological ⓐ 고고학의

✪ archae-(= ancient 고대의) + -logy(= study 연구) → 고대에 대한 연구

시대 구분

1114 era
[érə / íːrə]

ⓝ 시대

a new **era** of peace and prosperity 새로운 평화와 번영의 **시대**
The hotel was built in the Victorian **Era**.
그 호텔은 빅토리아 **시대**에 지어졌다.

1115 primitive
[prímətiv]

ⓐ 원시의, 미개의; 원시적인

a **primitive** tribe 원시 부족
This area is a **primitive** wilderness.
이 지역은 **미개의** 황무지이다.

1116 ancient [éinʃənt]	ⓐ 고대의, 아주 오래된 **ancient** ruins 고대 유적 This tradition dates back to **ancient** Greece. 이 전통은 **고대** 그리스로 거슬러 올라간다.
1117 medieval [mìːdíːvəl / mèd-]	ⓐ 중세의 We viewed the **medieval** architecture of the city. 우리는 그 도시의 **중세** 건축물을 보았다. ⭐ cf. Middle Ages 중세

다의어

1118 renaissance
[rénəsɑ̀ːns]

ⓝ 1 르네상스, 문예 부흥   2 (특정 분야에 대한 관심의) 부흥, 부활

1 Raphael was a great artist of the Italian **Renaissance**.
   라파엘로는 이탈리아 **르네상스** 시대의 위대한 예술가였다.

2 American country music is experiencing a **renaissance**.
   미국 컨트리 음악이 **부흥**을 경험하고 있다.

다의어

1119 contemporary
[kəntémpərèri / -rəri]

ⓐ 1 현대의   2 동시대의

1 David Lynch is a great innovator of **contemporary** cinema.
   데이비드 린치는 **현대** 영화의 위대한 혁신가이다.

2 Salieri was a composer **contemporary** with Mozart.
   살리에리는 모차르트와 **동시대의** 작곡가였다.

⭐ con-(함께, 같이) + tempo-(시간) + -ary(~와 관련된)
   → 같은 시간의 → 동시대의

1120 precede
[prisíːd]

ⓥ ~에 앞서다[선행하다]

A series of political conflicts **preceded** the civil war.
그 내전이 있기 **전에** 일련의 정치적 갈등이 **있었다**.

⭐ pre-(= before 앞에) + -cede(= go 가다)

1121 chronicle
[krɑ́nikl]

ⓝ 연대기

This book is a **chronicle** of his humanitarian achievements.
이 책은 그의 인도주의적인 업적에 대한 **연대기**이다.

1122 division
[divíʒən]

ⓝ 구분; 분열

What events mark the **division** between the Bronze Age and the Iron Age?
어떤 사건들이 청동기 시대와 철기 시대를 **구분하는**가?

the **division** of the Roman Empire 로마 제국의 **분열**

➕ divide ⓥ 나누다, 구분하다

1123 outline
[áutlain]

ⓝ 1 요점, 개요 2 윤곽(선), 테두리
ⓥ 1 ~의 개요를 서술하다 2 ~의 윤곽을 그리다

n. 1 an **outline** of world history 세계사의 **개요**

 2 the **outline** of a building 건물의 **윤곽선**

v. 1 The book **outlines** the major events in European history.
  그 책은 유럽 역사의 주요 사건들의 **개요를 서술한다**.

1124 civilization
[sìvələzéiʃən / -ai-]

ⓝ 문명

the benefits of **civilization** **문명**의 혜택

He is a specialist on the early **civilizations** of Africa.
그는 아프리카의 초기 **문명**에 대한 전문가이다.

➕ civilize ⓥ 문명화하다, 개화하다

1125 dynasty
[dáinəsti / dí-]

ⓝ 왕조

the rise and fall of the Habsburg **Dynasty**
합스부르크 **왕조**의 흥망성쇠

When the **dynasty** fell, the country became a republic.
그 **왕조**가 몰락했을 때 그 나라는 공화국이 되었다.

1126 heir
[ɛər]

ⓝ 계승자, 후계자; 상속인

the **heir** to the throne 왕위 **계승자**

When the king died, he left no direct **heir**.
그 왕이 죽었을 때, 그는 직계 **후계자**를 남기지 않았다.

💬 h는 묵음으로, 발음하지 않는다.

1127 dawn
[dɔ:n]

ⓝ 1 새벽 ↔ dusk, twilight 해 질 녘, 황혼 2 시초, 태동 ＝ birth

1 at the crack of **dawn** 새벽녘에

2 He studied the **dawn** of civilization in ancient India.
  그는 고대 인도 문명의 **시초**를 연구했다.

1128 advanced
[ədvǽnst]

ⓐ 고도로 발달한, 진보된

reach an **advanced** state of civilization
고도로 발달한 문명 상태에 도달하다

Even in **advanced** societies, poverty continues to exist.
진보된 사회에서도 빈곤은 계속 존재한다.

➕ advance ⓥ 1 나아가다 2 진보하다 ⓝ 1 진보 2 전진
advancement ⓝ 진보, 발전

1129 **progress**
ⓝ [prɑ́grəs]
ⓥ [prəgrés]

ⓝ 진보, 발전; 진행 ⓥ 나아가다, 진전하다 ⊜ advance

According to Hegel, historical **progress** is preceded by **progress** of thought.
헤겔에 따르면 역사의 **발전**은 사상의 **진보** 후에 일어난다.

The lesson **progressed** from the basics to become more challenging. 수업은 기초에서부터 더 어려운 것으로 **나아갔다**.

1130 **fade**
[feid]

ⓥ 서서히 사라지다, 희미해지다

During the fifth century, the Western Roman Empire **faded** out of existence.
5세기 동안 서로마 제국은 **서서히 사라졌다**.

1131 **remains**
[riméinz]

ⓝ 유적, 유해

In the mid 1800s, archaeologists discovered the **remains** of the ancient civilization of Sumer.
1800년대 중반에 고고학자들은 고대 문명 수메르의 **유적**을 발견했다.

➕ remain ⓥ 남아 있다

다의어

1132 **legacy**
[légəsi]

ⓝ 1 유산 2 상속

1 These social traditions are a **legacy** of Buddhism.
  이러한 사회적 전통은 불교의 **유산**이다.

2 **legacy** tax 상속세

1133 **monument**
[mɑ́njəmənt]

ⓝ 기념비; 유적

raise a **monument** 기념비를 세우다

Roman **monuments** are still scattered around the British countryside.
로마의 **유적들**은 여전히 영국 시골 지역에 흩어져 있다.

1134 **incident**
[ínsədənt]

ⓝ 일, 사건

The **incident** known as the Boston Tea Party started the American Revolution.
'보스턴 티 파티'로 알려진 **사건**이 미국 독립 혁명의 발단이었다.

식민지

1135 **expedition**
[èkspədíʃən]

ⓝ 탐험 (조사); 탐험대

Admiral Byrd made an **expedition** to reach the North Pole.
버드 제독은 북극에 도달하기 위한 **탐험**을 했다.

the Everest **expedition** 에베레스트 **탐험대**

1136 **colony**
[kάləni]

ⓝ 1 **식민지** 2 (새·개미·벌 등의) **집단**

1 Hong Kong was a British **colony** before 1997.
홍콩은 1997년 이전에 영국의 **식민지**였다.

2 Unlike most insects, ants live together in huge **colonies**.
대부분의 곤충과는 달리, 개미는 거대한 **집단**을 이루며 함께 산다.

➕ colonize ⓥ 식민지로 만들다 | colonist ⓝ 식민지 거주민
colonial ⓐ 식민(지)의

1137 **settlement**
[sétlmənt]

ⓝ 1 **정착, 이민** 2 **정착지, 촌락** 3 (분쟁 등의) **합의, 해결**

1 The **settlement** of the American West began in the 1840s.
미국 서부에의 **정착**은 1840년대에 시작되었다.

2 As agriculture was developed, tiny **settlements** started to grow into villages.
농업이 발전하면서 작은 **정착지들**이 마을로 성장하기 시작했다.

3 a peace **settlement** 평화 **합의**

➕ settle ⓥ 1 정착하다 2 해결하다

1138 **nomad**
[nóumæd]

ⓝ **유목민; 방랑자, 유랑자**

The **nomads** crossed the desert with their camels.
그 **유목민들**은 낙타와 함께 사막을 횡단했다.

After leaving their homeland, they spent the next 30 years as **nomads**.
조국을 떠난 후, 그들은 그 후 30년을 **유랑민**으로 보냈다.

➕ nomadic ⓐ 유목민의; 떠돌아다니는

1139 **slavery**
[sléivəri]

ⓝ **노예 제도; 노예 신분**

the abolition of **slavery** 노예 **제도**의 폐지

About 8,000 people are living in **slavery** in Sudan.
수단에는 약 8천 명의 사람들이 **노예 신분**으로 살고 있다.

➕ slave ⓝ 노예

1140 **native**
[néitiv]

ⓐ **토박이의, 원주민의** ⓝ **원주민**

He is a **native** New Yorker. 그는 뉴욕 **토박이**다.

They forced the **natives** to leave their land.
그들은 **원주민들**을 강제로 그들의 땅에서 떠나게 했다.

🏵 Native American 아메리카 원주민(의) | a native speaker 원어민

빈칸에 알맞은 우리말 뜻 또는 영어 단어를 써넣어 워드맵을 완성하시오.

역사학

1 _____ historic

2 _____ 역사가, 사학자

3 _____ archaeology

4 _____ era

5 _____ primitive

6 _____ 고대의, 아주 오래된

7 _____ medieval

8 _____ renaissance

9 _____ contemporary

10 _____ precede

11 _____ chronicle

12 _____ 구분; 분열

13 _____ outline

시대 구분

문명과 역사

문명의 흥망성쇠

식민지

14 _____ 문명

15 _____ dynasty

16 _____ heir

17 _____ 새벽; 시초, 태동

18 _____ advanced

19 _____ progress

20 _____ fade

21 _____ remains

22 _____ legacy

23 _____ monument

24 _____ incident

25 _____ expedition

26 _____ 식민지; 집단

27 _____ settlement

28 _____ nomad

29 _____ slavery

30 _____ 토박이[원주민](의)

PLAN 11

Day 39 지리

Must-Know Words

globe 전 세계; 지구본   island 섬   shore 물가, 기슭   bank 둑, 제방

stream 시내, 개울   hill 언덕   plain 평야   along ~을 따라

1141 **geography**
[dʒiːágrəfi]

ⓝ 지리, 지리학; 지형

I'm familiar with the **geography** of the area.
나는 그 지역의 **지리**에 밝다.

➕ geographical ⓐ 지리의, 지리적인

ⓠ geo-(= earth 땅) + -graphy(= write, describe 기술하다)

다의어

1142 **formation**
[fɔːrméiʃən]

ⓝ 1 형성 (과정)   2 (자연물의) 형태, 형성물

1 fog **formation** 안개의 **형성**
2 The ancient rock **formations** rise up along the coast.
  아주 오래된 암석 **형성물**이 해안을 따라 솟아올라 있다.

➕ form ⓥ 형성하다 ⓝ 형태

지도 관련 용어

1143 **equator**
[ikwéitər]

ⓝ 적도

The nations located near the **equator** have very hot climates.
적도 근처에 위치한 나라들은 매우 더운 기후를 갖는다.

ⓠ equ-(동등한, 같은) + -ate(시키다) + -or(것)
 → (지구를) 동등하게 나누는 것 → 적도

1144 **hemisphere**
[hémisfiər]

ⓝ 반구

The Earth is divided by the equator into two **hemispheres**.
지구는 적도에 의해 두 개의 **반구**로 나뉜다.

🔼 the Northern / Southern Hemisphere 북반구 / 남반구
ⓠ hemi-(절반) + sphere(구)

1145 **latitude**
[lǽtətùːd]

ⓝ 위도

New York City is located at a **latitude** of about 41 degrees
north of the equator.
뉴욕은 적도에서 북쪽으로 약 41도의 **위도**에 위치해 있다.

ⓠ lati-(= broad, wide 넓은) + -tude(성질, 상태)

1146 longitude
[lάndʒətùːd]

ⓝ 경도

Time zones are determined by **longitude**.
시간대는 **경도**에 의해 결정된다.

✪ longi-(= long 긴) + -tude(성질, 상태)

다의어

1147 pole
[poul]

ⓝ 1 극 2 막대기

1 The North **Pole** is a harsh environment with temperatures reaching −50℃.
북극은 기온이 섭씨 영하 50도까지 내려가는 혹독한 환경이다.

2 a fishing **pole** 낚싯대

➕ polar ⓐ 극지방의

다의어

1148 Pacific
[pəsífik]

ⓝ (the -) 태평양 ＝ Pacific Ocean
ⓐ 1 태평양의 2 (p-) 평화로운, 평화적인

ⓝ. The United States is bounded on the west by the **Pacific**.
미국은 서쪽으로 **태평양**과 접해 있다.

ⓐ. 1 the **Pacific** Rim 환태평양 지역(태평양을 둘러싼 주변 지역)

   2 The two tribes have a **pacific** relationship.
     두 부족은 **평화로운** 관계에 있다.

✪ cf. the Atlantic (Ocean) 대서양

1149 tropical
[trάpikəl]

ⓐ 열대의, 열대 지방의

a **tropical** climate 열대 기후

Their bodies burned from daily exposure to the **tropical** sun.
그들의 몸은 **열대의** 태양에 매일 노출되어 탔다.

다의어

1150 border
[bɔ́ːrdər]

ⓝ 1 국경(선), (지역 사이의) 경계 2 가장자리, 테두리

1 cross the **border** 국경을 넘다

   The **border** between Indiana and Kentucky is formed by the Ohio River.
   인디애나주와 켄터키주 사이의 **경계**는 오하이오강에 의해 형성된다.

2 a handkerchief with a lace **border**
   레이스 **테두리**가 있는 손수건

1151 region
[ríːdʒən]

ⓝ 지역, 지방

a polar **region** 극지방

The tribe has inhabited this **region** for thousands of years.
그 부족은 수천 년 동안 이 **지역**에 거주해 왔다.

➕ regional ⓐ 지역의, 지방의

PLAN
11

1152 iceberg
[áisbə:rg]

ⓝ 빙산

The *Titanic* struck a massive **iceberg** while in fog.
타이타닉호는 안개 속에서 거대한 **빙산**에 부딪쳤다.

♔ the tip of the iceberg 빙산의 일각(아주 적은 일부)

1153 glacier
[gléiʃər]

ⓝ 빙하

When the **glaciers** melted, the sea level rose and covered the land.
빙하가 녹자 해수면이 상승하여 육지를 덮었다.

➊ glacial ⓐ 빙하의

다의어

1154 bay
[bei]

ⓝ 1 만 2 구역

1 Every Sunday, he goes fishing in the **bay**.
매주 일요일에 그는 **만**에 낚시하러 간다.

2 a loading **bay** 하역 **구역**

다의어

1155 gulf
[gʌlf]

ⓝ 1 (크고 깊은) 만 2 격차

1 The **Gulf** of Mexico goes from Florida over to Texas and down to Mexico.
멕시코**만**은 플로리다주에서 출발하여 텍사스주를 지나 멕시코로 내려간다.

2 The **gulf** between the rich and the poor is vast and growing.
빈부의 **격차**는 엄청나고 점점 커지고 있다.

1156 seashore
[síːʃɔːr]

ⓝ 해안, 해변

They were picking up shells on the **seashore**.
그들은 **해변**에서 조개껍질을 줍고 있었다.

영영 the land along the edge of the sea

1157 slope
[sloup]

ⓝ 비탈, 경사면

a steep **slope** 가파른 **비탈**

The **slope** is gentle, so children can ski down it safely.
경사면이 완만하여 아이들이 안전하게 스키를 타고 내려갈 수 있다.

1158 peak
[piːk]

n 1 꼭대기, 봉우리 **=** mountaintop 2 정점, 절정, 전성기

1 The **peak** of the mountain is covered with snow.
그 산의 **꼭대기**는 눈으로 덮여 있다.

2 Japan was at the **peak** of its prosperity in the 1990s.
일본은 1990년대에 번영의 **정점**에 있었다.

1159 summit
[sʌ́mit]

n 1 정상, 산꼭대기 **=** peak 2 정상 회담

1 The climbers failed to reach the **summit** of the mountain.
그 등정 대원들은 산의 **정상**에 도달하지 못했다.

2 The 2018 G7 **summit** was held in Quebec, Canada.
2018년 G7 **정상 회담**이 캐나다 퀘벡에서 개최되었다.

1160 canyon
[kǽnjən]

n 협곡

Geologists disagree on how and when the **canyon** was formed.
그 **협곡**이 언제 어떻게 형성되었는지에 대해 지질학자들의 의견이 분분하다.

the Grand Canyon 그랜드 캐니언(미국 애리조나주 북부에 있는 거대한 협곡)

1161 ridge
[ridʒ]

n 산등성이, 능선

They hiked along the **ridge**, where they had great views of the canyon.
그들은 **산등성이**를 따라 하이킹했는데, 그곳에서 협곡의 멋진 경관을 보았다.

a dividing **ridge** 분수령

1162 cliff
[klif]

n 절벽, 벼랑

a sheer[steep] **cliff** 깎아지른 듯한 **벼랑**

He stood on the **cliff** and looked down at the ocean below.
그는 **절벽**에 서서 아래에 있는 바다를 내려다보았다.

★ cliffhanger (드라마·선거 등에서) 결과나 다음 장면이 매우 궁금한 상황; 손에 땀을 쥐게 하는 상황

1163 waterfall
[wɔ́ːtəːrfɔ̀ːl]

n 폭포

an artificial **waterfall** 인공 폭포

Angel Falls in Venezuela is the highest **waterfall** in the world.
베네수엘라에 있는 엔젤 폭포는 세계에서 가장 높은 **폭포**이다.

1164 valley
[vǽli]

n 계곡, 골짜기

The cottage is located on a hill overlooking a **valley**.
그 오두막집은 **계곡**이 내려다보이는 언덕에 위치해 있다.

영영 an area of lower land between hills or mountains, usually with a river flowing through it

1165 rainforest
[réinfɔ(:)rist]

ⓝ (열대) 우림

the Amazon **Rainforest** 아마존 **열대 우림**
Our mission is to stop the destruction of the **rainforest**.
우리의 임무는 **열대 우림**의 파괴를 막는 것이다.

1166 marsh
[mɑːrʃ]

ⓝ 늪, 습지

As the water level dropped, the lake turned into a **marsh**.
수면이 낮아짐에 따라 그 호수는 **늪**으로 변했다.

The hills surrounded by the **marsh** look like islands.
습지에 둘러싸인 그 언덕들은 섬처럼 보인다.

다의어

1167 barren
[bǽrən]

ⓐ 1 척박한, 황량한 2 불임의; (식물이) 열매를 맺지 않는

1 Few creatures can live in these **barren** areas.
이 **척박한** 지역에서 살 수 있는 생물은 거의 없다.

2 She became **barren** after giving birth to her first child.
그녀는 첫 아이를 낳고 나서 **불임**이 되었다.

1168 desolate
[désələt]

ⓐ 황폐한, 적막한; 쓸쓸한, 외로운

a **desolate** landscape **황폐한** 풍경
He has been utterly **desolate** after losing his daughter.
그는 딸을 잃은 후 매우 **쓸쓸한** 상태이다.

다의어

1169 desert
ⓝ [dézərt]
ⓥ [dizə́ːrt]

ⓝ 사막 ⓥ 버리다

n. We traveled many miles across burning **desert** sands.
우리는 뜨거운 **사막**의 모래를 가로질러 여러 마일을 여행했다.

v. The region has been **deserted** for a long while.
그 지역은 오랫동안 **버려져** 있었다.

다의어

1170 horizon
[həráizn]

ⓝ 1 지평선, 수평선 2 (pl.) 시야

1 They saw another ship coming over the **horizon**.
그들은 다른 배 한 척이 **수평선** 위로 오고 있는 것을 보았다.

2 He wants to travel abroad to broaden his **horizons**.
그는 자신의 **시야**를 넓히기 위해 해외여행을 하고 싶어 한다.

➕ horizontal ⓐ 수평의, 가로의

Daily Check-up

빈칸에 알맞은 우리말 뜻 또는 영어 단어를 써넣어 워드맵을 완성하시오.

3 _____
equator

4 _____
hemisphere

5 _____
latitude

6 _____
longitude

7 _____
극; 막대기

8 _____
태평양(의); 평화로운

9 _____
tropical

10 _____
border

11 _____
region

12 _____
빙산

13 _____
glacier

14 _____
bay

15 _____
gulf

16 _____
seashore

PLAN
11

지도 관련 용어

해양 지형

1 _____
geography

2 _____
formation

평지 지형

산악 지형

17 _____
비탈, 경사면

18 _____
꼭대기, 봉우리;
정점, 절정, 전성기

19 _____
summit

20 _____
canyon

21 _____
ridge

22 _____
절벽, 벼랑

23 _____
waterfall

24 _____
계곡, 골짜기

25 _____
(열대) 우림

26 _____
marsh

27 _____
barren

28 _____
desolate

29 _____
사막; 버리다

30 _____
horizon

Day 40 교통과 운송

Must-Know Words

traffic 교통(량), 통행   subway 지하철   sign 표지판   traffic light 신호등
crossroad 교차로   crosswalk 횡단보도   sidewalk 보도, 인도   deliver 배달하다

1171 transport
ⓥ [trænspɔ́ːrt]
ⓝ [trǽnspɔːrt]

ⓥ 수송하다   ⓝ 수송   ⊜ transportation

Too many goods are being **transported** by road.
너무 많은 물건들이 도로로 **수송되고** 있다.

the **transport** of farm goods   농산물의 **수송**

➕ transportation ⓝ 수송[교통] 체계
✪ trans-(= across 가로질러) + -port(= carry 운반하다)

다의어

1172 transit
[trǽnzit / -sit]

ⓝ 1 운송, 운반   2 (대중)교통

1 They compensate for any goods damaged in **transit**.
그들은 **운송** 중에 파손된 어떠한 물건에 대해서도 보상한다.

2 a mass **transit** system   대중**교통** 체계

교통수단·대중교통

1173 means
[miːnz]

ⓝ 수단, 방법

a proper transport **means** 적절한 수송 **수단**

Cars replaced horse-drawn carriages as the major **means** of transportation.
자동차는 주요 교통**수단**으로 마차를 대체했다.

✪ mean이 단수, means가 복수라고 생각하기 쉬운데, 단·복수 모두 means이다.

다의어

1174 vehicle
[víːəkəl / víːhi-]

ⓝ 1 차량, 탈것   2 수단, 매개체

1 Total **vehicle** sales increased 10 percent from last year.
차량 판매 총액이 작년보다 10% 증가했다.

2 Water can be a **vehicle** of infection.
물은 전염병의 **매개체**가 될 수 있다.

1175 ferry
[féri]

ⓝ 연락선, 여객선, 나룻배

We can take a **ferry** to the Statue of Liberty.
우리는 자유의 여신상으로 **연락선**을 타고 갈 수 있다.

1176 wagon
[wǽgən]

ⓝ 짐마차; 화물 열차

Before we had trucks, the goods were carried in **wagons**.
트럭이 생기기 전에 물품은 **마차**로 운반되었다.

a train of loaded **wagons** 짐이 실린 **화물 열차**

1177 motorcycle
[móutəːrsàikl]

ⓝ 오토바이

a **motorcycle** accident **오토바이** 사고

Riding on a **motorcycle** gives me a feeling of freedom.
오토바이를 타는 것은 나에게 자유의 느낌을 준다.

1178 tram
[træm]

ⓝ 전차, 시가 전차

a **tram** stop **전차** 정류장

It's almost 70 years since the last **tram** ran in London.
런던에서 마지막 **전차**가 운행된 지 거의 70년이 되었다.

다의어

1179 tube
[tuːb]

ⓝ 1 관, 튜브　2 (런던의) 지하철

1 He poured the liquid down the **tube**.
　그는 그 액체를 **관**에 부었다.

2 You'll find it easy to get around London on the **tube**.
　지하철을 타고 런던을 돌아다니는 것이 쉽다는 것을 알게 될 것이다.

💬 영국에서는 지하철을 the tube 또는 underground라고 하고, 미국에서는 subway라고 한다.

다의어

1180 express
[iksprés]

ⓐ 급행의, 신속한　ⓥ 표현하다

a. an **express** train **급행열차**

　If you want, you can choose **express** delivery services.
　네가 원한다면 **신속** 배달 서비스를 선택할 수 있다.

v. **express** an interest in classical music
　고전 음악에 대한 관심을 **표현하다**

다의어

1181 fare
[fɛər]

ⓝ 1 운임, 교통 요금　2 (택시) 승객

1 You should pay the **fare** when you get on the bus.
　버스에 승차할 때 **요금**을 지불해야 한다.

2 The cab driver picked up a **fare** at the bus terminal.
　그 택시 기사는 버스 터미널에서 **승객** 한 명을 태웠다.

💬 발음이 같은 fair(공평한; 박람회)와 혼동하지 않도록 주의할 것.

1182 passenger

[pǽsəndʒər]

ⓝ 승객, 여객

The bus collided with a car while carrying 30 **passengers**.
그 버스는 30명의 **승객**을 태우고 가던 중 자동차와 충돌했다.

☷ passenger seat 조수석(운전석 옆의 좌석)

다의어

1183 transfer

ⓥ [trænsfə́:r]
ⓝ [trǽnsfər]

ⓥ 1 옮기다, 이송하다　2 갈아타다, 환승하다
ⓝ 1 이동　2 환승

v. 1 The patient was **transferred** to a general hospital.
그 환자는 종합 병원으로 **이송되었다**.

2 I **transferred** at Bangkok for a flight to Singapore.
나는 방콕에서 싱가포르로 가는 비행기를 **갈아탔다**.

n. 1 the **transfer** of power　권력의 **이동**

2 We'll have a **transfer** in Hong Kong.
우리는 홍콩에서 **환승**을 할 것이다.

이동 경로와 목적

1184 railway

[réilwei]

ⓝ 철로, 철길　🟰railroad

The workers are doing maintenance work on the **railway**.
그 노동자들은 **철도**에서 보수 작업을 하고 있다.

the pleasures of **railway** travel　**기차** 여행의 즐거움

1185 highway

[háiwei]

ⓝ 고속 도로, 주요 간선 도로

a toll-free **highway**　무료 **고속 도로**

He got onto the **highway**, where he could drive faster.
그는 **고속 도로**에 올라탔고, 그곳에서 더 빨리 차를 몰 수 있었다.

💫 highway는 미국에서 주와 주 사이를 잇는 고속 도로이다. 영국의 고속 도로는 motorway라고 한다.

1186 route

[ru:t / raut]

ⓝ 경로, 노선

Now we need to decide which **route** to take.
이제 우리는 어떤 **경로**로 갈지를 결정해야 한다.

a bus **route**　버스 **노선**

다의어

1187 platform

[plǽtfɔ:rm]

ⓝ 1 승강장　2 연단, 강단

1 She stepped from the **platform** into the train.
그녀는 **승강장**에서 기차로 걸어 들어갔다.

2 The speaker mounted the **platform** to thundering applause.
그 연사는 우레 같은 박수갈채를 받으며 **연단**에 올랐다.

1188 terminal
[tə́:rmənəl]

ⓝ 종착역, 터미널 ⓐ 말기의, 최종적인

n. The bus **terminal** is on the city's east side.
버스 **터미널**은 그 도시의 동쪽에 있다.

a. He is suffering from **terminal** lung cancer.
그는 **말기** 폐암으로 고통받고 있다.

1189 canal
[kənǽl]

ⓝ 운하, 수로

The Panama **Canal** links the Atlantic and Pacific Oceans.
파나마 **운하**는 대서양과 태평양을 연결시킨다.

1190 navigate
[nǽvəgèit]

ⓥ 길을 안내하다, 항로를 찾다

I'll drive, and you can **navigate**.
내가 운전할 테니 넌 **길을 안내하면** 되겠다.

Long before GPS, sailors **navigated** by the stars.
GPS가 나오기 오래 전에 선원들은 별에 의해 **항로를 찾았다**.

➕ navigation ⓝ 항해, 운항, 조종

1191 distance
[dístəns]

ⓝ 거리

The **distance** between New York City and Boston is about 400 kilometers.
뉴욕 시와 보스턴 사이의 **거리**는 약 400킬로미터이다.

➕ distant ⓐ 먼, 멀리 떨어져 있는

1192 pedestrian
[pədéstriən]

ⓝ 보행자

The city should take steps to protect **pedestrians** from vehicles.
시는 차량으로부터 **보행자들**을 보호하기 위한 조치를 취해야 한다.

🔍 pedestr-(= on foot) + ian(= person) → 발로 걸어 다니는 사람 → 보행자

1193 pavement
[péivmənt]

ⓝ 1 포장도로 2 인도, 보도

1 lay asphalt **pavement** 아스팔트 **포장도로**를 깔다
2 A narrow **pavement** ran along the side of the road.
좁은 **인도**가 도로변을 따라 나 있었다.

➕ pave ⓥ (도로 등을) 포장하다, 닦다

1194 commute
[kəmjú:t]

ⓥ 통근하다 ⓝ 통근

I live within **commuting** distance of Washington, D.C.
나는 워싱턴 D.C.에서 **통근할** 수 있는 거리 내에 살고 있다.

a **commute** by subway 지하철 **통근**

1195 location
[loukéiʃən]

ⓝ 1 장소, 위치   2 현지 촬영지

1 a suitable **location** for sightseeing   관광에 적합한 **장소**
2 The movie was filmed on **location** in Ireland.
   그 영화는 아일랜드의 **현지 촬영지**에서 촬영되었다.

➕ locate ⓥ 1 ~의 위치를 파악하다   2 ~에 위치시키다

운송

1196 delivery
[dilívəri]

ⓝ 배달, 배송; 인도, 전달

Online companies compete through the fast **delivery** of products.
온라인 기업들은 제품의 빠른 **배송**을 통해 경쟁한다.

pay for goods on **delivery**   물품 **인도** 시 대금을 지불하다

➕ deliver ⓥ 배달[배송]하다; 전달하다

1197 ship
[ʃip]

ⓝ 배, 선박   ⓥ 보내다, 수송하다

n. Sending goods by **ship** is more cost effective than road transport.
   물품의 **선박** 수송이 도로 운송보다 비용 효율이 더 높다.

v. We promise to **ship** a replacement within 24 hours.
   24시간 이내에 대체 물품을 **보내드릴** 것을 약속합니다.

1198 container
[kəntéinər]

ⓝ 1 그릇, 용기   2 (화물 수송용) 컨테이너

1 For a refund, send the item back in the original **container**.
   환불을 받으시려면 원래의 **용기**에 넣어 제품을 반송해주세요.
2 It's a 300-meter-long **container** ship.
   그것은 300미터 길이의 **컨테이너** 수송선이다.

➕ contain ⓥ 담고 있다; 포함하다

1199 insurance
[inʃúərəns]

ⓝ 보험

travel **insurance**   여행자 **보험**
The ship is covered by fully comprehensive **insurance**.
그 선박은 종합 책임 **보험**에 의해 보장받는다.

➕ insure ⓥ 보험에 들다, 보증하다

1200 bound
[baund]

ⓐ 1 ~행의, ~로 향하는   2 ~할 가능성이 큰, ~하기 마련인

1 a train **bound** for Berlin   베를린**으로 가는** 열차
2 Mistakes are **bound** to happen sometimes.
   실수는 때때로 일어나**기 마련이다**.

🔄 동사 bind(묶다)의 과거분사형이 형용사화된 것이다.

Daily Check-up

빈칸에 알맞은 우리말 뜻 또는 영어 단어를 써넣어 워드맵을 완성하시오.

3 _____
means

4 _____
차량, 탈것; 수단, 매개체

5 _____
ferry

6 _____
wagon

7 _____
오토바이

8 _____
전차, 시가 전차

9 _____
관, 튜브; 지하철

10 _____
급행의; 표현하다

11 _____
운임, 교통 요금; 승객

12 _____
승객, 여객

13 _____
transfer

교통
수단·
대중교통

1 _____
transport

2 _____
transit

이동
경로와
목적

운송

14 _____
railway

15 _____
highway

16 _____
route

17 _____
승강장; 연단, 강단

18 _____
종착역, 터미널; 말기의

19 _____
canal

20 _____
navigate

21 _____
distance

22 _____
pedestrian

23 _____
pavement

24 _____
통근하다; 통근

25 _____
location

26 _____
배달, 배송; 인도, 전달

27 _____
배, 선박; 보내다, 수송하다

28 _____
container

29 _____
insurance

30 b_____
~ 행의; ~하기 마련인

PLAN
11

PLAN 12
법과 사회

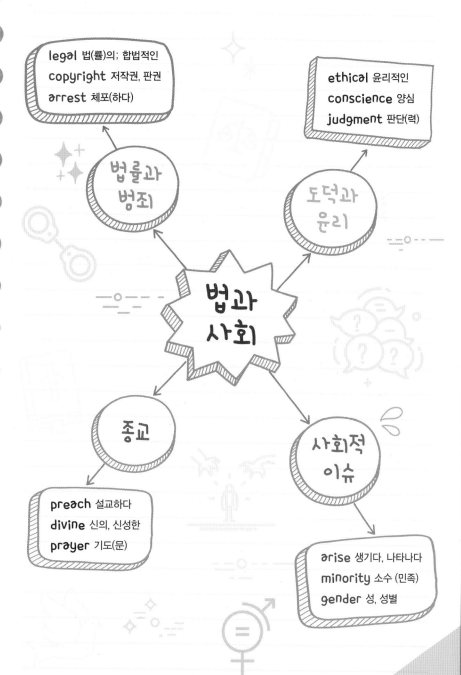

legal 법(률)의; 합법적인
copyright 저작권, 판권
arrest 체포(하다)

ethical 윤리적인
conscience 양심
judgment 판단(력)

법률과
범죄

도덕과
윤리

법과
사회

종교

사회적
이슈

preach 설교하다
divine 신의, 신성한
prayer 기도(문)

arise 생기다, 나타나다
minority 소수 (민족)
gender 성, 성별

Day 41 | 법률과 범죄

Must-Know Words

law 법, 법률
proof 증거

crime 범죄
scene 현장

commit (범죄를) 저지르다
break 위반하다

guilty 유죄의
punish 처벌하다

법률

1201 lawyer
[lɔ́ːjər]

ⓝ 변호사, 법률가

consult a **lawyer** 변호사와 상담하다
She refused to answer any questions until her **lawyer** came.
그녀는 자신의 **변호사**가 올 때까지 어떤 질문에도 대답하기를 거부했다.

다의어

1202 legal
[líːgəl]

ⓐ 1 법의, 법적인, 법률의 2 합법적인 ↔ illegal 불법의

1 seek **legal** advice 법률적 조언을 구하다
  Every citizen has a **legal** right to vote.
  모든 국민은 **법적** 투표권이 있다.

2 Betting on sports such as basketball and baseball is **legal** in Korea.
  한국에서 농구와 야구 같은 스포츠에 내기를 거는 것은 **합법**이다.

다의어

1203 enforce
[infɔ́ːrs]

ⓥ 1 시행하다, 집행하다 2 강요하다

1 The new parking rules will be **enforced** soon.
  새로운 주차 규정이 곧 **시행될** 것이다.
  enforce the law 법을 **집행하다**

2 You should not **enforce** your preferences on others.
  네가 선호하는 것을 다른 사람들에게 **강요해서는** 안 된다.

➊ enforcement ⓝ 시행, 집행

1204 status
[stéitəs / stǽtəs]

ⓝ (법적) 신분; (사회적) 지위

the **status** of a U.S. citizen 미국 시민의 **신분**
Women must be given equal **status** with men in all areas of life. 여성은 삶의 모든 분야에서 남성과 동등한 **지위**를 가져야 한다.

다의어

1205 valid
[vǽlid]

ⓐ 1 유효한 ↔ invalid 무효의, 효력이 없는 2 타당한

1 This passport is **valid** for ten years. 이 여권은 10년간 **유효**하다.
2 There are several **valid** reasons for criticizing him.
  그를 비난하는 것에는 몇 가지 **타당한** 이유가 있다.

➊ validity ⓝ 1 유효함 2 타당성

1206 patent
[pǽtənt / péit-]

ⓝ 특허, 특허권

apply for a **patent**　특허를 출원하다
She obtained a **patent** on her invention.
그녀는 자신의 발명품에 대한 **특허**를 취득했다.

1207 copyright
[kápiràit]

ⓝ 저작권, 판권

be protected by **copyright**　저작권에 의해 보호받다
A **copyright** usually expires 70 years after the author's death.
저작권은 보통 저자의 사망 후 70년이 지나 만료된다.

범죄

1208 illegal
[ilíːgəl]

ⓐ 불법의, 비합법적인　↔ legal 합법적인

an **illegal** immigrant　불법 입국자
He was involved in the **illegal** drug trade.
그는 **불법** 마약 거래에 연루되었다.

다의어

1209 suspect
ⓝ [sʌ́spekt]
ⓥ [səspékt]

ⓝ 용의자, 혐의자　ⓥ (~이라는) 의혹을 품다

n. the chief[prime] **suspect**　유력한 용의자
v. The police **suspect** that the driver was drunk.
경찰은 운전자가 취해 있었다는 **의혹을 품고** 있다.

다의어

1210 criminal
[krímənəl]

ⓐ 1 범죄의　2 형사상의　↔ civil 민사의　ⓝ 범인, 범죄자

a. 1 **criminal** behavior　범죄 행위
　2 **criminal** law　형법, 형사법
n. The suspect complained of being treated like a **criminal**.
그 용의자는 **범죄자**처럼 취급되는 것에 대해 불평했다.

1211 murder
[mə́ːrdər]

ⓝ 살인　ⓥ 살해하다

be charged with attempted **murder**　살인 미수 혐의로 기소되다
An old woman was **murdered** by her relative for her money.
한 할머니가 자신의 돈 때문에 친척에게 **살해당했다**.

1212 rob
[rɑb]

ⓥ 강탈하다, 빼앗다

They **robbed** him of his money.　그들은 그에게서 돈을 **빼앗았다**.
📛 rob A of B: A에게서 B를 강탈하다[빼앗다]
⊕ robber ⓝ 강도, 도둑 | robbery ⓝ 강도질, 도둑질

1213	**theft** [θeft]	ⓝ 절도, 도둑질

commit a **theft** 도둑질을 하다

He was accused of **theft** from a convenience store.
그는 편의점에서의 **절도** 혐의로 고소되었다.

➕ thief ⓝ 도둑, 절도범

1214	**arrest** [ərést]	ⓥ 체포하다 ⓝ 체포

arrest a suspect 용의자를 **체포하다**

A teenager is now under **arrest** for being part of the hacking crimes.
한 십 대 청소년이 해킹 범죄에 가담한 혐의로 현재 **체포**되어 있다.

1215	**justify** [dʒʌstəfài]	ⓥ 정당화하다

The ends **justify** the means. 목적은 수단을 **정당화한다**.

She found it very difficult to **justify** her behavior.
그녀는 자신의 행위를 **정당화하는** 것이 매우 어렵다는 것을 알았다.

➕ justification ⓝ 정당화

재판

1216	**sue** [suː]	ⓥ 고소하다, 소송을 제기하다

The residents **sued** the company for environmental damages.
주민들은 그 회사를 환경 훼손으로 **고소했다**.

She **sued** for divorce, and it was granted.
그녀는 이혼 **소송을 제기했고** 그것은 승인되었다.

1217	**accuse** [əkjúːz]	ⓥ 고발[고소]하다, 비난하다

She **accused** the man of stalking her on social media.
그녀는 소셜 미디어에서 자신을 스토킹한 혐의로 그 남자를 **고소했다**.

Are you **accusing** me of being a liar?
내가 거짓말쟁이라고 **비난하는** 거야?

🔛 accuse A of B: A를 B로 고발[비난]하다

➕ accusation ⓝ 고발, 고소, 비난

다의어

1218	**court** [kɔːrt]	ⓝ 1 법정 2 궁전, 왕실

1 The former prime minister will appear in **court** tomorrow.
   전 수상이 내일 **법정**에 출두할 것이다.

2 King Louis XIV set up the royal **court** at Versailles to keep power.
   루이 14세는 권력을 유지하기 위해 베르사유에 **궁전**을 세웠다.

1219 **trial** [tráiəl]	ⓝ 1 재판, 공판 2 실험, 시험; 체험

1 He was put on **trial** for corruption.
그는 부정부패로 **재판**에 회부되었다.

2 That treatment is currently under clinical **trial**.
그 치료는 현재 임상 **실험** 중이다.

a **trial** version of a game 게임의 **체험판**

⌣ trial and error 시행착오

1220 **case** [keis]	ⓝ 1 사례, 경우 2 소송 (사건)

1 a typical **case** of poor customer service
형편없는 고객 서비스의 전형적 **사례**

2 win / lose a **case** **소송**에서 이기다 / 지다
A **case** of car theft was registered with the police.
차량 절도 **사건**이 경찰에 접수되었다.

1221 **judicial** [dʒuːdíʃəl]	ⓐ 사법의, 재판상의

the fairness of the **judicial** system **사법** 제도의 공정성
They called for a **judicial** review of the decision.
그들은 그 결정에 대한 **사법** 심사를 요청했다.

PLAN
12

1222 **evidence** [évidəns]	ⓝ 증거, 증언

convincing[reliable] **evidence** 유력한 **증거**
The lawyer presented the video as **evidence** to the court.
변호사는 그 영상을 **증거**로 법정에 제출했다.

➕ evident ⓐ 명백한

1223 **jury** [dʒúəri]	ⓝ 배심원단

the members of the **jury** **배심원단** 구성원[배심원]
The **jury** decided that the accused was not guilty.
배심원단은 피고에게 죄가 없다는 결정을 내렸다.

➕ juror ⓝ 배심원

1224 **justice** [dʒʌ́stis]	ⓝ 1 정의, 공정 2 사법, 재판

1 Promoting **justice** is one of the basic purposes of the law.
정의를 고취시키는 것은 법의 기본적인 목적 중 하나이다.

2 The former president was brought to **justice**.
그 전직 대통령은 **재판**을 받게 되었다.

⌣ the Department of Justice 법무부

1225	**witness**	ⓝ 목격자; 증인　ⓥ 목격하다

witness
[wítnis]

ⓝ 목격자; 증인　ⓥ 목격하다

a **witness** to the crime　그 범죄의 **목격자**
The girl is the principal **witness** in the case.
그 소녀는 그 소송 사건의 주요 **증인**이다.
He was shocked by the horrors he had **witnessed**.
그는 자신이 **목격한** 참혹한 경험에 충격을 받았다.

다의어

1226 **appeal**
[əpíːl]

ⓝ 1 호소, 간청　2 항소, 상고　3 호소력, 매력
ⓥ 1 호소[간청]하다　2 항소하다　3 어필하다

n. 1 an **appeal** for blood donations　헌혈에 대한 **호소**
　　2 file an **appeal**　**항소**를 제기하다
　　3 BTS is a band with global **appeal**.
　　　방탄소년단은 전 세계적인 **호소력**을 가진 밴드이다.
v. 2 She **appealed** the decision to a higher court.
　　그녀는 그 판결에 대해 상급 법원에 **항소했다**.

다의어

1227 **sentence**
[séntəns]

ⓝ 1 문장　2 선고, 형벌　ⓥ 선고하다, 판결을 내리다

n. 2 a jail[prison] **sentence**　징역형
v. The court **sentenced** the accused to 20 years in jail.
　법원은 피고에게 징역 20년을 **선고했다**.

1228 **fine**
[fain]

ⓝ 벌금　ⓥ 벌금을 부과하다

He paid a **fine** for parking in a space for disabled drivers.
그는 장애인 전용 구역에 주차하여 **벌금**을 냈다.
The court **fined** the company for safety violations.
법원은 안전 규정 위반으로 그 회사에 **벌금을 부과했다**.

다의어

1229 **conviction**
[kənvíkʃən]

ⓝ 1 신념, 확신　2 유죄 판결

1 I have strong **convictions** about social justice.
　나는 사회 정의에 대해 강한 **신념**을 가지고 있다.
2 He decided to appeal his **conviction**.
　그는 **유죄 판결**에 불복하여 항소하기로 결심했다.

➕ convict ⓥ 유죄 판결을 내리다　ⓝ 죄수, 기결수

다의어

1230 **innocent**
[ínəsənt]

ⓐ 1 결백한, 무고한　↔guilty 유죄의　2 순진한　＝naïve

1 Most of the jurors felt that the young man was **innocent**.
　대부분의 배심원들은 그 젊은 남자가 **무죄**라고 생각했다.
　the **innocent** victims of the terror attack
　테러 공격의 **무고한** 희생자들
2 an **innocent** child　**순진한** 아이

➕ innocence ⓝ 1 무죄, 결백　2 순진무구함

Daily Check-up

빈칸에 알맞은 우리말 뜻 또는 영어 단어를 써넣어 워드맵을 완성하시오.

1 _____
변호사, 법률가

2 _____
법의, 법적인; 합법적인

3 _____
enforce

4 _____
status

5 _____
유효한; 타당한

6 _____
patent

7 _____
copyright

8 _____
illegal

9 _____
용의자; 의혹을 품다

10 _____
범죄의; 형사상의; 범인

11 _____
살인; 살해하다

12 _____
rob

13 _____
theft

14 _____
체포하다; 체포

15 _____
justify

범죄

PLAN
12

법률과 범죄

법률

재판

16 _____
sue

17 _____
고발[고소]하다, 비난하다

18 _____
법정; 궁전, 왕실

19 _____
trial

20 _____
사례, 경우; 소송 (사건)

21 _____
judicial

22 _____
evidence

23 _____
jury

24 _____
정의, 공정; 사법, 재판

25 _____
witness

26 _____
appeal

27 _____
sentence

28 _____
벌금; 벌금을 부과하다

29 _____
conviction

30 _____
innocent

Day 42 도덕과 윤리

Must-Know Words

responsible 책임이 있는	right 올바른	wrong 잘못된	honor 명예; 도리
proper 적절한	behave 행동하다	honest 정직한, 솔직한	trust 신뢰(하다)

1231 **moral**
[mɔ́(:)rəl]

ⓐ 도덕적인, 도덕상의

a highly developed **moral** sense 고도로 발달된 **도덕**의식
He is a **moral** person who always tries to do what is right.
그는 항상 옳은 일을 하고자 노력하는 **도덕적인** 사람이다.

➕ morality ⓝ 도덕(성), 윤리

1232 **ethical**
[éθikəl]

ⓐ 윤리적인

an **ethical** issue 윤리적 쟁점
New technology raises new **ethical** questions.
새로운 기술은 새로운 **윤리적** 문제를 제기한다.

➕ ethics ⓝ 윤리, 도덕(규범); 윤리학

가치와 신념

1233 **conscience**
[kɑ́nʃəns]

ⓝ 양심

He refused to do anything against his **conscience**.
그는 **양심**에 반하는 것은 어떠한 것도 하기를 거부했다.

➕ conscientious ⓐ 양심적인, 성실한

1234 **dignity**
[dígnəti]

ⓝ 존엄(성), 위엄

human **dignity** 인간의 **존엄성**
She told her story to the interviewer with quiet **dignity**.
그녀는 인터뷰 진행자에게 조용히 **위엄** 있게 자신의 이야기를 들려주었다.

➕ dignify ⓥ 위엄 있게 하다

다의어

1235 **inspire**
[inspáiər]

ⓥ 1 고무하다, 영감을 주다 2 (감정 등을) 불어넣다

1 A true teacher **inspires** students to achieve their goals.
참된 교사는 학생들이 목표를 성취하도록 **고무한다**.

2 He clearly **inspires** trust in his clients and colleagues.
그는 분명 그의 고객과 동료들에게 신뢰감을 **불어넣는다**.

➕ inspiration ⓝ 영감 | inspirational ⓐ 영감을 주는

1236 sacrifice
[sǽkrəfàis]

ⓝ 희생　ⓥ 희생하다, 희생시키다

He made many personal **sacrifices** to help others.
그는 다른 사람들을 돕기 위해 개인적인 **희생**을 많이 했다.

The soldiers **sacrificed** their lives for their country.
그 군인들은 조국을 위해 목숨을 **희생했다**.

다의어

1237 commitment
[kəmítmənt]

ⓝ 1 약속, 서약　2 헌신

1 make a **commitment** 약속하다
2 We were impressed by the **commitment** shown by the players. 우리는 선수들이 보여준 **헌신**에 감명을 받았다.

➕ commit ⓥ 1 저지르다, 범하다　2 약속하다

다의어

1238 persist
[pə:rsíst]

ⓥ 1 주장하다, 집착하다　2 계속되다, 지속되다

1 **persist** in one's belief 자기의 신념을 **밀고 나아가다**
2 The practice **persisted** until the 19th century.
그 관행은 19세기까지 **계속되었다**.

➕ persistence ⓝ 1 끈기, 끈질김　2 존속, 지속

PLAN
12

다의어

1239 virtue
[və́:rtʃu:]

ⓝ 1 미덕　2 선행　3 장점

1 She taught her students the traditional **virtue** of honesty.
그녀는 학생들에게 정직의 전통적인 **미덕**을 가르쳤다.
2 lead a life of **virtue** 선한 삶을 살다
3 the **virtues** of online banking 인터넷 뱅킹의 **장점**

1240 compassion
[kəmpǽʃən]

ⓝ 동정심, 불쌍히 여김

The two women shared **compassion** for the victims.
그 두 여인은 희생자들에 대한 **동정심**을 공유했다.

➕ compassionate ⓐ 동정심[연민]을 느끼는

1241 cherish
[tʃériʃ]

ⓥ 소중히 하다

Let's **cherish** the hope that we will meet again someday.
우리가 언젠가 다시 만나리라는 희망을 **소중히 여깁시다**.

1242 intention
[inténʃən]

ⓝ 의도, 의향

I had no **intention** of cheating anyone.
나는 어느 누구도 속일 **의도**는 없었다.

➕ intend ⓥ 의도하다 | intentional ⓐ 의도적인, 고의적인

1243 support
[səpɔ́ːrt]

ⓥ 지원하다; 부양[후원]하다 ⓝ 지지; 부양, 후원

We **support** our local hospital by giving blood regularly.
우리는 정기적으로 헌혈을 함으로써 지역 병원을 **지원한다**.

support a large family 대가족을 **부양하다**

I am writing in **support** of the proposal.
그 제안을 **지지**하며 글[편지]을 씁니다.

1244 ultimate
[ʌ́ltəmit]

ⓐ 궁극적인, 최종의

the **ultimate** purpose of life 인생의 **궁극적** 목적

Our **ultimate** goal is to make the world a better place for all.
우리의 **궁극적** 목표는 세상을 모두를 위해 더 나은 곳으로 만드는 것입니다.

1245 value
[vǽljuː]

ⓝ 가치 ⓥ 가치 있게 여기다

He places great **value** on his relationships with others.
그는 타인과의 관계에 큰 **가치**를 둔다.

My father taught me to **value** the ordinary things in life.
아버지는 나에게 삶의 평범한 것들을 **가치 있게 여기라고** 가르치셨다.

➕ **valuable** ⓐ 가치 있는, 귀중한 | **invaluable** ⓐ 매우 귀중한

1246 worthwhile
[wə́ːrθhwáil]

ⓐ (시간·노력 등을 들일 만큼) 가치 있는, 보람 있는

a **worthwhile** cause 가치 있는 명분

You will find it **worthwhile** to help other people.
너는 다른 사람들을 돕는 것이 **보람이 있다는** 것을 알게 될 것이다.

도덕적 의무

1247 responsibility
[rispɑ̀nsəbíləti]

ⓝ 책임; 의무

You should take **responsibility** for your decisions.
너는 네 결정에 **책임**을 져야 한다.

He has the **responsibility** of caring for his ill mother.
그에게는 병든 어머니를 돌봐야 할 **의무**가 있다.

➕ **responsible** ⓐ 책임이 있는

다의어

1248 norm
[nɔːrm]

ⓝ 1 규범, 기준 2 평균

1 Social **norms** define what is considered right and wrong.
   사회적 **규범**은 무엇이 옳고 그르다고 여겨지는지를 규정한다.

2 Most of the students scored above the **norm** on reading.
   대부분의 학생들은 독서에서 **평균** 이상의 점수를 받았다.

1249 duty
[djú:ti]

Ⓝ 1 의무 2 근무 3 관세

1 She felt that it was her moral **duty** to help her neighbors.
그녀는 이웃을 돕는 것이 자신의 도덕적 **의무**라고 느꼈다.

2 A police officer should wear a uniform when on **duty**.
경찰관은 **근무** 중에 제복을 입어야 한다.

3 a **duty**-free shop 면세점

1250 obey
[oubéi]

Ⓥ 복종하다, 따르다

A soldier must **obey** his commander's orders.
군인은 지휘관의 명령에 **복종해야** 한다.

Each individual has a moral duty to **obey** the law.
각각의 개인은 법에 **따라야** 할 도덕적 의무를 갖는다.

➕ obedient ⓐ 복종하는, 순종적인 | obedience ⓝ 복종, 순종

1251 strict
[strikt]

ⓐ 엄격한

a **strict** guideline **엄격한** 지침
There are **strict** regulations about the use of CCTV.
CCTV 사용에 대한 **엄격한** 규정이 있다.

PLAN **12**

윤리적 태도와 판단

1252 compromise
[kámprəmàiz]

Ⓝ 타협, 절충
Ⓥ 타협하다; (신념·원칙을) 굽히다, (명성 등을) 손상시키다

reach a **compromise** **타협**에 이르다
Basically, he didn't want to **compromise** his principles.
기본적으로 그는 자신의 원칙을 **굽히고** 싶지 않았다.

compromise one's reputation 명성을 **손상시키다[더럽히다]**

1253 naïve
[nɑːíːv]

ⓐ 순진한, 때 묻지 않은

a **naïve** view that all people are good at heart
모든 사람의 마음이 선하다는 **순진한** 시각

She was so **naïve** as to believe what he said.
그녀는 그의 말을 믿을 만큼 **순진했다**.

1254 tendency
[téndənsi]

Ⓝ 1 경향, 추세 2 버릇, 성향

1 We need to fight the **tendency** to be indifferent to the suffering of others.
우리는 타인의 고통에 무관심한 **경향**과 싸워야 한다.

2 She has a **tendency** to talk too much when she is excited.
그녀는 흥분할 때 말을 너무 많이 하는 **버릇**이 있다.

🔍 cf. tend to do: ~하는 경향이 있다

1255 dilemma
[diléma]

ⓝ 딜레마, 진퇴양난

a moral **dilemma** 도덕적 딜레마
I faced a **dilemma** of choosing between two solutions.
나는 두 가지 해결책 중에서 선택해야 하는 **진퇴양난**에 처했다.

다의어

1256 judg(e)ment
[dʒʌ́dʒmənt]

ⓝ 1 판단, 판단력   2 재판, 판결

1 We should not make quick **judgments** of other people.
우리는 다른 사람들에 대해 성급한 **판단**을 내리지 말아야 한다.
a lack of **judgment** 판단력 부족
2 The judge produces a written copy of the **judgment**.
판사는 **판결**문을 작성한다.

➕ judge ⓥ 1 판단하다   2 재판하다   ⓝ 판사

다의어

1257 critical
[krítikəl]

ⓐ 1 비판적인   2 매우 중요한 ⊜crucial   3 위급한; 위독한

1 My uncle is **critical** of the government's policies.
삼촌은 정부의 정책에 **비판적**이다.
2 The success of the project is **critical** to them.
그 프로젝트의 성공은 그들에게 **매우 중요하다**.
3 Some of the victims are in **critical** condition.
희생자 중 일부는 **위독한** 상태이다.

➕ criticize ⓥ 비판하다

다의어

1258 tolerant
[tɑ́lərənt]

ⓐ 1 관대한, 아량 있는   2 잘 견디는

1 His parents are **tolerant** of his strange behavior.
그의 부모님은 그의 이상한 행동에 대해 **관대하다**.
2 These plants are **tolerant** of dry conditions.
이 식물들은 건조한 환경에 **잘 견딘다**.

➕ tolerance ⓝ 관용, 아량 | tolerate ⓥ 참다; 용납하다

1259 superior
[supíəriər]

ⓐ 상급의, 우월한 ↔inferior 열등한

superior court 상급[고등] 법원
What makes you think you are morally **superior** to others?
너는 무엇 때문에 네가 다른 사람들보다 도덕적으로 **우월하다**고 생각하니?

1260 sensible
[sénsəbəl]

ⓐ 현명한, 분별 있는

make a **sensible** judgment 현명한 판단을 내리다
The most **sensible** choice is to follow your heart.
가장 **현명한** 선택은 너의 마음을 따르는 것이다.

✸ cf. sensitive 민감한, 예민한

빈칸에 알맞은 우리말 뜻 또는 영어 단어를 써넣어 워드맵을 완성하시오.

3 _____
conscience

8 _____
persist

13 _____
support

4 _____
dignity

9 _____
미덕; 선행; 장점

14 _____
ultimate

5 _____
inspire

10 _____
compassion

15 _____
value

6 _____
sacrifice

11 _____
cherish

16 _____
worthwhile

7 _____
약속, 서약; 헌신

12 _____
intention

가치와
신념

1 _____
도덕적인, 도덕상의

2 _____
ethical

윤리적
태도와
판단

도덕적
의무

17 _____
responsibility

18 _____
norm

19 _____
의무; 근무; 관세

20 _____
obey

21 _____
엄격한

22 _____
compromise

23 _____
naïve

24 _____
tendency

25 _____
딜레마, 진퇴양난

26 _____
judgment

27 _____
비판적인; 매우 중요한;
위급한; 위독한

28 _____
tolerant

29 _____
superior

30 _____
sensible

Day 43 · 종교

Must-Know Words

religion 종교   spirit 정신; 영혼   believe in ~을 믿다   mercy 자비
pray 기도하다   Christian 기독교인; 기독교의   Buddhist 불교도; 불교의   Muslim 이슬람교도; 이슬람교의

다의어

1261 **religious**
[rilídʒəs]

ⓐ 1 종교의, 종교적인   2 신앙심이 깊은

1 a **religious** ceremony   종교 의식
2 My grandmother was a deeply **religious** person.
나의 할머니는 **신앙심이** 대단히 **깊은** 분이셨다.

✚ religion ⓝ 종교

종교 의식

1262 **ceremony**
[sérəmòuni]

ⓝ 의식, 행사

He attended the **ceremony** held at the church.
그는 교회에서 열린 그 **의식**에 참석했다.

an opening **ceremony**   개회식, 개막식

다의어

1263 **ritual**
[rítʃuəl]

ⓝ 1 의식   2 (반복되는) 의례적 행위   ═ routine

1 Many folk dances have their origins in ancient religious
rituals.   많은 민속춤은 고대 종교 **의식**에서 기원한다.
2 Decorating a Christmas tree is an annual **ritual** for my
family.   크리스마스트리를 장식하는 것은 우리 가족의 연례**행사**이다.

다의어

1264 **service**
[sə́:rvis]

ⓝ 1 서비스, 사업   2 예배, 예식

1 customer **service**   고객 서비스
public **service**   공공사업
2 There were about 150 people at the church for a **service**.
교회에는 **예배**를 위해 온 150명 정도의 사람들이 있었다.

1265 **worship**
[wə́:rʃip]

ⓝ 예배; 숭배   ⓥ 숭배[경배]하다

a place of **worship**   예배 올리는 장소, 예배당
Many ancient cultures **worshipped** various gods associated
with nature.
많은 고대 문화에서는 자연과 관련된 다양한 신들을 **숭배했다**.

다의어

1266 **preach**
[pri:tʃ]

ⓥ 1 설교하다, 전도하다　2 훈계하다

1 He **preached** to a large crowd that had gathered there.
그는 그곳에 모인 많은 사람들에게 **설교했다**.

2 My father always **preaches** to me about the value of time.
아버지는 언제나 나에게 시간의 가치에 대해 **훈계하신다**.

➕ preacher ⓝ 설교자, 목사, 전도사

1267 **scripture**
[skríptʃə:r]

ⓝ 경전; 성경, 성서

Muslim / Buddhist **Scriptures**　이슬람/불교 **경전**

The preacher teaches the Holy **Scriptures** as she travels around.　그 전도사는 여러 곳을 돌아다니면서 **성경**을 가르친다.

1268 **meditation**
[mèdətéiʃən]

ⓝ 명상, 묵상

The singer finds inner peace through **meditation**.
그 가수는 **명상**을 통해 마음의 평화를 찾는다.

➕ meditate ⓥ 명상하다

다의어

1269 **celebrate**
[séləbrèit]

ⓥ 1 기념하다, 경축하다　2 널리 알리다, 찬양하다

1 Many people **celebrate** Christmas by going to church.
많은 사람들은 교회에 가는 것으로 크리스마스를 **기념한다**.

2 Frank Lloyd Wright is **celebrated** for his contributions to modern architecture.
프랭크 로이드 라이트는 현대 건축에 공헌한 것으로 **널리 알려져** 있다.

➕ celebration ⓝ 축하, 기념

1270 **temple**
[témpl]

ⓝ 사원, 신전

a Buddhist **temple**　절, 불교 **사원**

They entered the **temple** to worship.
그들은 경배하러 **사원**에 들어갔다.

PLAN
12

신성

1271 **holy**
[hóuli]

ⓐ 신성한, 성스러운

visit the **Holy** Land　**성지** 순례를 하다

The place is considered **holy** by the local people.
그 장소는 지역 주민들에 의해 **신성한** 곳으로 간주된다.

1272 divine
[diváin]

ⓐ 신의, 신성한

divine will 신의 뜻

King Charles I believed in the **divine** right of kings.
찰스 1세는 왕의 **신성한** 권리[왕권신수설]를 신봉했다.

➕ divinity ⓝ 1 신학 2 신성; 신

1273 sacred
[séikrid]

ⓐ 성스러운, 신성시되는

a **sacred** place 성스러운 장소, 성지

What is held **sacred** by one group may not be so to another.
한 집단에 **신성하다고** 여겨지는 것이 다른 집단에게는 그렇지 않을 수 있다.

1274 saint
[seint]

ⓝ 성인(聖人)

a patron **saint** 수호성인

A number of cities in this country are named after **saints**.
이 나라의 많은 도시들은 **성인들**의 이름을 따서 명명되었다.

> 다의어

1275 icon
[áikɑn]

ⓝ 1 우상 2 (컴퓨터) 아이콘

1 In Christianity, it is forbidden to worship **idols**.
기독교에서는 **우상** 숭배가 금지되어 있다.

He has become an **icon** in Latin music.
그는 라틴 음악의 **우상**이 되었다.

2 click on an **icon** 아이콘을 클릭하다

성직자

1276 priest
[priːst]

ⓝ 사제, 신부; 성직자

The **priest** sacrificed himself to save the village.
그 **사제**는 마을을 구하기 위해 자신을 희생했다.

a high **priest** 고위 **성직자**

1277 nun
[nʌn]

ⓝ 수녀

a **nun**'s habit 수녀복

The **nuns** were not isolated from the world.
그 **수녀들**은 세상으로부터 단절되어 있지 않았다.

1278 pope
[poup]

🅝 (천주교의) 교황

the election of a new **pope** 새 **교황**의 선출
The **Pope** lives in Vatican City in Rome.
교황은 로마의 바티칸 시국에 거주한다.

1279 monk
[mʌŋk]

🅝 수도사, 수도승, 승려

The Dalai Lama describes himself as a simple Buddhist **monk**. 달라이 라마는 자신을 소박한 불교 **승려**라고 묘사한다.

신앙

1280 prayer
[prɛər]

🅝 기도, 기도문

According to a survey, four out of five British adults believe in the power of **prayer**.
한 설문 조사에 따르면 영국의 성인 5명 중 4명이 **기도**의 힘을 믿는다.

the Lord's **Prayer** 주기도문

➕ pray ⓥ 기도하다

PLAN
12

1281 sin
[sin]

🅝 죄, 죄악

commit a **sin** **죄**를 저지르다
The priest told the child that lying was a **sin**.
신부는 그 아이에게 거짓말하는 것은 **죄악**이라고 말했다.

➕ sinful ⓐ 죄를 범한, 죄가 많은

다의어

1282 cult
[kʌlt]

🅝 1 추종, 숭배 2 (소수) 종교 집단

1 the **cult** of nature 자연 **숭배**
2 He left home and joined a **cult**.
   그는 집을 떠나 한 **종교 집단**에 들어갔다.

1283 exclusive
[iksklúːsiv]

🅐 배타적인; 양립할 수 없는

All religions are **exclusive** in nature.
모든 종교는 본질적으로 **배타적**이다.

mutually **exclusive** ideas 서로 **양립할 수 없는** 사상

➕ exclude ⓥ 배제하다

1284 superstition
[sùːpərstíʃən]

🅝 미신

It is a common **superstition** that breaking a mirror brings bad luck. 거울을 깨면 불운이 온다는 것은 흔한 **미신**이다.

➕ superstitious ⓐ 미신을 믿는

1285 **spiritual**
[spíritʃuəl]

ⓐ 1 정신적인 2 종교의 ⊜ religious

1 Priests should respond to the **spiritual** needs of people.
성직자들은 사람들의 **정신적** 요구에 응답해야 한다.

2 a **spiritual** leader **종교** 지도자

➕ spirit ⓝ 1 정신, 마음 2 영혼; 유령

1286 **faith**
[feiθ]

ⓝ 1 믿음, 신뢰 2 신앙심

1 They have lost **faith** in the government's policies.
그들은 정부 정책에 대한 **신뢰**를 잃었다.

2 She goes to church each Sunday to keep the **faith**.
그녀는 **신앙심**을 유지하기 위해 매주 일요일마다 교회에 간다.

➕ faithful ⓐ 충실한, 의리 있는(= loyal)

1287 **confess**
[kənfés]

ⓥ 자백하다; 고백하다, 고해하다

The suspect **confessed** his guilt in the end.
그 용의자는 결국 유죄임을 **자백했다**.

During the service, the young man **confessed** his sin before the whole group.
예배 중에 그 젊은이는 전체 집단 앞에서 자신의 죄를 **고백했다**.

➕ confession ⓝ 자백; 고백

1288 **destiny**
[déstəni]

ⓝ 운명, 숙명

There is little you can do but accept your **destiny**.
운명을 받아들이는 것 외에 네가 할 수 있는 일은 거의 없다.

1289 **fate**
[feit]

ⓝ 운명, 숙명

Those who moved to the region met a tragic **fate**.
그 지역으로 이주한 사람들은 비극적인 **운명**을 맞았다.

🔱 as fate would have it 운 나쁘게도, 운명에 따라

➕ fatal ⓐ 치명적인

1290 **convert**
[kənvə́:rt]

ⓥ 1 변환하다, 전환시키다 2 개종하다, 개종시키다

1 **convert** mechanical energy into electric power
기계적 에너지를 전력으로 **변환하다**

2 After **converting** to Catholicism, the family settled in Düsseldorf.
가톨릭교로 **개종한** 후, 그 가족은 뒤셀도르프에 정착했다.

➕ conversion ⓝ 1 전환, 변환 2 개종, 전향

Daily Check-up

빈칸에 알맞은 우리말 뜻 또는 영어 단어를 써넣어 워드맵을 완성하시오.

2 _____
ceremony

3 r_____
의식; 의례적 행위

4 _____
service

5 _____
worship

6 _____
preach

7 _____
scripture

8 _____
meditation

9 _____
celebrate

10 _____
사원, 신전

11 h_____
신성한, 성스러운

12 _____
divine

13 _____
sacred

14 _____
saint

15 _____
우상; 아이콘

PLAN 12

종교 의식

신성

1 _____
종교의, 종교적인;
신앙심이 깊은

신앙

성직자

16 p_____
사제, 신부; 성직자

17 _____
nun

18 _____
pope

19 _____
수도사, 수도승, 승려

20 _____
prayer

21 s_____
죄, 죄악

22 _____
cult

23 _____
exclusive

24 _____
superstition

25 s_____
정신적인; 종교의

26 f_____
믿음, 신뢰; 신앙심

27 _____
confess

28 d_____
운명, 숙명

29 _____
fate

30 _____
변환하다; 개종하다

Day 44 사회적 이슈

Must-Know Words

society 사회	social 사회적인	serious 심각한	bully 약자를 괴롭히다
accident 사고	resolve 해결하다	freedom 자유	movement (사회) 운동

사회 문제와 여론

1291 occur
[əkə́:r]

ⓥ 일어나다, 발생하다 ＝ happen

Cyberbullying **occurs** most often through instant messaging.
사이버 폭력은 인스턴트 메시지를 통해 가장 흔히 **일어난다.**

☝ occur to ~ : (생각이) ~의 머릿속에 떠오르다
➕ occurrence ⓝ 발생, 일어남

1292 arise
[əráiz]
arise-arose-arisen

ⓥ 생기다, 발생하다

Accidents usually **arise** from carelessness.
사고는 보통 부주의로 인해 **생긴다.**

Trouble **arises** when we compare ourselves with others.
문제는 우리가 스스로를 남들과 비교할 때 **발생한다.**

1293 approach
[əpróutʃ]

ⓝ 접근, 접근법 ⓥ ~에 접근하다

The international community took the wrong **approach** to resolving the problem.
국제 사회는 그 문제를 해결하는 데 잘못된 **접근법**을 썼다.

She **approached** the problem of reducing costs by making a list of them.
그녀는 비용 목록을 만들어서 비용을 줄이는 문제에 **접근했다.**

1294 attempt
[ətémpt]

ⓥ 시도하다 ⓝ 시도

attempt an escape 탈출을 **시도하다**

The company fired 5 percent of its workforce in an **attempt** to cut costs.
그 회사는 비용 절감을 위한 **시도**로 직원의 5퍼센트를 해고했다.

1295 basis
[béisis]

ⓝ 기초, 근거, 바탕

Marriage is the **basis** for a stable society.
결혼은 안정된 사회의 **기초**이다.

have no legal **basis** 법적인 **근거**가 없다

He published an article on the **basis** of his research.
그는 자신의 연구를 **바탕**으로 논문을 발표했다.

| 1296 | **aspect**
[金spekt] | **ⓝ 측면, 일면, 관점**

one **aspect** of his character 그의 성격의 **일면**
This plan is very good from an environmental **aspect**.
이 계획은 환경적 **관점**에서 볼 때 아주 훌륭하다. |

| 1297 | **consensus**
[kənsénsəs] | **ⓝ 의견의 일치, 합의**

There is not a broad **consensus** of opinion on nuclear energy.
원자력에 대해 폭넓은 **의견의 일치**가 존재하지 않는다.

⚙ con(= with, together 함께, 같이) + sensus(= feel, sense 느끼다) |

| 1298 | **controversial**
[kɑ̀ntrəvə́:rʃəl] | **ⓐ 논쟁의, 논란의 여지가 있는**

Religion and politics are very **controversial** subjects.
종교와 정치는 매우 **논란의 여지가 많은** 주제이다.

➕ controversy ⓝ 논쟁 |

PLAN
12

인권과 평등

| 1299 | **right**
[rait] | **ⓝ 권리**

Everyone has the **right** to freedom of expression.
모든 사람은 표현의 자유에 대한 **권리**가 있다. |

다의어

| 1300 | **civil**
[sívəl] | **ⓐ 1 시민의   2 민사의**

1 a **civil** rights movement · 민권 운동
2 **Civil** courts deal with disputes between private parties.
　 민사 법원은 사적인 당사자 사이의 분쟁을 다룬다. |

| 1301 | **gender**
[dʒéndər] | **ⓝ 성, 성별**

traditional concepts of **gender** roles 성 역할에 대한 전통적 관념
Fairy tales have been criticized for promoting **gender** stereotypes.
동화는 **성별**에 대한 고정 관념을 조장한다는 비판을 받아 왔다. |

| 1302 | **poverty**
[pávərti] | **ⓝ 가난, 빈곤, 결핍**

The real **poverty** in our time is the **poverty** of imagination.
우리 시대의 진짜 **빈곤**은 상상력의 **빈곤**이다. |

1303 minority
[mainɔ́ːrəti / mə-]

🄝 1 소수 ⟷ majority 다수   2 소수 민족; 소수당, 소수파

1 a small **minority** of people 극소수의 사람들
2 The city has been a home to **minorities** for decades.
그 도시는 수십 년 동안 **소수 민족**의 본거지였다.

The Democrats are now the **minority** in the Senate.
민주당은 현재 상원에서 **소수당**이다.

➕ **minor** ⓐ 사소한, 중요하지 않은(⟷ major 중요한)

1304 immigrate
[íməgrèit]

🅥 이주해 오다

James **immigrated** to the United States in 2000.
James는 2000년에 미국으로 **이주해 왔다**.

➕ **immigration** 🄝 이민, 입국 | **immigrant** 🄝 (다른 나라에서 온) 이주민
⭐ cf. emigrate 이민을 가다 | migrate 이주하다

1305 refugee
[rèfjudʒíː]

🄝 피난민, 난민

a **refugee** camp 난민 수용소

The arrival of **refugees** from Yemen sparked a debate in South Korea in 2018.
2018년에 예멘에서 온 **난민들**의 도착은 한국에 논쟁을 일으켰다.

➕ **refuge** 🄝 1 보호소, 피난처 2 피난, 안전

1306 multicultural
[mʌ̀ltikʌ́ltʃərəl]

🄐 다문화의

multicultural education 다문화 교육

The essence of a **multicultural** society is its emphasis on differences rather than on similarities.
다문화 사회의 본질은 유사성보다는 차이에 중점을 두는 것이다.

⭐ multi-(많은) + cultural(문화의)

기술의 발전과 인간

1307 flexible
[fléksəbl]

🄐 융통성 있는, 유연한, 탄력적인

The digital age requires us to be **flexible** and open to new ideas.
디지털 시대는 우리에게 **융통성이 있고** 새로운 아이디어에 개방적일 것을 요구한다.

flexible working hours **탄력적인** 근무 시간

➕ **flexibility** 🄝 융통성, 탄력성

1308 pace
[peis]

🄝 속도

The **pace** of technological change is faster than ever before.
오늘날 기술 변화의 **속도**는 과거 어느 때보다 빠르다.

1309 **eliminate**
[ilímənèit]

ⓥ 없애다, 제거하다

The company plans to **eliminate** more than 1,000 jobs in the next three years.
그 회사는 앞으로 3년 안에 1,000개 이상의 일자리를 **없앨** 계획이다.

Mobile banking has **eliminated** the need to visit banks.
모바일 뱅킹은 은행을 방문할 필요성을 **없앴다**.

➕ elimination ⓝ 제거

1310 **artificial intelligence**
[à:rtəfíʃəl intélədʒəns]

ⓝ 인공 지능　＝AI

a robot with **artificial intelligence**　인공 지능을 갖춘 로봇
Artificial intelligence has surpassed human intelligence in many fields.
인공 지능은 많은 분야에서 인간의 지능을 넘어섰다.

1311 **privacy**
[práivəsi / prív-]

ⓝ 사생활; 사적 자유

invade[violate] one's **privacy**　사생활을 침해하다
Technology and **privacy** are often opposed to each other.
기술과 **사적 자유**는 종종 상충된다.

➕ private ⓐ 사적인

PLAN
12

여러 가지 사회 문제

1312 **suicide**
[súːəsaid]

ⓝ 자살

Nearly 800,000 people around the world commit **suicide** every year.
매년 세계에서 거의 80만 명의 사람들이 **자살**한다.

🔖 commit suicide 자살하다
⭐ sui-(= oneself 자기 자신) + -cide(= kill 죽이다)

1313 **addiction**
[ədíkʃən]

ⓝ 중독

an **addiction** to alcohol　알코올 **중독**
Smartphone **addiction** is a new social problem.
스마트폰 **중독**은 새로운 사회 문제이다.

➕ addict ⓝ 중독자 ⓥ 중독시키다 │ addictive ⓐ 중독성이 있는

1314 **safety**
[séifti]

ⓝ 안전

for **safety** reasons / for **safety**'s sake　안전상의 이유로 / 안전을 위해
In the past, there were few laws to ensure the **safety** of workers.
과거에는 노동자들의 **안전**을 보장하는 법률이 거의 없었다.

다의어

1315 abandon
[əbǽndən]

ⓥ 1 포기하다 2 버리다

1 **abandon** one's right 권리를 **포기하다**
2 Many people are calling for those who **abandon** their pets to be sent to jail.
많은 사람들이 애완동물을 **버리는** 사람들을 감옥에 보내라고 요구하고 있다.

➕ abandonment ⓝ 1 포기 2 유기, 버림

다의어

1316 generation
[dʒènəréiʃən]

ⓝ 1 세대 2 생성, 발생

1 overcome the **generation** gap 세대 차이를 극복하다
Each **generation** has different views of the world.
각 **세대**는 각기 다른 세계관을 가지고 있다.
2 the **generation** of electricity 전기의 **생성[발전]**

➕ generate ⓥ 발생시키다
❂ generation이 기간의 의미로 쓰일 때는 한 사람이 태어나 부모가 될 때까지의 기간인 30년 정도를 의미한다.

다의어

1317 senior
[síːnjər]

ⓐ 1 나이 많은, 연로한 2 상급의, 고위의

1 The budget for **senior** citizens has been increased.
노인 예산이 증가했다.
2 **Senior** executives at major companies get large bonuses.
주요 기업의 **고위** 간부들은 많은 보너스를 받는다.

❂ cf. junior 나이 어린; 하급의

1318 population
[pɑ̀pjəléiʃən]

ⓝ 인구; (동식물의) 개체 수

population explosion 인구 폭발(급격한 인구 증가)
Population aging is a common problem in developed countries.
인구 고령화는 선진국에서 흔한 문제이다.

a decline in the **population** of dolphins 돌고래 **개체 수**의 감소

1319 death penalty
[déθ pènəlti]

ⓝ 사형 ⊜ capital punishment

the abolition of the **death penalty** 사형의 폐지
The young man was given the **death penalty** for killing a police officer.
그 청년은 경찰관을 죽인 죄로 **사형** 선고를 받았다.

1320 abortion
[əbɔ́ːrʃən]

ⓝ 낙태, 임신 중절

The issue of **abortion** raises many ethical questions.
낙태 문제는 많은 도덕적 문제를 제기한다.

➕ abort ⓥ 1 중단하다 2 (임신을) 중절하다; 유산하다

Daily Check-up

빈칸에 알맞은 우리말 뜻 또는 영어 단어를 써넣어 워드맵을 완성하시오.

1 o _____
일어나다, 발생하다

2 _____
arise

3 _____
approach

4 a _____
시도하다; 시도

5 _____
basis

6 _____
aspect

7 _____
consensus

8 _____
controversial

사회 문제와 여론

9 _____
권리

10 _____
시민의; 민사의

11 _____
gender

12 _____
poverty

13 _____
소수; 소수 민족; 소수당

14 _____
immigrate

15 _____
refugee

16 _____
multicultural

인권과 평등

사회적 이슈

기술의 발전과 인간

여러 가지 사회 문제

17 _____
flexible

18 _____
pace

19 _____
eliminate

20 _____
artificial intelligence

21 _____
사생활; 사적 자유

22 _____
자살

23 _____
addiction

24 _____
안전

25 _____
포기하다; 버리다

26 _____
generation

27 _____
senior

28 _____
인구; 개체 수

29 _____
사형

30 _____
abortion

PLAN **12**

PLAN 13
정치와 경제

political 정치의, 정치적인
government 정부, 정권
negotiation 협상, 교섭

military 군대(의)
invade 침입[침략]하다
conquer 정복하다

정치와
외교

전쟁과
군사

정치와
경제

경제
일반

경제
생활

economic 경제의
invest 투자하다
tax 세금

consumer 소비자
retail 소매(의)
asset 자산, 재산

Day 45 | 정치와 외교

Must-Know Words

politics 정치, 정치학 | party 정당 | policy 정책 | president 대통령
protest 항의하다; 시위 | reform 개혁(하다) | elect 선출하다 | relation 관계

정치 체제와 구성

1321 political
[pəlítikəl]

ⓐ 정치의, 정치적인

He is facing the greatest crisis in his **political** career.
그는 자신의 **정치** 경력에서 가장 큰 위기에 직면해 있다.

➕ politics ⓝ 정치, 정치학 | politician ⓝ 정치가

1322 ideology
[àidiálədʒi]

ⓝ 이데올로기, 이념

progressive / conservative **ideologies** 진보적 / 보수적 **이데올로기**
Members of a political party share a common **ideology**.
정당의 당원들은 공통의 **이념**을 공유한다.

➕ ideological ⓐ 이념적인

1323 democracy
[dimάkrəsi]

ⓝ 민주주의, 민주 국가

the basic principles of **democracy** 민주주의의 기본 원칙
In a **democracy**, every citizen has the freedom to express his or her views.
민주 국가에서 모든 시민들은 자신의 견해를 표현할 자유가 있다.

➕ democratic ⓐ 민주주의의, 민주적인 | democrat ⓝ 민주주의자
🔄 demo-(= common people 평민) + -cracy(= rule 통치)

1324 republic
[ripΛblik]

ⓝ 공화국

a constitutional **republic** 입헌 **공화국**
South Korea became a **republic** in 1948.
남한은 1948년에 **공화국**이 되었다.

1325 government
[gΛvərnmənt]

ⓝ 정부, 정권

The **government** must lower taxes to attract investors.
정부는 투자자들을 유치하기 위해 세금을 낮춰야 한다.
take over the **government** **정권**을 찬탈하다

➕ governmental ⓐ 정부의

1326	**federal** [fédərəl]	ⓐ 연방의, 연방제의

federal government 연방 정부

In terms of legal priority, **federal** law is superior to state law.
법적 우선순위의 관점에서 **연방** 법은 주 법보다 상위에 있다.

1327	**parliament** [pάːrləmənt]	ⓝ 의회, 국회

win a seat in **Parliament** 의회 의석을 얻다

The prime minister dissolved **parliament** and called a general election.
수상은 **의회**를 해산하고 총선거를 선포했다.

➕ parliamentary ⓐ 의회의, 국회의

⭐ 영국 의회를 나타낼 때는 대문자(Parliament)로 쓴다.

다의어

1328	**council** [káunsəl]	ⓝ 1 (지방 자치 단체의) 의회 2 회의, 협회

1 She was elected to the city **council**.
그녀는 시 **의회** 의원으로 선출되었다.

2 the student **council** 학생회

다의어

1329	**constitution** [kὰnstətúːʃən]	ⓝ 1 헌법 2 구성, 구조

1 a written **constitution** 성문 헌법

2 He suggested the **constitution** of a committee with experts from outside.
그는 외부 전문가들이 포함된 위원회 **구성**을 제안했다.

➕ constitute ⓥ 구성하다

다의어

1330	**authority** [əθɔ́ːriti]	ⓝ 1 권한, 권위 2 (pl.) 당국, 기관

1 A police officer has the **authority** to use a gun if necessary. 경찰관은 필요하다면 총을 사용할 **권한**이 있다.

2 The traffic **authorities** are investigating the incident.
교통 **당국**에서 그 사건을 조사하고 있다.

정치가

1331	**statesman** [stéitsmən]	ⓝ 정치인, 정치가

a respected **statesman** 존경받는 **정치가**

A true **statesman** should demonstrate decisive leadership.
진정한 **정치가**는 결단성 있는 지도력을 보여주어야 한다.

1332 scandal
[skǽndəl]

ⓝ 추문, 스캔들

create[cause] a **scandal** 추문을 일으키다
The promising young politician's career was ruined by a **scandal**.
그 전도유망한 젊은 정치가의 경력이 **스캔들**로 망가졌다.

1333 resign
[rizáin]

ⓥ 사임하다, 물러나다

resign from one's post 현직에서 **물러나다**
U.S. President Nixon **resigned** due to a scandal known as Watergate.
닉슨 미 대통령은 워터게이트라고 알려진 추문으로 인해 **사임했다**.

➕ resignation ⓝ 사임

1334 corrupt
[kərʌ́pt]

ⓐ 부패한, 타락한   ⓥ 부패하게 만들다, 타락시키다

a **corrupt** politician **부패한[타락한]** 정치가
Greed has **corrupted** the country's democracy.
탐욕이 그 나라의 민주주의를 **타락시켜** 왔다.

➕ corruption ⓝ 부패, 타락

1335 mayor
[méiə:r]

ⓝ 시장

run for **mayor** 시장에 출마하다
The **mayor** ordered the police to investigate the incident.
시장은 경찰에게 그 사건을 조사할 것을 지시했다.

정치 활동과 선거

1336 debate
[dibéit]

ⓝ 토론, 논쟁   ⓥ 토론하다, 논쟁하다

Both candidates have agreed to participate in a **debate** on TV.
두 후보 모두 TV **토론**에 참여하기로 합의했다.

The two political parties **debated** important welfare issues.
두 정당은 중요한 복지 문제에 대해 **토론했다**.

다의어

1337 involve
[invɑ́lv]

ⓥ 1 관련시키다, 참여시키다   2 수반하다

1 Local communities are getting more **involved** in political decision making.
   지역 사회가 정치적 의사 결정에 더 많이 **관여하고** 있다.

2 Surgery may be performed, but it **involves** a risk.
   수술이 행해질 수 있지만 위험을 **수반한다**.

➕ involvement ⓝ 관여, 참여

manipulate

[mənípjəlèit]

ⓥ 조종하다, 조작하다

Some politicians are skilled at **manipulating** public opinion in their favor.
어떤 정치인들은 여론을 자기 편으로 **조종하는** 데 능숙하다.

➕ manipulation ⓝ 조종, 조작 ∣ manipulative ⓐ 조종하는, 조작의

1339

riot

[ráiət]

ⓝ 폭동, 소요

provoke a **riot** 폭동을 일으키다

The **riot** caused a lot of damage to the city's shopping area.
그 **폭동**은 도시의 쇼핑 지역에 많은 피해를 주었다.

1340

election

[ilékʃən]

ⓝ 선거, 표결

In the United States, the presidential **election** is held every four years.
미국에서는 대통령 **선거**가 4년마다 열린다.

➕ elect ⓥ 선거하다, 선출하다 ∣ elective ⓐ 선거의, 선거로 선출되는

다의어

1341

campaign

[kæmpéin]

ⓝ 1 (정치·사회적) 운동, 캠페인 2 군사 행동, 출정

1 Obama was the first leader to set up a Twitter account for his election **campaign**.
오바마는 선거 **운동**을 위해 트위터 계정을 만든 최초의 지도자였다.

the **campaign** for racial equality 인종 평등을 지지하는 **캠페인**

2 the success of a military **campaign** 군사 **행동**의 성공

1342

candidate

[kǽndidèit / -dət]

ⓝ 후보자, 지원자

a prospective **candidate** 후보 물망에 오른 사람

She decided to run as a **candidate** in the local council elections.
그녀는 지방 의회 선거에서 **후보**로 출마하기로 결정했다.

다의어

1343

vote

[vout]

ⓝ 1 투표, 표결 2 표, 득표수 ⓥ 투표하다

ⓝ. 1 a unanimous **vote** 만장일치의 **표결**

2 The current president won by roughly 3 million **votes**.
현 대통령이 약 3백만 **표** 차이로 승리했다.

ⓥ. Nine countries **voted** against the decision.
9개국이 그 결정에 반대하여 **투표했다**.

1344 diplomat
[dípləmæt]

ⓝ 외교관

Diplomats from EU member states met in Brussels to agree on a common position.
유럽 연합 회원국 **외교관들**이 공통된 입장에 합의하기 위해 브뤼셀에서 만났다.

➕ diplomacy ⓝ 외교; 외교적 수완
diplomatic ⓐ 외교의; 외교적 수완이 있는

1345 negotiation
[nigòuʃiéiʃən]

ⓝ 협상, 교섭

Compromise is the end result of **negotiation**.
타협은 **협상**의 최종 결과이다.

a peace **negotiation** 평화 **교섭**

➕ negotiate ⓥ 협상[교섭]하다 | negotiator ⓝ 협상가

1346 intervene
[ìntərvíːn]

ⓥ 개입하다

As a general rule, no government should **intervene** in the affairs of another nation.
원칙적으로, 어떤 정부도 다른 나라의 문제에 **개입해서는** 안 된다.

➕ intervention ⓝ 개입
✪ inter-(= between 사이에) + vene(= come 오다)

1347 ally
[ǽlai / əlái]

ⓝ 동맹국 ⓥ 연합하다, 동맹을 맺다

The United States and Great Britain were **allies** in World War II.
미국과 영국은 제2차 세계대전 당시 **동맹국**이었다.

countries **allying** themselves with the EU
유럽 연합과 **동맹을 맺은** 국가들

1348 ambassador
[æmbǽsədər]

ⓝ 대사, 사절, 특사

He was appointed the American **ambassador** to Brazil.
그는 브라질 주재 미국 **대사**로 임명되었다.

an **ambassador** of goodwill 친선 **사절**

1349 embassy
[émbəsi]

ⓝ 대사관

Several countries closed their **embassies** in Iran.
몇몇 국가들이 이란에 있는 **대사관**을 폐쇄했다.

1350 neutral
[núːtrəl]

ⓐ 중립적인, 어느 편도 들지 않는

maintain a **neutral** policy **중립적인** 정책을 유지하다
Sweden, Ireland, and Switzerland remained **neutral** throughout World War II.
스웨덴, 아일랜드, 스위스는 제2차 세계대전 내내 **중립**을 지켰다.

빈칸에 알맞은 우리말 뜻 또는 영어 단어를 써넣어 워드맵을 완성하시오.

1 _____
정치의, 정치적인

2 _____
ideology

3 _____
democracy

4 _____
republic

5 _____
정부, 정권

6 _____
federal

7 _____
parliament

8 _____
council

9 _____
constitution

10 _____
권한, 권위; 당국, 기관

11 _____
statesman

12 _____
추문, 스캔들

13 _____
resign

14 _____
corrupt

15 _____
mayor

정치가

정치 체제와 구성

외교

정치와 외교

정치 활동과 선거

16 _____
토론(하다), 논쟁(하다)

17 _____
involve

18 _____
manipulate

19 _____
riot

20 _____
선거, 표결

21 _____
운동, 캠페인; 군사 행동

22 _____
candidate

23 _____
투표; 표; 투표하다

24 _____
diplomat

25 _____
negotiation

26 _____
intervene

27 _____
동맹국; 연합하다

28 _____
ambassador

29 _____
embassy

30 _____
중립적인

PLAN 13

Day 46 전쟁과 군사

Must-Know Words

war 전쟁   declare 선언하다   soldier 군인   enemy 적, 적군

attack 공격(하다)   bomb 폭탄   victim 피해자, 희생자   victory 승리

군대와 무기

1351 military
[mílitèri / -təri]

ⓐ 군대의, 군사의   ⓝ (the -) 군대

take **military** action 군사 행동을 취하다

He began his **military** service with the U.S. Air Force.
그는 미 공군에서 **군** 복무를 시작했다.

join the **military** 군대에 입대하다

1352 army
[ɑ́:rmi]

ⓝ 군대; 육군

All of the **army** gathered before the royal palace.
모든 **군대**가 왕궁 앞에 모였다.

My grandfather joined the **army** during the Vietnam War.
우리 할아버지는 베트남 전쟁 때 **육군**에 입대하셨다.

1353 navy
[néivi]

ⓝ 해군

The U.S. **Navy** played an important role in World War II.
미 **해군**은 제2차 세계대전에서 중요한 역할을 수행했다.

ⓠ cf. air force 공군

1354 troop
[tru:p]

ⓝ 병력, 부대

The last Russian **troops** left Estonia in 1994.
마지막 러시아군 **병력**이 1994년에 에스토니아에서 철수했다.

UN peacekeeping **troops** 유엔 평화 유지**군**

1355 warrior
[wɔ́(:)riə:r]

ⓝ 전사, 용사

a brave and loyal **warrior** 용맹하고 충성스러운 **전사**

A Viking **warrior** was buried with the weapons he had used.
바이킹 **전사**는 자신이 사용했던 무기와 함께 묻혔다.

다의어

1356 veteran
[vétərən]

ⓝ 1 참전 용사, 퇴역 군인 2 베테랑, 노련한 사람

1 a **veteran** of the Korean War 한국 전쟁 **참전 용사**

2 They announced the signing of the **veteran** goalkeeper.
그들은 그 **베테랑** 골키퍼의 계약을 발표했다.

1357 rank
[ræŋk]

ⓝ 계급, 지위   ⓥ 계급을 갖다, 등급을 정하다

He has the **rank** of colonel in the air force.
그는 **계급**이 공군 대령이다.

people of high social **rank** 사회적 **지위**가 높은 사람들
a high-**ranking** officer in the army 육군 고위**급** 장교

1358 weapon
[wépən]

ⓝ 무기, 공격 수단

Modern nuclear **weapons** are easily aimed at targets.
현대의 핵**무기**는 쉽게 목표물에 조준된다.

1359 bullet
[búlit]

ⓝ 총알, 탄알

The surgeon removed the **bullet** from the soldier's leg.
외과 의사는 그 군인의 다리에서 **총알**을 제거했다.

다의어

1360 trigger
[trígə:r]

ⓝ 방아쇠   ⓥ 촉발시키다

n. pull a **trigger** **방아쇠**를 당기다

v. The murder of the Austrian Crown Prince in Sarajevo **triggered** the start of the First World War.
사라예보에서의 오스트리아 왕세자 살해가 제1차 세계대전의 시작을 **촉발했다**.

PLAN
13

전쟁과 전투

1361 battle
[bǽtl]

ⓝ 전투, 싸움   ⓥ 싸우다, 투쟁하다

The **battle** claimed the lives of 17 soldiers.
그 **전투**는 17명의 군인의 목숨을 앗아갔다.

The boy has been **battling** brain cancer for two years.
그 소년은 2년 동안 뇌암과 **싸우고** 있다.

1362 combat
[kámbæt]

ⓝ 전투, 격투   ⓥ ~에 맞서 싸우다

A U.S. soldier was killed in **combat** in eastern Afghanistan.
아프가니스탄 동부에서 한 미군 병사가 **전투** 중에 사망했다.

A special police unit was established to **combat** cybercrimes.
사이버 범죄**에 맞서 싸우기** 위해 특수 경찰대가 설립되었다.

1363 outbreak
[áutbrèik]

ⓝ (전쟁·질병 등의) 발발, 발생

Germany's attack on Poland in 1939 led to the **outbreak** of World War II.
1939년 독일의 폴란드 침공은 제2차 세계대전의 **발발**을 가져왔다.

an **outbreak** of influenza 유행성 독감의 **발생**

🔍 cf. break out (전쟁·질병 등이) 발발하다, 발생하다

1364 foe
[fou]

ⓝ 적, 적군, 원수 ⊜ enemy

identify friend or **foe** 아군과 **적군**을 구별하다
Most citizens considered him a **foe** of democracy.
대부분의 시민들은 그를 민주주의의 **적**으로 여겼다.

다의어

1365 mission
[míʃən]

ⓝ 1 임무 2 사절단 3 전도, 포교 4 사명

1 They were sent to Iraq on a secret **mission**.
 그들은 비밀 **임무**로 이라크에 보내졌다.
2 A trade **mission** was organized to visit Russia.
 러시아를 방문하기 위한 무역 **사절단**이 구성되었다.
3 a Christian **mission** in Africa 아프리카에서의 기독교 **전도[포교]**
4 pursue a **mission** **사명**을 좇다

1366 rebel
ⓝ [rébəl]
ⓥ [ribél]

ⓝ 반란군, 반역자; 반항아 ⓥ 반역하다; 반항하다

Innocent people are being attacked by armed **rebels**.
무고한 사람들이 무장 **반란군**에 의해 공격받고 있다.

He **rebelled** against his parents and left home.
그는 부모에게 **반항하여** 집을 떠났다.

➕ rebellion ⓝ 반란, 반역; 반항 | rebellious ⓐ 반역하는; 반항적인

전투 행위

1367 invade
[invéid]

ⓥ 침공하다, 침략하다; 침해하다

Napoleon's armies **invaded** Russia in 1812.
나폴레옹의 군대는 1812년에 러시아를 **침공했다**.

invade one's privacy ~의 사생활을 **침해하다**

➕ invasion ⓝ 침략, 침공 | invasive ⓐ 침입하는, 침략적인

1368 conquer
[káŋkər]

ⓥ 정복하다

Persia was **conquered** by Alexander the Great in 330 B.C.
페르시아는 기원전 330년에 알렉산더 대왕에 의해 **정복당했다**.

➕ conquest ⓝ 정복 | conqueror ⓝ 정복자

1369 assault
[əsɔ́ːlt]

🅝 1 공격 ⊜attack 2 폭행 🅥 1 급습하다 2 폭행하다

n. 1 The government army has launched an **assault** on the rebel base.
정부군이 반란군 기지에 대한 **공격**을 시작했다.

v. 2 He has been charged with **assaulting** police officers.
그는 경찰관들을 **폭행한** 혐의로 기소되었다.

1370 confront
[kənfrʌ́nt]

🅥 ~와 맞서다[직면하다]

confront an enemy 적과 맞서다

Troops were **confronted** by an angry crowd.
군대는 분노한 군중에 **직면하고** 있었다.

➕ confrontation ⓝ 대치; 교전

1371 betray
[bitréi]

🅥 배반[배신]하다; (적에게 정보를) 넘겨주다

He **betrayed** his fellow soldiers by telling the enemy where they were hiding.
그는 적에게 동료 병사들이 숨어 있는 곳을 말해 줌으로써 그들을 **배신했다**.

betray a military secret to the enemy
적에게 군사 기밀을 **넘겨주다**

➕ betrayal ⓝ 배신, 배반 | betrayer ⓝ 배신자, 배반자

1372 devastate
[dévəstèit]

🅥 1 완전히 파괴하다 2 엄청난 충격을 주다

1 The bomb **devastated** much of the city center.
그 폭탄은 도시 중심부의 많은 부분을 **완전히 파괴했다**.

2 His mother's sudden death **devastated** him.
그의 어머니의 갑작스런 죽음은 그에게 **엄청난 충격을** 주었다.

➕ devastation ⓝ 1 황폐화, 초토화 2 정신적 충격

1373 patrol
[pətróul]

🅝 순찰(대), 정찰(대) 🅥 순찰하다

They sent out three-man **patrols** to search the area.
그들은 그 지역을 수색하기 위해 삼인조의 **정찰대**를 보냈다.

Every night, police officers **patrol** the park to prevent crimes.
매일 밤 경찰관들은 범죄를 예방하기 위해 그 공원을 **순찰한다**.

🏛 patrol car 순찰차

1374 escape
[iskéip]

🅝 탈출, 도주 🅥 달아나다, 탈출하다

an **escape** route 탈출[도주] 경로

The prisoners **escaped** from the Auschwitz concentration camp.
그 포로들은 아우슈비츠 강제 수용소에서 **탈출했다**.

1375	**flee** [fli:] flee-fled-fled	ⓥ 도망치다, 달아나다

a refuge for people **fleeing** from the war
전쟁에서 **도망치는** 사람들의 피난처

They had to **flee** when armed soldiers attacked their village.
무장한 군인들이 마을을 공격했을 때 그들은 **달아나야** 했다.

다의어

1376	**surrender** [səréndər]	ⓥ 1 항복하다 2 넘겨주다, 양도하다 ⓝ 1 항복 2 양도, 포기

v. 1 They **surrendered** without a fight to advancing British troops.
그들은 진군하는 영국군에 대항하여 싸우지 않고 **항복했다**.

2 The French **surrendered** their claim to Louisiana in 1763.
1763년에 프랑스인들은 루이지애나주에 대한 권리를 **양도했다**.

n. 1 an unconditional **surrender** 무조건 항복

1377	**retreat** [ritríːt]	ⓥ 후퇴하다, 퇴각하다 ⓝ 후퇴, 퇴각

They **retreated** after suffering heavy losses in the battle.
그들은 그 전투에서 큰 손실을 입은 후 **후퇴했다**.

cut off the enemy's line of **retreat** 적의 **퇴각로**를 차단하다

1378	**capture** [kǽptʃər]	ⓥ 붙잡다, 사로잡다 ⓝ 포획, 사로잡음

They defeated the enemy completely and **captured** over 200 enemy soldiers.
그들은 적을 완전히 물리치고 200명 이상의 적군을 **포로로 사로잡았다**.

Some soldiers jumped off a cliff to avoid **capture**.
몇몇 병사들은 **붙잡히지** 않으려고 절벽에서 뛰어내렸다.

➕ captive ⓝ 포로 | captivity ⓝ 포로 상태

1379	**wound** [wuːnd]	ⓝ 부상, 상처 ⓥ 다치게 하다, 상처를 입히다

The nurse cleaned the **wound** before wrapping it.
간호사는 **상처**를 감싸기 전에 깨끗이 했다.

Three soldiers were seriously **wounded** during the assault.
그 공격이 있던 동안 군인 세 명이 심한 **부상을 입었다**.

🔍 wind(감다)의 과거(분사)형인 wound와 혼동하지 않도록 주의할 것.

1380	**rescue** [réskjuː]	ⓥ 구조하다 ⓝ 구조, 구출

Some of the missing girls were **rescued** by soldiers.
실종된 소녀들 중 일부는 군인들에게 **구조되었다**.

Over 18 hours passed, but no one came to their **rescue**.
18시간이 넘게 흘렀지만 아무도 그들을 **구조**하러 오지 않았다.

빈칸에 알맞은 우리말 뜻 또는 영어 단어를 써넣어 워드맵을 완성하시오.

1 _____
군대의, 군사의; 군대

2 _____
군대; 육군

3 _____
navy

4 _____
troop

5 _____
전사, 용사

6 _____
veteran

7 _____
rank

8 _____
무기, 공격 수단

9 _____
bullet

10 _____
방아쇠; 촉발시키다

11 b_____
전투, 싸움; 싸우다

12 _____
combat

13 _____
outbreak

14 _____
foe

15 _____
임무; 사절단; 전도; 사명

16 _____
rebel

군대와 무기

전쟁과 군사

전쟁과 전투

전투 행위

17 _____
침공[침략]하다; 침해하다

18 _____
conquer

19 _____
assault

20 _____
confront

21 _____
배반[배신]하다

22 _____
devastate

23 _____
patrol

24 e_____
탈출, 도주; 달아나다

25 _____
flee

26 _____
surrender

27 _____
후퇴(하다); 퇴각(하다)

28 _____
capture

29 _____
wound

30 _____
구조하다; 구조, 구출

Day 47 경제 일반

Must-Know Words

economy 경제	stock 주식	market 시장	wealth 부, 재산
export 수출(하다)	import 수입(하다)	price 가격	rise 오르다

1381 economic
[è:kənámik / ìk-]

ⓐ **경제의, 경제상의**

economic growth **경제** 성장

It is clear that the government's **economic** policies are not working. 정부의 **경제** 정책이 효과를 거두고 있지 않다는 것은 분명하다.

➕ economy ⓝ 경제 │ economical ⓐ 경제적인, 절약하는

✪ economic은 '경제와 관련된'의 의미이고 economical은 '돈을 절약해서 경제적인'이라는 의미이다.

거시 경제

1382 gross
[grous]

ⓐ **총계의, 전반적인**

Gross sales are the total amount of sales made during a period. **총** 매출액은 어떤 기간 동안에 이루어진 전체 매출 액수이다.

🏛 gross domestic product (GDP) 국내 총생산

1383 stock market
[sták mà:rkit]

ⓝ **주식 시장, 증시**

a **stock market** crash **주식 시장**의 대폭락

She made money by playing the **stock market**.
그녀는 **주식** 투자로 돈을 벌었다.

1384 monetary
[mánətèri / -təri]

ⓐ **통화의, 화폐의**

The primary goal of a **monetary** policy is to maintain price stability. **통화** 정책의 주된 목표는 물가 안정을 유지하는 것이다.

🏛 International Monetary Fund (IMF) 국제 통화 기금

1385 finance
[fáinæns / fənǽns]

ⓝ **재정, 재무, 금융** ⓥ **자금을 조달하다**

the Minister of **Finance** 재무부 장관

The bank **financed** a large construction project in Shanghai.
그 은행은 상하이의 대규모 건설 프로젝트에 **자금을 조달했다**.

➕ financial ⓐ 재정의, 재무의, 금융의

1386　invest
[invést]

ⓥ 투자하다; 쏟다

The government has **invested** a lot in public transportation.
정부는 대중교통에 많은 **투자를 해** 왔다.

invest time and energy　시간과 정력을 **쏟다**

➕ investment ⓝ 투자 ｜ investor ⓝ 투자자

1387　tax
[tæks]

ⓝ 세금

raise / cut **taxes**　세금을 인상하다 / 인하하다

The policy was criticized for increasing the **tax** burden on companies.　그 정책은 기업들에게 **세금** 부담을 가중한다는 비판을 받았다.

⭐ cf. taxpayer 납세자

다의어

1388　boom
[bu:m]

ⓝ 1 호황　2 대유행

1　The 18th century saw a **boom** in the oil industry.
　　18세기에는 석유 산업이 **호황**을 누렸다.

2　Korean culture **boom**　한국 문화의 **대유행**, 한류

1389　inflation
[infléiʃən]

ⓝ 통화 팽창, 인플레이션

The government announced measures to control **inflation**.
정부는 **통화 팽창[인플레이션]**을 억제하기 위한 조치들을 발표했다.

➕ inflate ⓥ 부풀리다, 팽창시키다

다의어

1390　depression
[dipréʃən]

ⓝ 1 우울증　2 불경기, 불황

1　The doctor is treating him for **depression**.
　　그 의사는 그의 **우울증**을 치료하고 있다.

2　An economic **depression** creates a decline in the demand for goods or services.
　　경제 **불황**은 상품이나 서비스에 대한 수요를 감소시킨다.

➕ depress ⓥ 1 우울하게 하다　2 침체시키다

가격과 환율

1391　demand
[diménd]

ⓝ 수요, 요구　ⓥ 요구하다

There is an increased **demand** for healthcare services.
의료 서비스에 대한 **수요**가 증가하고 있다.

The customer **demanded** a refund for the broken toy.
그 고객은 고장 난 장난감에 대한 환불을 **요구했다**.

PLAN
13

1392 supply
[səplái]

ⓝ 공급, 공급량 ⓥ 공급하다, 제공하다

The economic principle of **supply** and demand determines the market price.
공급과 수요의 경제 원칙이 시장 가격을 결정한다.

Mr. Starling **supplied** us with the food needed to prepare our party.
Starling 씨는 우리에게 파티를 준비하는 데 필요한 음식을 **공급했다**.

1393 vary
[véəri]

ⓥ 다양하다, 다르다; 달라지다

Land prices **vary** considerably across the country.
땅값은 나라 전역에서 상당히 **다르다**.

The demand for energy **varies** with the time of year.
에너지에 대한 수요는 연중 시기에 따라 **달라진다**.

➕ **variation** ⓝ 변화, 변동 | **variable** ⓐ 변하기 쉬운 ⓝ 변수

1394 commodity
[kəmάdəti]

ⓝ 상품, 일용품; 원자재

Rising **commodity** prices are viewed as a leading indicator of inflation.
상승하는 **상품** 가격[물가]은 인플레이션의 주요 지표로 여겨진다.

Crude oil is a relatively abundant **commodity**.
원유는 상대적으로 풍부한 **원자재**이다.

1395 trade
[treid]

ⓝ 무역, 거래 ⓥ 교역하다, 거래하다

Trade between the two countries is limited to a small number of commodities.
그 두 나라 간의 **무역**은 적은 수의 상품으로 한정되어 있다.

Many small businesses **trade** as a partnership.
많은 소기업들이 동반자 관계로 **거래한다**.

1396 currency
[kə́:rənsi]

ⓝ 통화, 화폐

currency reform **화폐** 개혁

Anyone wishing to invest in foreign **currencies** should keep a number of issues in mind.
외국 **통화**에 투자하고자 하는 사람이라면 많은 문제를 염두에 두어야 한다.

1397 exchange
[ikstʃéindʒ]

ⓝ 교환 ⓥ 교환하다

currency **exchange** 환전

You may return the product for an **exchange** or refund.
교환 또는 환불을 위해 제품을 돌려주실 수 있습니다.

People **exchange** money for things that are of value to them.
사람들은 그들에게 가치가 있는 물건들과 돈을 **교환한다**.

1398 employment
[implɔ́imənt]

ⓝ 고용, 취업, 일자리　↔ unemployment 실업

sign an **employment** contract　**고용** 계약서에 서명하다

Due to the economic downturn, many people are looking for **employment**.
경기 침체로 인해 많은 사람들이 **일자리**를 찾고 있다.

➕ employ ⓥ 1 고용하다　2 사용하다 ｜ employer ⓝ 고용주
employee ⓝ 피고용인, 직원

다의어

1399 enterprise
[éntərpràiz]

ⓝ 1 기업, 회사　2 사업 (활동)　3 진취성, 모험심

1 small and medium-sized **enterprises** 중소기업

2 The local government provides grants to encourage **enterprise** in the region.
지방 정부는 그 지역의 **기업 활동**을 장려하기 위해 보조금을 제공한다.

3 His **enterprise** enabled him to overcome difficulties.
그의 **진취성**이 그가 어려움을 극복할 수 있게 했다.

1400 venture
[véntʃər]

ⓝ 모험; 벤처 사업　ⓥ 모험하다, 과감히 나아가다

Starting a business **venture** requires more than an idea and ambition.
벤처 사업을 시작하는 것은 아이디어와 포부 이상의 것을 필요로 한다.

They never **ventured** beyond their local market.
그들은 결코 자신들의 지역 시장을 넘어서는 **모험을 하지** 않았다.

PLAN
13

1401 income
[ínkʌm]

ⓝ 수입, 소득

His **income** increased after he changed jobs.
그는 직장을 옮기고 나서 **수입**이 늘었다.

The company has a yearly **income** of around $6 million.
그 회사는 약 6백만 달러의 연간 **소득**을 올린다.

1402 budget
[bʌ́dʒit]

ⓝ 예산, 경비

stay within **budget**　예산 범위 내에 머무르다

Military spending is the third largest item in the French national **budget**.
군비 지출은 프랑스 국가 **예산**에서 세 번째로 큰 항목이다.

1403 minimum
[mínəməm]

ⓐ 최소[최저]의　ⓝ 최소, 최소한도　↔ maximum 최대(의)

We can help you get maximum results with **minimum** effort.
저희는 여러분이 **최소의** 노력으로 최대의 결과를 얻도록 도울 수 있습니다.

minimum wage　**최저** 임금

an age **minimum**　**최저** 연령 **기준**

1404 statistics
[stətístiks]

ⓝ 통계, 통계학

Statistics indicate that economic conditions are improving.
통계는 경제 상황이 개선되고 있음을 보여준다.

다의어

1405 quarter
[kwɔ́:rtər]

ⓝ 1 4분의 1 2 분기

1 a **quarter** of an hour 15분
2 Every company reports its income for each **quarter**.
모든 회사는 **분기**별 소득을 보고한다.

다의어

1406 rate
[reit]

ⓝ 1 비율 2 속도 3 요금

1 interest **rates** 이자율
currency exchange **rate** 환율
2 The business has grown at an alarming **rate**.
그 사업은 놀라운 **속도**로 성장해 왔다.
3 special group **rates** for 10 or more people
10인 이상 단체 특별 **요금**

1407 ratio
[réiʃou]

ⓝ 비율, 비(比)

the **ratio** of male and female CEOs 남녀 최고 경영자의 **비율**
The graph shows the **ratio** of imports to exports over the last 10 years.
그래프는 지난 10년간 수출에 대한 수입의 **비율**을 보여준다.

1408 approximate
ⓐ [əprɑ́ksəmət]
ⓥ [əprɑ́ksəmèit]

ⓐ 대략의 ⓥ ~에 근접하다

The project had an **approximate** cost of $5 million.
그 프로젝트는 **대략** 5백만 달러의 비용이 들었다.

The total construction cost for the bridge will **approximate** $1.4 billion.
그 다리의 총 건설 비용은 14억 달러에 **근접**할 것이다.

⊕ approximately ⓐⓓ 대략

1409 indicate
[índikèit]

ⓥ 보여주다, 나타내다

The economic outlook **indicates** that the tourism industry will continue to grow.
경제 전망은 관광 산업이 계속해서 발전할 것임을 **보여준다**.

⊕ indicator ⓝ 지표

다의어

1410 gap
[gæp]

ⓝ 1 격차 2 공백, 틈

1 the **gap** between the rich and the poor 빈부 **격차**
2 He returned to management after a three-year **gap**.
그는 3년간의 **공백** 후에 경영진으로 복귀했다.

빈칸에 알맞은 우리말 뜻 또는 영어 단어를 써넣어 워드맵을 완성하시오.

2 _____
gross

3 _____
주식 시장, 증시

4 _____
monetary

5 _____
finance

6 _____
투자하다; 쏟다

7 _____
세금

8 _____
boom

9 _____
inflation

10 _____
우울증; 불경기, 불황

11 _____
수요, 요구; 요구하다

12 _____
공급(량); 공급하다

13 _____
vary

14 _____
commodity

15 _____
무역, 거래; 교역하다

16 _____
currency

17 _____
교환; 교환하다

**거시
경제**

**가격과
환율**

**고용과
기업
활동**

1 _____
경제의, 경제상의

**통계와
수치**

18 _____
고용, 취업, 일자리

19 _____
enterprise

20 _____
venture

21 _____
수입, 소득

22 _____
budget

23 _____
minimum

24 _____
statistics

25 _____
4분의 1; 분기

26 _____
비율; 속도; 요금

27 _____
ratio

28 _____
approximate

29 _____
indicate

30 _____
격차; 공백, 틈

PLAN
13

Day 48 경제생활

Must-Know Words

consume 소비하다　　expensive 비싼　　purchase 구매(하다)　　deal 거래, 합의

discount 할인(하다)　　on sale 할인[판매] 중인　　refund 환불(하다)　　cost 비용(이 들다)

소비와 지출

1411 consumer

[kənsúːmər]

ⓝ 소비자

consumer rights **소비자** 권리

Teenagers are the biggest **consumers** of online video clips.
십 대들은 온라인 동영상 클립의 가장 큰 **소비자**이다.

➕ consume ⓥ 소비하다, 소모하다　|　consumption ⓝ 소비

다의어

1412 bill

[bil]

ⓝ 1 고지서, 청구서　2 지폐

1　a utility **bill** 공과금 **고지서**

　　a phone **bill** 전화 요금 **청구서**

2　A stranger handed me a 100-dollar **bill** and walked away.
　　낯선 사람이 나에게 100달러짜리 **지폐**를 건네고 가버렸다.

다의어

1413 reasonable

[ríːzənəbl]

ⓐ 1 비싸지 않은, 적정한　2 분별 있는

1　The price of the jacket was **reasonable**, so I bought it.
　　그 재킷의 가격은 **비싸지 않아서** 나는 그것을 구입했다.

2　Any **reasonable** person would do that.
　　분별 있는 사람이라면 누구나 그렇게 할 것이다.

다의어

1414 bargain

[báːrgən]

ⓝ 1 (정상가보다) 싸게 파는 물건, 특가품　2 합의, 흥정
ⓥ 흥정하다

n. 1　get a **bargain** 싸게 나온 **물건**을 구하다

　　2　The two rulers struck a **bargain** in order to save face.
　　　　두 통치자는 체면을 지키기 위해 **합의**를 보았다.

　　　　drive a hard **bargain** 공격적으로 **흥정**하다

v.　I always **bargain** for lower prices at flea markets.
　　나는 벼룩시장에서 늘 더 싼 값에 사기 위해 **흥정한다**.

1415 thrifty

[θrífti]

ⓐ 절약하는, 알뜰한

a **thrifty** habit **절약하는** 습관

Thrifty shoppers are always looking for things on sale.
알뜰한 쇼핑객들은 항상 할인 판매 중인 물건들을 찾는다.

➕ thrift ⓝ 절약, 검약

1416	**factor** [fǽktər]	ⓝ 요인, 요소

economic **factors** 경제적 요인

Knowing the **factors** that affect spending can help you manage your finances.
소비에 영향을 주는 **요인**을 아는 것은 재정 관리에 도움을 줄 수 있다.

1417	**receipt** [risí:t]	ⓝ 영수증

keep a **receipt** 영수증을 보관하다

You cannot get a refund without a **receipt**.
영수증이 없으면 환불을 받을 수 없다.

1418	**retail** [rí:teil]	ⓝ 소매 ⓐ 소매의 ↔ wholesale 도매(의)

In most cases, **retail** prices are higher than wholesale prices.
대부분의 경우, **소매**가격은 도매가격보다 높다.

PLAN
13

1419	**boycott** [bɔ́ikɑt]	ⓝ 불매 운동 ⓥ 불매 운동을 하다, 배척하다

stage a **boycott** 불매 운동을 벌이다

They urged people to **boycott** anything made of ivory.
그들은 사람들에게 상아로 만들어진 것은 무엇이든 **사지 말라고** 촉구했다.

1420	**luxurious** [lʌgzúəriəs]	ⓐ 사치스러운, 호화로운

He lives a **luxurious** life thanks to his family's wealth.
그는 가족의 재산 덕에 **사치스러운** 생활을 한다.

✚ luxury ⓝ 사치

수입과 저축

1421	**primary** [práimèri / -məri]	ⓐ 주된, 주요한, 첫째의

Furniture-making business is the **primary** source of income of his family. 가구 제작 사업이 그의 가족의 **주** 소득원이다.

👑 of primary importance 가장 중요한

1422	**profit** [prɑ́fit]	ⓝ 이익, 수익 ⓥ ~에게 이익을 주다

make a **profit** from a risky investment 모험적 투자로 **이익을 얻다**

You must evaluate whether your investment will **profit** you.
너의 투자가 너에게 **이익을 가져다줄지** 여부를 평가해야 한다.

1423	**thrive** [θraiv]	ⓥ 번창하다; 잘 지내다[자라다] ⊜ flourish, prosper

The restaurant industry tends to **thrive** during the summer.
요식업은 여름에 **번창하는** 경향이 있다.

Monkeys can't **thrive** in captivity like dogs and cats.
원숭이는 개나 고양이처럼 포획된 상태에서 **잘 지낼** 수 없다.

다의어

1424	**saving** [séiviŋ]	ⓝ 1 절약 2 (pl.) 저축, 예금

1 This product will provide large **savings** in heating costs.
이 제품은 난방비를 크게 **절약**해 줄 것이다.

2 Should tax laws be reformed to encourage **savings**?
저축을 장려하기 위해 조세법이 개혁되어야 하는가?

다의어

1425	**account** [əkáunt]	ⓝ 1 계좌 2 계정 3 설명

1 You don't need a large income to open a savings **account**.
예금 **계좌**를 개설하기 위해 많은 수입이 필요한 것은 아니다.

2 an email **account** 이메일 **계정**

3 She gave a detailed **account** of what happened.
그녀는 일어난 일에 대해 자세히 **설명**했다.

⭐ cf. account for ~: 1 ~을 차지하다 2 ~을 설명하다

자금과 자산

1426	**afford** [əfɔ́:rd]	ⓥ ~할 형편이 되다, ~을 살 돈이 있다

My family can't **afford** to go abroad on holidays.
우리 가족은 휴가 때 해외로 **갈 형편이** 안 **된다**.

She couldn't **afford** such an expensive bag.
그녀는 그런 값비싼 가방을 **살 돈을 갖고 있지** 않았다.

➕ affordable ⓐ 살 만한 가격의, 저렴한

다의어

1427	**asset** [æset]	ⓝ 1 자산, 재산 2 가치 있는 존재

1 a fixed **asset** 고정 **자산**

2 He is a real **asset** to our company.
그는 우리 회사에 진정 **가치 있는 존재**이다.

다의어

1428	**withdraw** [wiðdrɔ́: / wiθ-] withdraw-withdrew- withdrawn	ⓥ 1 인출하다 2 철수하다, 물러나다

1 I **withdrew** some money from my savings account.
나는 예금 계좌에서 약간의 돈을 **인출했다**.

2 They were forced to **withdraw** with heavy losses.
그들은 큰 손해를 입고 **철수할** 수밖에 없었다.

➕ withdrawal ⓝ 1 철수; 철회 2 인출(액)

1429 **fortune**
[fɔ́ːrtʃən]

ⓝ 1 재산, 부, 큰돈 2 행운, 운명

1 He made a **fortune** in the equipment rental business.
그는 장비 대여 사업으로 **큰돈**을 벌었다.

2 I had the good **fortune** to know the CEO of the company.
나는 **운** 좋게도 그 회사의 최고 경영자를 알게 되었다.

➕ fortunate ⓐ 행운의, 운이 좋은

1430 **deposit**
[dipázit]

ⓝ 1 보증금; 계약금 2 예금
ⓥ 1 예금[예치]하다 2 퇴적시키다

n. 1 You have to pay a **deposit** before the rental period starts.
임대 기간이 시작되기 전에 **보증금**을 지불해야 한다.

2 bank **deposits** 은행 예금

v. 1 Every month, he **deposits** $500 into the account from his paycheck. 그는 매달 월급에서 500달러를 계좌에 **예금한다**.

2 Sand is **deposited** onto a riverbank by running water.
모래는 흐르는 물에 의해 강둑에 **퇴적된다**.

1431 **accumulate**
[əkjúːmjəlèit]

ⓥ 축적하다, 모으다

He **accumulated** a fortune by investing in stocks.
그는 주식에 투자하여 많은 돈을 **모았다**.

➕ accumulation ⓝ 축적

PLAN
13

1432 **property**
[prápərti]

ⓝ 1 재산, 소유물 2 성질, 특성 ＝quality, characteristic

1 public / personal **property** 공공 / 사유 **재산**
You should not damage other people's **property**.
다른 사람의 **재산**을 훼손해서는 안 된다.

2 The plant is known for its **property** of purifying the air.
그 식물은 공기를 정화시키는 **특성**으로 알려져 있다.

1433 **adequate**
[ǽdikwət]

ⓐ 적당한, 충분한; 어울리는

He says he makes an **adequate** salary with generous bonuses.
그는 후한 상여금과 **충분한** 봉급을 받는다고 말한다.

I think Brian is **adequate** for the task.
나는 Brian이 그 일에 **적임**자라고 생각한다.

1434 **initial**
[iníʃəl]

ⓐ 초기의, 시작의 ⓝ (이름의) 머리글자

a. the **initial** investment 초기 투자
The company is still in its **initial** stages of growth.
그 회사는 아직 성장의 **시작** 단계에 있다.

n. I wrote my **initials** at the bottom of the page.
나는 내 이름의 **머리글자**를 페이지 하단에 썼다.

1435 **auction**
[ɔ́:kʃən]

ⓝ 경매 ⓥ 경매로 팔다

hold an **auction** 경매를 개최하다

A number of her works are to be **auctioned** for charity.
그녀의 많은 작품이 자선 **경매로 팔릴** 예정이다.

채무 · 파산 · 파업

1436 **loan**
[loun]

ⓝ 대출, 융자 ⓥ 빌려주다, 대부하다

You can use your asset as security for the **loan**.
대출을 위한 담보로 네 자산을 이용할 수 있다.

The bank refused to **loan** money to the small company.
은행은 그 작은 회사에 돈을 **빌려주기를** 거부했다.

1437 **debt**
[det]

ⓝ 빚, 채무

repay[pay back] **debt** 빚을 갚다, **채무**를 변제하다

By working overtime, he managed to pay off his **debts**.
그는 초과 근무를 해서 자신의 **빚**을 청산해 냈다.

1438 **bankrupt**
[bǽŋkrʌpt]

ⓐ 파산한 ⓥ 파산시키다

The airline company was finally declared **bankrupt**.
그 항공 회사는 마침내 **파산** 선고를 받았다.

He was nearly **bankrupted** through his investment failures.
그는 투자 실패로 거의 **파산할** 뻔했다.

➕ bankruptcy ⓝ 파산, 도산

1439 **broke**
[brouk]

ⓐ 무일푼의, 빈털터리의

When he came back from vacation, he was almost **broke**.
휴가에서 돌아왔을 때 그는 거의 **빈털터리**였다.

🔳 go broke 파산하다, 알거지가 되다

❓ 동사 break의 과거형 broke와 혼동하지 않도록 주의할 것.

다의어

1440 **strike**
[straik]
strike-struck-struck

ⓝ 1 **파업, 노동 쟁의** 2 공격, 타격
ⓥ 1 부딪치다; 치다, 때리다 ⊜ hit 2 **파업하다**

n. 1 a **strike** by taxi drivers 택시 운전사들의 **파업**

　　2 Since the start of the war, Israel has launched several **strikes** on Syria.
　　전쟁이 시작된 이후 이스라엘은 시리아에 여러 차례 **공격**을 했다.

v. 1 **strike** one's head on a wall 머리를 벽에 **부딪치다**

　　2 The union has decided to **strike** on September 5.
　　조합은 9월 5일에 **파업하기로** 결정했다.

빈칸에 알맞은 우리말 뜻 또는 영어 단어를 써넣어 워드맵을 완성하시오.

1 _____ 소비자

2 _____ 고지서, 청구서; 지폐

3 _____ reasonable

4 _____ bargain

5 _____ thrifty

6 _____ factor

7 _____ 영수증

8 _____ retail

9 _____ boycott

10 _____ luxurious

11 _____ primary

12 _____ 이익; ~에게 이익을 주다

13 _____ thrive

14 _____ 절약; 저축, 예금

15 _____ 계좌; 계정; 설명

소비와 지출

수입과 저축

경제생활

자금과 자산

채무· 파산· 파업

16 _____ ~할 형편이 되다

17 _____ asset

18 _____ 인출하다; 철수하다

19 _____ 재산, 부, 큰돈; 행운

20 _____ deposit

21 _____ accumulate

22 _____ property

23 _____ adequate

24 _____ initial

25 _____ auction

26 _____ loan

27 d_____ 빚, 채무

28 _____ bankrupt

29 _____ broke

30 _____ 파업; 공격, 타격; (부딪)치다; 파업하다

PLAN 14

필수 어휘

immediately 즉시
eventually 결국
particularly 특히

among ~ 사이에서
within ~의 범위 안에
throughout ~ 동안 내내

부사

전치사

필수
어휘

접속사

연결어

once 일단 ~하면
whether ~인지; ~이든
whereas ~인 반면에

however 하지만, 그러나
therefore 그러므로
moreover 게다가

Day 49 　부사

Must-Know Words

even ~조차; 훨씬　　actually 사실, 실제로　　roughly 대략　　quite 꽤, 상당히

hardly 거의 ~ 않다　　mainly 주로　　totally 완전히　　finally 마침내; 마지막으로

시간과 빈도

1441 currently

[kə́:rəntli]

ad 현재, 지금

The office is **currently** unoccupied.　그 사무실은 **현재** 공실이다.

This issue is **currently** being discussed in all forms of media.
이 문제는 **현재** 모든 형태의 미디어에서 논의되고 있다.

다의어

1442 then

[ðen]

ad 1 그때에, 그 당시에　2 그 다음에

1　The situation was very different back **then**.
　그 당시 상황은 매우 달랐다.

2　We lived in Los Angeles and **then** San Francisco before
　coming to Boston.
　우리는 보스턴에 오기 전에 로스앤젤레스, **그 다음에** 샌프란시스코에 살았다.

> then이 '그때에'라는 뜻으로 쓰일 때 과거를 의미할 수도 있고 "See you then."
> 에서처럼 미래를 의미할 수도 있다.

1443 suddenly

[sʌ́dnli]

ad 갑자기　 ⊜ all of a sudden

It happened so **suddenly** that I couldn't react.
그 일은 너무 **갑자기** 벌어져서 나는 반응할 수가 없었다.

My car stopped **suddenly** on the road last month.
지난달에 내 차가 **갑자기** 도로에서 멈췄다.

1444 immediately

[imí:diətli]

ad 즉시, 바로, 곧바로　 ⊜ at once

If you leave a message, I'll respond **immediately** after I get
to the office.
메시지를 남기시면 제가 사무실에 도착한 후 **바로** 답변 드리겠습니다.

1445 eventually

[ivéntʃuəli]

ad 결국, 궁극적으로

Our flight **eventually** departed at 10 the following morning.
우리 비행기는 **결국** 다음날 아침 10시에 출발했다.

Both underwatering and overwatering will **eventually** kill
your plants.
물을 너무 적게 주는 것과 너무 많이 주는 것 모두 **결국** 식물을 죽일 것이다.

다의어

1446 yet
[jet]

ad 1 **아직** 2 그러나, 그렇지만 = but

1 I haven't received a response from her **yet**.
나는 **아직** 그녀로부터 답변을 받지 못했다.

2 She has worked hard her entire life, **yet** she never stops setting new goals.
그녀는 평생 열심히 일해 왔**지만**, 새로운 목표를 세우는 것을 멈추지 않는다.

다의어

1447 originally
[ərídʒənəli]

ad 1 **원래, 최초에** 2 독창적으로, 참신하게

1 The program was **originally** for children under 5.
그 프로그램은 **원래** 5세 미만의 어린이들을 위한 것이었다.

2 Students are encouraged to think **originally**.
학생들은 **독창적으로** 생각하도록 장려된다.

1448 frequently
[frí:kwəntli]

ad 빈번히, 자주

The shuttle bus runs **frequently** between Terminals 1 and 2.
셔틀 버스는 터미널 1과 2 사이를 **빈번히** 오간다.

Laws change, and tax laws change **frequently**.
법은 변하고, 세법은 **자주** 변한다.

PLAN **14**

1449 seldom
[séldəm]

ad 드물게, 좀처럼 ~않는

He **seldom** watches TV in the evening.
그는 저녁에 TV를 **거의** 보지 **않는다**.

Seldom have I seen such an exciting game.
그렇게 재미있는 경기를 나는 **좀처럼** 보지 **못했다**.

✪ seldom은 부정의 의미이기 때문에 문장 맨 앞으로 가면 주어와 동사가 도치된다.

1450 occasionally
[əkéiʒənəli]

ad 때때로, 이따금 = once in a while

Occasionally, we visit a local nursing home.
때때로 우리는 지역 양로원을 방문한다.

They **occasionally** meet for lunch or coffee.
그들은 점심이나 커피를 함께 하기 위해 **이따금** 만난다.

확실성

1451 obviously
[ɑ́bviəsli]

ad 분명히, 명백히

He is **obviously** a man of strong convictions.
그는 **분명히** 신념이 강한 사람이다.

Obviously, we do not want to give up on this trip.
명백히 우리는 이 여행을 포기하기를 원치 않는다.

1452 certainly
[sə́:rtənli]

ad 1 확실히 = definitely 2 물론

1 Receiving your gifts will **certainly** make them feel better.
너의 선물을 받는 것은 **확실히** 그들을 더 기분 좋게 만들 것이다.

2 "May I see your ticket please?" "**Certainly**. Here it is."
"표를 보여주시겠어요?" "**물론입니다**. 여기 있습니다."

1453 apparently
[əpǽrəntli]

ad 겉보기에; 보아하니

He looked down, **apparently** lost in thought.
그는 생각에 잠긴 **듯** 아래를 내려다보았다.

Apparently, she doesn't want to meet him.
보아하니, 그녀는 그를 만나고 싶어 하지 않는다.

1454 seemingly
[sí:miŋli]

ad 겉보기에; 보아하니

a **seemingly** endless list of exams 끝이 없어 **보이는** 시험 목록
Seemingly, she had few artistic talents, but she was deeply interested in art.
겉으로 보아 그녀는 예술적 재능이 거의 없었지만, 예술에 관심이 깊었다.

1455 mostly
[móustli]

ad 주로, 대개 = mainly

He **mostly** commuted to work by motorcycle.
그는 **주로** 오토바이로 출근했다.

Mostly, the birds eat small fish that swim close to the sea's surface.
대개 그 새들은 바다의 표면 가까이로 헤엄치는 작은 물고기들을 먹는다.

1456 nearly
[níərli]

ad 거의; 하마터면 = almost

He is **nearly** always late for his appointment.
그는 **거의** 항상 약속 시간에 늦는다.

She **nearly** missed the flight.
그녀는 **하마터면** 비행기를 놓칠 뻔했다.

1457 approximately
[əpráksəmitli]

ad 대략, 거의 = roughly

It took **approximately** two hours to complete the tour.
투어를 마치는 데 **대략** 두 시간이 걸렸다.

The two species are **approximately** equal in size.
그 두 종은 크기에 있어서 **거의** 동일하다.

1458 perhaps
[pər(h)ǽps]

ad 아마도, 어쩌면 = maybe

Perhaps it is not a good idea to use social media very often.
아마도 소셜 미디어를 자주 사용하는 것은 좋은 생각이 아닐 것이다.

| 1459 | **somewhat**
[sʌ́mwɑt] | 📌 어느 정도, 약간

I was **somewhat** surprised by her rapid promotion.
나는 그녀의 빠른 승진에 **어느 정도** 놀랐다.

The price was **somewhat** higher than we had expected.
그 가격은 우리가 예상했던 것보다 **약간** 높았다. |

다의어

| 1460 | **rather**
[rǽðəːr] | 📌 1 약간, 상당히 2 오히려

1 The weather is **rather** cloudy at the base camp today.
오늘 베이스캠프의 날씨는 **약간** 흐리다.

2 **Rather**, they wanted to correct the political systems.
오히려, 그들은 정치 체계를 바로잡기를 원했다. |

강조 및 기타

| 1461 | **indeed**
[indíːd] | 📌 정말로, 실로

Indeed, I'm delighted to work with him again.
정말로 그와 다시 함께 일하게 되어 기쁘다.

It was **indeed** the largest aircraft that had ever flown.
그것은 그때까지 날았던 비행기 중 **실로** 가장 큰 비행기였다. |

| 1462 | **extremely**
[ikstríːmli] | 📌 대단히, 몹시

That movie was **extremely** well made.
그 영화는 **대단히** 잘 만들어졌다.

He found it **extremely** difficult to get a decent job.
그는 괜찮은 직장을 구하는 것이 **몹시** 어렵다는 것을 알았다. |

| 1463 | **merely**
[míərli] | 📌 단지, 그저   = only, just

I applied for the course **merely** out of curiosity.
나는 **단지** 호기심으로 그 강좌를 신청했다.

He was not **merely** a capable but also a caring leader.
그는 **그저** 유능할 뿐만 아니라 배려심 많은 지도자였다.

⭐ not only A but also B 구문에서 only 대신에 merely, solely, just 등도 사용된다. |

| 1464 | **particularly**
[pərtíkjələrli] | 📌 특히, 특별히, 각별히   = in particular

He is **particularly** interested in human-robot interactions.
그는 **특히** 인간과 로봇의 상호 작용에 관심이 있다.

The movie was not **particularly** memorable.
그 영화는 **특별히** 기억할 만한 것은 아니었다. |

1465	**especially** [ispéʃəli]	🔊 특히, 특별히, 각별히

Alice is very smart and **especially** good at math.
Alice는 아주 똑똑하고 **특히** 수학을 잘한다.

The garden is beautiful, **especially** in spring and autumn.
그 정원은 **특히** 봄과 가을에 아름답다.

1466	**increasingly** [inkrí:siŋli]	🔊 점점, 더욱더

The weather became **increasingly** cloudy. 날씨가 **점점** 흐려졌다.
Travelers are becoming **increasingly** aware of eco-tourism.
여행자들이 **점점 더** 생태 관광을 인식하고 있다.

1467	**dramatically** [drəmǽtikəli]	🔊 급격히, 극적으로

His health has improved **dramatically**.
그의 건강은 **급격히** 호전되었다.

Since then, things have changed **dramatically**.
그때 이후로 상황이 **극적으로** 바뀌었다.

다의어

1468	**still** [stil]	🔊 1 아직도, 여전히 2 그래도, 그럼에도 3 훨씬 ⓐ 움직임이 없는; 고요한

ad. 1 He was **still** asleep when I returned hours later.
　　 내가 몇 시간 후에 돌아왔을 때 그는 **여전히** 자고 있었다.

　 2 I studied hard but **still** did not pass the test.
　　 나는 열심히 공부했지만 **그럼에도** 시험을 통과하지 못했다.

　 3 I hear there is **still** more exciting news to come.
　　 훨씬 더 기쁜 소식이 있을 거라고 들었어.

a. **Still** waters run deep.
　 고요한 물이 깊게 흐른다. (생각이 깊은 사람은 말이 없다.)

다의어

1469	**closely** [klóusli]	🔊 1 긴밀하게, 밀접하게 2 자세히

1 They have worked **closely** together to solve tough problems.
　 그들은 어려운 문제를 해결하기 위해 함께 **긴밀히** 협력해 왔다.

　 Climate change and environmental protection are **closely** related to each other.
　 기후 변화와 환경 보호는 서로 **밀접하게** 관련되어 있다.

2 I looked at the painting **closely**.
　 나는 그 그림을 **자세히** 들여다보았다.

1470	**overall** [òuvərɔ́:l]	🔊 전반적으로, 전체적으로

Overall, our performance was quite satisfactory.
전반적으로 우리의 실적은 꽤 만족스러웠다.

It was a hard season, but we did well **overall**.
힘든 시즌이었지만 우리는 **전체적으로** 잘해냈다.

빈칸에 알맞은 우리말 뜻 또는 영어 단어를 써넣어 워드맵을 완성하시오.

1 _____
currently

2 _____
그때에; 그 다음에

3 _____
갑자기

4 _____
immediately

5 _____
eventually

6 _____
아직; 그러나

7 _____
원래; 독창적으로

8 _____
frequently

9 _____
seldom

10 _____
occasionally

강조 및 기타

시간과 빈도

부사

확실성

21 _____
indeed

22 _____
extremely

23 _____
merely

24 _____
particularly

25 e _____
특히, 특별히, 각별히

26 _____
increasingly

27 _____
dramatically

28 _____
아직도; 그래도; 훨씬;
움직임이 없는

29 _____
긴밀하게; 자세히

30 _____
overall

11 _____
obviously

12 _____
certainly

13 _____
apparently

14 _____
seemingly

15 _____
mostly

16 n _____
거의; 하마터면

17 _____
approximately

18 _____
perhaps

19 _____
somewhat

20 _____
약간, 상당히; 오히려

Day 50 전치사 · 접속사 · 연결어

Must-Know Words

above ~ 위에   below ~ 아래에   next to ~ 옆에   near ~ 가까이에

since ~ 이래로; ~ 때문에   unless ~하지 않으면   for example 예를 들어   above all 무엇보다도

전치사

1471 among
[əmʌ́ŋ]

prep ~ 사이에서; ~ 중에서

The singer is popular **among** young people.
그 가수는 젊은이들 **사이에서** 인기가 있다.

His father had eight children, and he was the eldest **among** them.
그의 아버지는 여덟 명의 자녀를 두셨고, 그들 **중** 그가 첫째였다.

1472 beneath
[biníːθ]

prep ~ 바로 밑에, ~ 아래에 = underneath

He found something buried **beneath** the sand.
그는 무언가가 모래 **밑에** 묻혀 있는 것을 발견했다.

The cat was sleeping **beneath** the blanket.
그 고양이는 담요 **아래에서** 자고 있었다.

★ beneath는 어떤 것의 바로 밑, 또는 아래쪽에 덮여 있거나 닿아 있는 상태를 가리킨다. below는 공간을 사이에 두고 아래에 있는 상태를 말할 때 쓴다. under는 관계 없이 두루 사용할 수 있다.

1473 except (for)

prep ~을 제외하고, ~ 외에

Every student **except (for)** John attended the meeting.
John을 **제외한** 모든 학생들이 모임에 참석했다.

The shop is open every day **except (for)** Monday.
그 상점은 월요일을 **제외하고** 매일 문을 연다.

★ but이 전치사로 사용되면 except와 같은 의미이다.
예) I don't need anyone but you. 나는 너 외에 다른 누구도 필요 없어.

1474 regarding
[rigάːrdiŋ]

prep ~에 관하여, ~에 대해

You are free to express your own thoughts **regarding** the given task.
여러분은 주어진 과업에 **관하여** 자신의 생각을 자유롭게 표현할 수 있습니다.

Regarding your suggestion, we will consider it for the future.
귀하의 제안에 **대해**, 우리는 미래를 위해 그것을 고려할 것입니다.

1475 within [wiðín / wiθ-]	**prep** ~의 범위 안에; ~ 이내에 Everything you need is **within** walking distance. 네게 필요한 모든 것은 걸어갈 수 있는 거리 **안에** 있다. You will receive a reply **within** 24 hours. 24시간 **이내에** 답변을 받으실 것입니다.

다의어

1476 throughout [θru:áut]	**prep** 1 ~ 동안 내내, ~을 통틀어 2 ~의 전체에 1 The shop is open daily **throughout** the year. 　그 가게는 한 해 **동안 내내** 매일 문을 연다. 2 The rumor spread **throughout** the school. 　그 소문은 학교 **전체에** 퍼졌다.

접속사

1477 whereas [wɛərǽz]	**conj** ~인 반면에 Some fish need warm water **whereas** others do not. 어떤 물고기들은 따뜻한 물을 필요로 하는 **반면** 다른 물고기들은 그렇지 않다.

다의어

PLAN
14

1478 while [wail]	**conj** 1 ~하는 동안 2 ~인 반면에 ≡ whereas 1 The weather was fine **while** I was there. 　내가 그곳에 있는 **동안** 날씨가 좋았다. 2 Some people take political action **while** others do not. 　어떤 사람들은 정치적인 행동을 취하는 **반면** 다른 사람들은 그렇지 않다.

다의어

1479 once [wʌns]	**conj** 일단 ~하면; ~하자(마자) **ad** 1 한 번 2 한때, 예전에 conj. **Once** you get started, you'll find the work rewarding. 　　**일단** 시작하고 **나면**, 그 일이 보람되다는 것을 알게 될 것이다. 　　**Once** he got a job, he started paying his rent on time. 　　취직을 하게 **되자** 그는 제때에 집세를 내기 시작했다. ad. 1 **once** a week 일주일에 **한 번** 　　2 I **once** met your sister. **예전에** 너희 언니를 만난 적이 있어.

다의어

1480 whether [wéðə:r]	**conj** 1 ~인지 2 ~이든 (간에 상관없이) 1 Please tell me **whether** you agree to my proposal. 　저의 제안에 동의하는**지** 여부를 알려주세요. 2 I'm going to do it **whether** you agree or not. 　네가 동의**하든** 말든 나는 그것을 할 것이다.

1481 **however**
[hauévər]

ad 하지만, 그러나

Tony is a great person. **However**, he is not a good player.
Tony는 아주 좋은 사람이야. **하지만** 훌륭한 선수는 아니야.

1482 **nevertheless**
[nèvə:rðəlés]

ad 그럼에도, 그렇기는 하지만

There were not many people at the party. **Nevertheless**, we had fun.
파티에 사람이 별로 없었다. **그럼에도** 우리는 재미있게 보냈다.

1483 **in contrast**

대조적으로, 반면에

The hurricane caused huge damage to the north. **In contrast**, the south suffered very little damage.
허리케인이 북부에 엄청난 피해를 입혔다. **대조적으로**, 남부는 피해가 거의 없었다.

1484 **on the contrary**

그 반대로, 오히려

The price of crude oil has declined. **On the contrary**, the price of gold is consistently increasing.
유가가 하락했다. **반대로** 금값은 꾸준히 상승하고 있다.

1485 **conversely**
[kənvə́:rsli / kánvə:rsli]

ad 정반대로, 역으로

The policy aimed to prevent housing prices from increasing. Prices, **conversely**, have doubled in the last 10 years.
그 정책은 집값이 인상되는 것을 예방하기 위한 것이었다. **정반대로,** 집값은 지난 10년 동안 두 배로 올랐다.

1486 **on the other hand**

반면에, 다른 한편으로

He wanted to go back to the city. His wife, **on the other hand**, had embraced country life.
그는 도시로 돌아가고 싶어 했다. **반면에** 그의 아내는 시골 생활을 받아들였다.

1487 **therefore**
[ðéə:rfɔ́:r]

ad 그러므로, 따라서

He practices the guitar every day and **therefore** plays well.
그는 기타를 매일 연습하**기에** 잘 연주한다.

These issues are quite controversial; **therefore**, we will discuss them in more detail.
이 문제들은 상당히 논쟁의 여지가 있다. **따라서** 우리는 그것들에 대해 더 자세히 논의할 것이다.

1488	**consequently** [kάnsikwèntli]	_{ad} 그 결과, 결과적으로

He began a daily exercise routine and stuck to it. **Consequently**, he lost a lot of weight and felt better.
그는 매일 운동하는 일과를 시작했고 그것을 지켰다. **그 결과** 그는 살을 많이 뺐고 기분이 좋아졌다.

1489	**as a result**	그 결과, 결과적으로

The Korean Wave has swept many Asian countries. **As a result**, the number of visitors to Korea has increased substantially.
한류가 많은 아시아 국가들을 휩쓸어 왔다. **그 결과**, 한국을 방문하는 사람들의 수가 상당히 증가했다.

1490	**accordingly** [əkɔ́:rdiŋli]	_{ad} 그에 따라, 그에 맞춰

Our flight was canceled due to bad weather. **Accordingly**, we had to change the schedule of the tour.
우리 비행기가 악천후로 결항되었다. **그에 따라** 우리는 여행 일정을 변경해야 했다.

연결어: 첨가 · 상술 · 예시

PLAN **14**

1491	**moreover** [mɔ:róuvər]	_{ad} 게다가, 더욱이

Winchester is a very nice city to live in. **Moreover**, the rent is not very high compared to London.
윈체스터는 아주 살기 좋은 도시이다. **게다가** 런던에 비해 임대료가 그리 높지 않다.

1492	**furthermore** [fə́:rðərmɔ̀:r]	_{ad} 뿐만 아니라, 더 나아가

Economic growth is associated with poverty reduction. **Furthermore**, it has a positive impact on reducing inequality between men and women.
경제 성장은 빈곤 감소와 관련이 있다. **뿐만 아니라** 남녀 사이의 불평등을 줄이는 것에도 긍정적인 영향을 미친다.

1493	**in addition**	덧붙여, 게다가

You can lose weight by working out at a gym. **In addition**, exercise can help you manage stress.
너는 헬스클럽에서 운동해서 체중을 줄일 수 있다. **게다가**, 운동은 스트레스를 관리하는 데 도움을 줄 수 있다.

1494	**in other words**	**다시 말해서, 즉**

The actor says that fear disappears when he steps on stage. **In other words**, he is a natural-born actor.
그 배우는 무대에 올라서면 두려움이 사라진다고 말한다. **다시 말해서**, 그는 타고난 배우이다.

1495	**that is (to say)**	**즉, 다시 말해**

It was done a week ago, **that is to say**, on May 2.
그것은 1주일 전에, **즉** 5월 2일에 이루어졌다.

There is no need for us to negotiate. **That is**, we will not accept their offer no matter what.
우리는 협상할 필요가 없다. **다시 말해**, 우리는 어떤 일이 있어도 그들의 제안을 받아들이지 않을 것이다.

1496	**for instance**	**예를 들어**

Dogs are very useful animals; **for instance**, they can help the police find suspects.
개는 매우 유용한 동물이다. **예를 들어**, 그들은 경찰이 용의자를 찾도록 도울 수 있다.

연결어: 결론 · 요약 · 기타

1497	**in conclusion**	**결론적으로**

In conclusion, this book provides beginners with a basic understanding of physics.
결론적으로, 이 책은 초보자에게 물리학에 대한 기본적인 이해를 제공한다.

1498	**to sum up**	**요컨대, 요약하자면**

To sum up, I agree that eating out can lead to eating too much fast food.
요약하자면, 나는 외식이 패스트푸드를 너무 많이 먹게 할 수 있음에 동의한다.

1499	**likewise** [láikwaiz]	ⓐ **마찬가지로, 비슷하게**

Thanks for your kind comments. **Likewise**, I hope you enjoy your vacation.
친절한 말 고마워. 나도 **마찬가지로** 네가 즐거운 방학을 보내길 바라.

1500	**otherwise** [ʌ́ðərwaiz]	ⓐ **그렇지 않(았)다면**

You'd better go now; **otherwise**, you may miss your train.
너 지금 가는 게 좋겠어. **그렇지 않으면** 기차를 놓칠지도 몰라.

The traffic was heavy along the highway. **Otherwise**, I would have been here on time.
고속 도로에 차가 많았어. **그렇지 않았다면** 나는 여기 제 시간에 왔을 거야.

Daily Check-up

빈칸에 알맞은 우리말 뜻 또는 영어 단어를 써넣어 워드맵을 완성하시오.

1 _____ among
2 _____ beneath
3 _____ ~을 제외하고, ~ 외에

4 _____ regarding
5 _____ within
6 _____ throughout

7 _____ whereas
8 _____ ~하는 동안; ~인 반면에
9 _____ 일단 ~하면; ~하자(마자)
10 _____ whether

전치사

접속사

전치사·접속사·연결어

11 h_____ 하지만, 그러나
12 _____ nevertheless
13 _____ in contrast
14 _____ on the contrary
15 _____ conversely
16 _____ on the other hand

21 m_____ 게다가, 더욱이
22 _____ furthermore
23 _____ in addition
24 _____ in other words
25 _____ that is (to say)
26 _____ for instance

연결어

17 t_____ 그러므로, 따라서
18 _____ consequently
19 _____ as a result
20 _____ accordingly

27 _____ in conclusion
28 _____ to sum up
29 _____ likewise
30 _____ otherwise

ANSWER KEY

PLAN 1 인체와 건강

Day 1 동작과 외모

1 frown **2** 재채기하다; 재채기 (소리) **3** sigh
4 삼키다 **5** 운동, 움직임, 동작 **6** gesture **7** 자세
8 신속한, 재빠른 **9** lean **10** 성큼성큼 걷다; 걸음
11 뛰다, 도약하다 **12** 껴안다; 받아들이다; 포옹
13 nod **14** burst **15** 머리 위에; 머리 위를 지나는
16 slip **17** 살금살금 가다, 몰래 가다 **18** 붙잡다,
움켜잡다 **19** 부러뜨리다; 부러지다 **20** twist
21 매다, 묶다, 고정하다 **22** 아주 멋진, 화려한,
굉장한 **23** 매력 있는, 매력적인 **24** figure
25 우아한, 품위 있는 **26** (e)legant **27** plain
28 날씬한, 호리호리한 **29** 과체중의, 비만의
30 의상, 복장

Day 2 신체와 건강

1 physical **2** fist **3** 무릎 **4** 턱 **5** beard
6 skull **7** 살, 피부; 고기; 과육 **8** 흉터, 상흔
9 정맥; 혈관; 잎맥 **10** organ **11** 간 **12** 허약한,
노쇠한 **13** 희미한; 어질어질한; 기절하다
14 exhausted **15** 피로, 피곤 **16** 땀을 흘리다,
땀이 나다 **17** tremble **18** 질식하다[시키다],
숨 막히(게 하)다 **19** swell **20** 알레르기의;
알레르기가 있는 **21** 긴장; 접질림; 혹사하다
22 nightmare **23** 심한 고통, 고뇌 **24** 극심한;
급성의; 예민한 **25** recovery **26** ease
27 활력, 생명력 **28** 인내력, 지구력
29 저항력이 있는 **30** 순환; 발행 부수

Day 3 의학과 질병

1 emergency **2** 수술; 운영; 작동; 작전
3 (s)urgery **4** 살균한; 불임의; 불모의
5 physician **6** 수의사 **7** (c)linical **8** disease
9 symptom **10** 진단하다 **11** 전염되는, 전염성의
12 전염병; 흑사병; 괴롭히다 **13** 유행병, 전염병;
유행성의 **14** 독감, 유행성 감기 **15** (d)eadly
16 만성적인, 장기간에 걸친 **17** cancer
18 뇌졸중, 중풍; 획, 한 번 그음 **19** disorder
20 장애 **21** 장애; 불리한 조건 **22** 치료, 요법
23 treat **24** medicine **25** 처방전, 처방약
26 tablet **27** 복용[투여]량; 투약하다
28 주사하다, 주입하다 **29** vaccine **30** 면역성의,
면역성이 있는

PLAN 2 가정과 사회생활

Day 4 가족과 양육

1 미혼 남자, 독신 남자 **2** engagement **3** 약혼자
4 bride **5** 기념일 **6** 결혼의, 결혼 생활의 **7** vow
8 배우자 **9** divorce **10** widow **11** (n)urture
12 가정 교육, 양육 **13** foster **14** adopt
15 고아 **16** pregnant **17** 보모, 유모 **18** infant
19 crawl **20** 기저귀 **21** 요람, 아기 침대; 발상지
22 아장아장 걷는 아이, 유아 **23** 탁아, 보육;
주간 보호 **24** spoil **25** 방치하다; 무시하다
26 형제자매 **27** 부모의 **28** ancestor
29 descendant **30** 상속받다; 물려받다

Day 5 성장과 인간관계

1 mature **2** development **3** 청소년;
청소년기[사춘기]의 **4** 청소년의; 어린애 같은;
청소년 **5** adulthood **6** 규율, 훈육; 학과;
징계하다; 훈육하다 **7** 야망, 야심, 포부 **8** decision
9 imitate **10** 얻다; 배우다, 습득하다 **11** adjust
12 친구, 동반자 **13** fellow **14** mate **15** 관계;
연결; 연줄, 인맥 **16** 친밀한 **17** 사교적인
18 bond **19** 아는 사람, 지인; 알고 있음
20 attachment **21** 칭찬하다, 높이 평가하다
22 owe **23** 속하다, 소속하다 **24** 축하하다
25 적대적인, 적대감을 갖는 **26** quarrel **27** 논쟁,
논란; 반박하다; 논쟁을 벌이다 **28** 결별, 파경; 분열,
해체 **29** 괴롭히는 사람; 괴롭히다 **30** trick

Day 6 교육

1 enroll **2** 수업료, 등록금; 수업, 교습
3 교육[교과] 과정 **4** 지침, 지표 **5** semester
6 기숙사 **7** graduation **8** 졸업장, 수료증,
학위 증서 **9** credit **10** merit **11** 학과, 부서
12 교수진, 교직원 **13** professor **14** principal
15 강사, 지도자 **16** 가정 교사; 개인 지도를 하다
17 freshman **18** 2학년생 **19** 대학생, 학부생;
학부의 **20** 해내다, 성취하다, 완수하다
21 improve **22** 숙제, 과제; 할당 **23** absent
24 중퇴자, 낙오자 **25** 졸업 앨범; 연감, 연보
26 gym **27** (s)ession **28** 평가 **29** reward
30 벌, 처벌

Day 7 사회생활과 직업

1 직업; 직종 **2** occupation **3** 임금, 급료
4 비어 있는, 공석의 **5** 유능한, 능력이 있는 **6** 자격,
자격증 **7** permanent **8** 임시의, 일시적인,
비정규의 **9** serve **10** labor **11** 노동조합; 연합,
동맹 **12** 위원회 **13** 협력하다, 협동하다 **14** 동료
15 promotion **16** 경영 간부, 임원; 임원의
17 (c)hairman **18** 믿을 수 있는
19 (h)ardworking **20** 헌신적인, 열성적인
21 모집하다, 뽑다 **22** (h)ire **23** 지원(서);
응용 프로그램 **24** contract **25** fire **26** (q)uit
27 은퇴하다, 퇴직하다 **28** 연금 **29** 언급; 참조;
신원 조회서, 추천서 **30** 이력서; 요약, 개요

Daily Check-up

PLAN 3 의식주와 문화

Day 8 식생활

1 바삭바삭한 **2** tender **3** 맛, 풍미; 조미료
4 기름기 많은, 지성의 **5** bitter **6** 역겨운,
구역질 나는 **7** 썩은, 부패한 **8** 요리; 요리법
9 요리법; 비결, 방안 **10** appetizer
11 (얇게 썬) 조각; 얇게 썰다 **12** 푹 담그다[잠기다];
흠뻑 적시다[젖다] **13** peel **14** 젓다, 섞다;
(마음을) 흔들다 **15** grind **16** 재료, 물질
17 bowl **18** 기구, 도구 **19** 양념, 조미료
20 grocery **21** organic **22** 예약 **23** order
24 식사를 하다, 만찬을 들다 **25** vegetarian
26 영양 **27** 단백질 **28** skip **29** 식욕, 욕구
30 starve

Day 9 가옥과 건축

1 architecture **2** 부동산 **3** 살다, 거주하다
4 거주자, 주민 **5** 방, 침실 **6** 천장; 상한, 최고 한도
7 기둥; 특별 기고; 세로 칸 **8** 기둥, 주석, 지주
9 복도, 통로 **10** 가구를 비치하다 **11** lawn
12 굴뚝 **13** 배수되다, 배출되다 **14** 하수관, 하수구
15 분수; 원천 **16** frame **17** surround
18 basement **19** 다락방 **20** (c)onstruct
21 건립하다, 세우다; 똑바로 세운 **22** 목재,
(목재용) 나무 **23** marble **24** (m)aintain
25 갈라진 금, 틈; 갈라지다 **26** 작은 집, 오두막집
27 움막, 오두막, 막사 **28** 창고 **29** 주거지;
피신(처); 숙소 **30** 초고층 건물, 마천루

Day 10 문화와 풍습

1 진정한, 진짜의 **2** 뚜렷한, 독특한, 구별되는
3 race **4** 민족의, 종족의 **5** 다양성 **6** 세계화
7 tribe **8** 고정 관념, 정형화된 생각 **9** urban
10 받아들임, 수용 **11** 차별하다; 구별하다
12 다르다 **13** 선입관, 편견 **14** conflict
15 보수적인 **16** immigrant **17** (t)raditional
18 관습, 풍습; 맞춤의 **19** convention **20** 제도,
관습; 기관, 협회 **21** belief **22** occasion
23 funeral **24** bury **25** grave **26** (문화)유산,
전통 **27** 인류학 **28** 유물 **29** 민속[전통] 문화
30 oral

Daily Check-up

PLAN 4 감정과 태도

Day 11 긍정적 감정

1 열의, 의욕 **2** 열망하는, 간절히 바라는
3 (p)assionate **4** 기꺼이 하는, 자발적인
5 예상하다, 기대하다 **6** 결심한, 단호한 **7** hopeful
8 (d)elighted **9** 즐거운, 기쁜 **10** 기뻐하는, 만족한
11 아주 흥분한, 들뜬, 설레는 **12** cheerful
13 즐거워하는, 재미있어하는 **14** (s)atisfied
15 content **16** 매료[매혹]된, 마음을 빼앗긴
17 아주 좋아하다, 흠모하다 **18** 애정이 담긴, 다정한
19 좋아하는, 애정이 담긴 **20** 감사하는, 고마워하는
21 (t)ouched **22** 아첨하는, 비위 맞추는
23 느긋한, 여유 있는 **24** comfortable
25 relieved **26** 안정된; 확보하다 **27** 걱정 없는,
속 편한 **28** 자신 있는; 확신하는 **29** certain
30 격려하다, 용기를 주다

Day 12 부정적 감정

1 (u)pset **2** (a)nnoyed **3** 짜증 나게 하다;
자극하다 **4** 불러일으키다, 자극하다 **5** 불안해하는;
정신적 장애가 있는 **6** 성난, 격분한; 격렬한 **7** 분노,
격정, 흥분 상태 **8** 암울한, 침울한 **9** 낙담한,
의기소침한; 침체된 **10** nervous **11** 의심스러운;
확신하지 못하는 **12** 비참한, 불쌍한
13 concerned **14** (a)nxious **15** 지루함, 따분함
16 고립된, 외딴, 단절된 **17** 무서워하는, 겁먹은
18 regretful **19** 부끄러워하는, 창피한 **20** 불명예,
치욕; 수치 **21** guilty **22** 절망, 자포자기
23 disappointed **24** 좌절감을 느끼는

25 (e)mbarrass　26 증오, 혐오　27 jealous
28 불쾌하게 하다　29 insult　30 혐오감, 역겨움

Day 13 감각과 분위기

1 sense　2 느낌; 반향, 선풍　3 instinct　4 상황, 환경, 처지　5 atmosphere　6 지각[감지, 인지]하다
7 자세히 조사하다; 대충 훑어보다　8 keen
9 명백한, 뚜렷한　10 명확한, 명료한　11 visual
12 응시하다; 응시, 시선　13 흘긋 봄; 흘긋 보다
14 잠깐 봄, 일견　15 (s)tare　16 (s)cent
17 향기; 향수　18 (좋지 못한) 냄새, 악취
19 아늑한, 포근한; 편안한　20 격의 없는, 편안한
21 fancy　22 festive　23 dynamic
24 이국적인, 외국의　25 romantic
26 이해하기 힘든; 신비한　27 awkward
28 비극적인; 비극의　29 urgent　30 협박하는, 위협적인; 험악한

Day 14 성격과 태도

1 character　2 성격, 인격, 개성　3 attitude
4 낙관적인, 낙천적인　5 (e)nergetic　6 활발한; 활기찬, 원기 왕성한　7 독립적인, 자립심이 강한
8 objective　9 조심스러운, 신중한　10 (d)ecent
11 (m)odest　12 겸손한; 미천한, 보잘것없는
13 진실한, 진심 어린　14 helpful　15 동정적인, 동조하는　16 배려하는, 보살피는　17 sensitive
18 selfish　19 탐욕스러운, 욕심 많은　20 mean
21 boast　22 오만한, 거만한　23 무례한, 실례되는
24 유치한, 어린애 같은　25 언짢은, 침울한; 기분 변화가 심한　26 (w)eird　27 성질, 성미; 참을성, 침착함　28 공격적인, 저돌적인
29 무관심한, 냉담한　30 비관적인

Daily Check-up

PLAN 5 언어와 정신 활동

Day 15 언어와 의사소통

1 언어의, 언어학의　2 communication　3 언어의; 말에 의한, 구두의　4 expression　5 신호; 신호를 보내다　6 symbol　7 term　8 tongue
9 방언, 사투리　10 fluent　11 일치하다; 교신하다
12 발언, 논평; 언급하다　13 발음하다; 선언하다
14 말하다; 명시하다; 상태; 주; 국가　15 deliver
16 담화, 담론, 토론　17 해석[이해]하다; 통역하다

18 이해하다, 파악하다　19 의미; 중요성
20 강조하다, 역설하다　21 납득시키다, 확신시키다
22 장담하다　23 재촉[촉구]하다; 욕구, 충동
24 bet　25 claim　26 rumor　27 오해; 이견
28 의미 없는 말; 말도 안 되는 소리; 허튼수작
29 complain　30 일축하다; 해임하다

Day 16 대중 매체와 통신

1 매체; 수단; 중간의　2 journalism　3 press
4 report　5 드러내다, 밝히다, 폭로하다
6 effective　7 알리다, 홍보하다　8 attention
9 보도; 보상; 서비스 구역　10 (c)omment
11 (o)pinion　12 영향(력); 영향을 주다　13 반응, 의견, 평가　14 검열　15 방송하다; 방송
16 전송하다; 전달하다　17 channel　18 상업적인; 광고 방송　19 advertise　20 발표하다; 알리다
21 documentary　22 magazine　23 구독하다, 가입하다　24 (c)artoon　25 정기 기고가, 칼럼니스트　26 특파원, 통신원　27 사설; 편집의
28 social media　29 banner　30 둘러보다, 검색하다

Day 17 심리학

1 심리학, 심리 작용　2 mental　3 비정상적인
4 (b)ehavior　5 conduct　6 dependent
7 망설이는, 주저하는　8 혼동하다; 당황하게 하다
9 쇠약, 붕괴; 고장　10 동기 부여, 자극　11 desire
12 겪다, 치르다, 경험하다　13 정신적 충격; 외상
14 abuse　15 (a)ware　16 의식; 인식, 지각
17 억압, 억누름　18 잠재적인; 잠재력
19 condition　20 sign　21 관찰; 감시
22 감지하다, 발견하다　23 clue　24 통찰; 통찰력
25 분석　26 prediction　27 자극제, 자극이 되는 것　28 therapy　29 상담, 조언
30 random

Day 18 철학과 사고

1 철학　2 (t)hought　3 (c)oncept　4 상상하다; 아이를 갖다　5 logic　6 reason　7 합리적인, 이치에 맞는　8 믿을 만한, 신뢰할 수 있는
9 구체적인, 사실에 근거한　10 지능의, 지적인
11 똑똑한, 지능이 높은　12 (c)riticize
13 의도적인; 신중한　14 과장하다　15 excuse
16 왜곡하다; 일그러뜨리다　17 간과하다; 내려다보다　18 무지, 무식　19 impression
20 추상적인, 관념적인　21 보편적인, 일반적인

22 생각[추측]하다; 가정하다   **23** 생각[추정]하다;
맡다; 띠다   **24** 추론하다, 추측하다   **25** judge
26 conclude   **27** 평가하다   **28** (r)egard
29 분류하다   **30** 분명한; 나타내다

25 생물 다양성   **26** 생물 연료, 바이오 연료
27 친환경적인, 환경친화적인   **28** 생태학의, 생태계의
29 생태계   **30** restore

PLAN 6 자연과 환경

Day 19 동물

1 짐승, 야수   **2** prey   **3** 포식자, 포식 동물; 약탈자
4 species   **5** mamma   **6** 파충류   **7** 양서류
8 기생충, 기생 동물[식물]   **9** 애벌레   **10** domestic
11 길들여진; 기르다, 길들이다   **12** 온혈의   **13** fur
14 새털, 깃털   **15** horn   **16** leather   **17** shell
18 발톱, 집게발   **19** (발톱이 있는 동물의) 발
20 pouch   **21** 이주, 이동   **22** 무리, 떼; 모이다,
무리를 짓다   **23** herd   **24** 영토; 영역, 세력권
25 aquarium   **26** 야행성의   **27** 서식지
28 알을 낳다, 산란하다; 낳다, 일으키다   **29** sting
30 독이 있는, 독성의

Day 20 식물

1 plant   **2** 식물, 초목   **3** seed   **4** 싹, 눈, 꽃봉오리
5 곡물, 낟알; 알갱이   **6** root   **7** bulb   **8** stem
9 trunk   **10** branch   **11** 잔가지   **12** bark
13 틔우다, 돋아나게 하다; 싹트다, 돋아나다; 생겨나다
14 꽃; 꽃을 피우다   **15** 꽃잎   **16** 가시   **17** 광합성
18 (꽃이) 피다; 꽃   **19** 번식하다; 복사[복제]하다
20 꿀; 과즙, 달콤한 음료   **21** 꽃가루, 화분   **22** 덤불,
관목   **23** 관목   **24** 잡종; 혼성체, 혼합물
25 mushroom   **26** 진균류, 곰팡이류; 버섯
27 moss   **28** 선인장   **29** weed   **30** herb

Day 21 자원과 환경 보존

1 풍부한   **2** resource   **3** 석탄   **4** 석유   **5** raw
6 mineral   **7** pollution   **8** 오염시키다, 더럽히다
9 배출, 방출; 배출 물질, 배기가스   **10** 삼림 벌채,
산림 개간   **11** garbage   **12** 쓰레기 매립지[활동]
하지 않는   **13** 붕괴시키다, 분열시키다   **14** 취약한,
공격받기 쉬운   **15** nuclear   **16** 멸종된,
더 이상 존재   **17** endangered   **18** 파괴, 파멸
19 위협, 협박   **20** 재생 가능한, 회복할 수 있는
21 지속 가능한, 유지할 수 있는   **22** alternative
23 보존, 보호   **24** 보존[보호]하다; 유지하다, 지키다

Day 22 기후와 재해

1 climate   **2** disaster   **3** 습한, 눅눅한   **4** mild
5 온화한; 적당한   **6** harsh   **7** 만연하다, 지배하다;
승리하다, 이기다   **8** forecast   **9** 가능성이 있는,
일어날 듯한   **10** shower   **11** temperature
12 번개   **13** 우박; 부르다, 소리치다   **14** breeze
15 frost   **16** 증기   **17** 눈에 보이는, 볼 수 있는
18 rainfall   **19** thermometer   **21** 뇌우
21 hurricane   **22** 계절풍; 우기, 장마철
23 drought   **24** earthquake   **25** volcano
26 산사태; 압도적 승리   **27** 붕괴되다, 무너지다;
쓰러지다; 붕괴   **28** 광범위한, 널리 퍼진
29 warning   **30** 활성화하다, 작동시키다

PLAN 7 과학

Day 23 과학 일반

1 성분, 부품; 구성하는   **2** element   **3** atom
4 분자   **5** 입자, 미립자; 극소량   **6** (f)luid
7 액체의; 액체, 유동체   **8** solid   **9** 팽창하다;
성장하다   **10** 실험; 실험하다   **11** theory
12 observe   **13** 가설, 전제   **14** 실험실, 연구실
15 research   **16** 공식, 화학식; 방식   **17** 색인;
지표, 지수   **18** principle   **19** 확실한, 명확한
20 survey   **21** 계산   **22** measure   **23** 정확한
24 (e)xact   **25** 완전한; 명확한; 절대의
26 average   **27** proportion   **28** 밀도, 농도;
빽빽한 정도   **29** 진공; 공백   **30** weigh

Day 24 수학·물리학·화학

1 수학   **2** physics   **3** 화학; 화합, 공감대
4 수직의, 세로의   **5** 평행하는, 나란한; 유사한
6 방정식   **7** 지름, 직경   **8** angle   **9** 자석의, 자기의
10 charge   **11** current   **12** 일정한; 끊임없는
13 mass   **14** matter   **15** 상대성   **16** spectrum
17 volume   **18** gravity   **19** 진동, 떨림   **20** 회로,
배선; 순회   **21** 팽팽함, 긴장(감); 장력   **22** 자외선(의)
23 혼합하다; 화합물; 혼합물   **24** 물질; 내용, 실체
25 core   **26** 결정, 결정체; 수정   **27** filter

PLAN 9 예술

Day 31 문학

1 literature　2 문학의, 문학적인, 문예의　3 genre
4 고전적인, 고전의; 전형[모범]적인　5 소설; 허구,
꾸며낸 이야기　6 novel　7 시, 시가　8 운문
9 산문　10 legend　11 신화; 통념　12 이야기,
서술; 이야기체의　13 mystery　14 우화,
교훈적 이야기　15 서정시(의), 서정적인; 노래 가사
16 heroine　17 plot　18 유사성, 비슷함; 유추,
비유　19 일화　20 최고조, 절정, 클라이맥스
21 운, 각운　22 묘사, 설명　23 구성, 구조; 작품;
작문　24 상상력이 풍부한, 창의적인　25 (a)uthor
26 publish　27 translation　28 비평, 평론, 비판
29 감상하다, 진가를 알아보다; 고마워하다
30 비교의, 상대적인

Day 32 음악과 미술

1 artistic　2 talent　3 걸작, 명작, 대표작
4 composer　5 instrument　6 string
7 orchestra　8 교향곡　9 score　10 목소리의;
소리 높여 항의하는　11 chorus　12 투구; 음조;
정점, 최고조; 던지다　13 tune　14 note
15 묘사하다, 그리다, 표현하다　16 설명[예증]하다;
삽화를 넣다　17 그리다, 묘사하다　18 풍경, 경치;
풍경화, 풍경 사진　19 perspective
20 background　21 생생한, 상세한; 시각 예술의
22 shade　23 캔버스 (천); 화포; 유화
24 sculpture　25 상, 조각상　26 조각하다; 새기다,
파다　27 clay　28 서예　29 gallery
30 exhibition

Day 33 연극과 영화

1 theme　2 script　3 scene　4 특징;
～을 주연[특징]으로 하다　5 director　6 위기, 고비,
결정적 단계　7 사건, 일화; 방송 1회분
8 흥미를 끌다, 호기심을 자극하다; 모의, 음모
9 base　10 아주 멋진, 훌륭한　11 original
12 데뷔, 첫 출연; 데뷔하다, 첫 무대에 서다
13 이야기하는 사람, 화자　14 (r)ole　15 출연진;
깁스; 캐스팅하다; 던지다　16 appear　17 희극,
코미디; 희극적 사건　18 tragedy　19 stage
20 무언극; 몸짓으로 표현하다　21 (제작) 스튜디오;
영화사　22 effect　23 순서, 차례; 연속; 장면
24 shooting　25 후보로 지명하다　26 연예인;

유명인사　27 영화 음악, 사운드트랙　28 animation
29 horror　30 풀어주다; 개봉하다; 개봉(작)

PLAN 10 여가 활동

Day 34 스포츠

1 토너먼트, 선수권 대회　2 league
3 competition　4 해마다의, 연례의
5 international　6 경기장, 스타디움　7 경기장;
활동 무대　8 entry　9 amateur　10 극도의,
극단적인; 과격한　11 방어, 수비　12 전략, 계획
13 match　14 경쟁 (관계)　15 이기다; 패배
16 tie　17 힘든, 어려운; 강인한; 엄격한
18 강력한; 사나운, 험악한　19 violent　20 부상
21 penalty　22 호루라기 소리; 호루라기를 불다
23 복수, 보복, 설욕　24 박수갈채　25 athlete
26 coach　27 captain　28 상대, 적수; 반대자
29 심판　30 관중, 구경꾼

Day 35 여행과 관광

1 준비하다, 마련하다　2 cancel　3 search
4 이용 가능한; 시간이 있는　5 목적지, 도착지
6 여행 일정, 여정　7 backpack　8 여행, 행로
9 항해; 항해하다　10 (a)broad　11 해외에, 해외로;
해외(로부터)의　12 passport
13 탑승[승차, 승선]하여　14 통로　15 시차 부적응
16 왕복의, 왕복 여행의　17 (b)aggage　18 세관;
관세　19 임대(료); 대여(료)　20 숙소, 숙박 시설
21 숙박 수속; 탑승 수속 (장소)　22 resort
23 local　24 밤사이에; 하룻밤의　25 관광, 유람
26 돌아다니다; 산만해지다　27 유람 여행, 소풍
28 attraction　29 기념품　30 접하다, 마주치다;
접촉, 조우

Day 36 오락과 취미

1 여가 활동, 휴양, 레크리에이션　2 오락, 취미,
기분 전환　3 오락, 즐거움; 연예　4 leisure
5 정원 가꾸기, 원예　6 outdoor　7 knit　8 무술,
무도　9 collection　10 골동품; 고풍스러운
11 짜다, 엮다　12 sew　13 도박, 내기
14 규칙적으로, 정기적으로　15 추구; 활동, 소일거리
16 master　17 spare　18 모험　19 interest
20 열정, 열의　21 기쁨, 즐거움　22 즐거운, 유쾌한

23 편안함; 위로, 위안; 위로하다 **24** balance
25 즐거움, 재미 **26** 상쾌하게 하다, 맑게 하다
27 긴장 완화, 이완, 휴식 **28** fitness
29 풍부하게 하다, 질을 높이다 **30** (b)roaden

Day 37 봉사와 기부

1 charity **2** foundation **3** 조직, 단체, 기구
4 비영리의, 비영리적인 **5** 수익금, 수입 **6** fund
7 volunteer **8** 자발적인; 자원봉사의
9 participate **10** generous **11** 기여, 공헌;
기부금 **12** (d)onation **13** 익명의 **14** steady
15 후원하다; 후원자 **16** 제의하다, 제공하다; 제의
17 도움, 원조, 지원 **18** 도움, 원조; 돕다 **19** relief
20 사려 깊은, 배려하는 **21** thoughtful
22 이타적인, 사심 없는 **23** cause **24** 숭고한,
고귀한; 귀족의 **25** 선의, 호의; 친선 **26** 공감,
감정 이입 **27** 인도(주의)적인, 인간애의 **28** pride
29 worth **30** 영향, 충격

산꼭대기; 정상 회담 **20** 협곡 **21** 산등성이, 능선
22 cliff **23** 폭포 **24** valley **25** rainforest
26 늪, 습지 **27** 척박한, 황량한; 불임의 **28** 황폐한,
적막한; 쓸쓸한 **29** desert **30** 지평선, 수평선;
시야

Day 40 교통과 운송

1 수송하다; 수송 **2** 운송, 운반; (대중)교통 **3** 수단,
방법 **4** vehicle **5** 연락선, 여객선, 나룻배
6 짐마차; 화물 열차 **7** motorcycle **8** tram
9 tube **10** express **11** fare **12** passenger
13 옮기다; 갈아타다; 이동; 환승 **14** 철로, 철길
15 고속 도로, 주요 간선 도로 **16** 경로, 노선
17 platform **18** terminal **19** 운하, 수로
20 길을 안내하다, 항로를 찾다 **21** 거리 **22** 보행자
23 포장도로; 인도, 보도 **24** commute **25** 장소,
위치; 현지 촬영지 **26** delivery **27** ship
28 그릇, 용기; 컨테이너 **29** 보험 **30** (b)ound

~~~
Daily Check-up
~~~

PLAN 11 역사와 지리

Day 38 문명과 역사

1 역사적으로 중요한, 역사적인 **2** historian
3 고고학 **4** 시대 **5** 원시의, 미개의; 원시적인
6 ancient **7** 중세의 **8** 르네상스, 문예 부흥; 부흥
9 현대의; 동시대의 **10** ~에 앞서다[선행하다]
11 연대기 **12** division **13** 요점, 개요; 윤곽(선);
개요를 서술하다; 윤곽을 그리다 **14** civilization
15 왕조 **16** 계승자, 후계자; 상속인 **17** dawn
18 고도로 발달한, 진보된 **19** 진보, 발전; 나아가다
20 서서히 사라지다, 희미해지다 **21** 유적, 유해
22 유산; 상속 **23** 기념비; 유적 **24** 일, 사건
25 탐험 (조사); 탐험대 **26** colony **27** 정착, 이민;
정착지, 촌락 **28** 유목민; 방랑자, 유랑자
29 노예 제도; 노예 신분 **30** native

Day 39 지리

1 지리, 지리학; 지형 **2** 형성 (과정); 형태, 형성물
3 적도 **4** 반구 **5** 위도 **6** 경도 **7** pole
8 Pacific/pacific **9** 열대의, 열대 지방의
10 국경(선), 경계; 가장자리 **11** 지역, 지방
12 iceberg **13** 빙하 **14** 만; 구역 **15** 만; 격차
16 해안, 해변 **17** slope **18** peak **19** 정상,

PLAN 12 법과 사회

Day 41 법률과 범죄

1 lawyer **2** legal **3** 시행[집행]하다; 강요하다
4 신분; 지위 **5** valid **6** 특허, 특허권 **7** 저작권,
판권 **8** 불법의, 비합법적인 **9** suspect
10 criminal **11** murder **12** 강탈하다, 빼앗다
13 절도, 도둑질 **14** arrest **15** 정당화하다
16 고소하다, 소송을 제기하다 **17** accuse
18 court **19** 재판, 공판; 실험, 시험; 체험
20 case **21** 사법의, 재판상의 **22** 증거, 증언
23 배심원단 **24** justice **25** 목격자; 증인;
목격하다 **26** 호소(하다); 항소(하다); 호소력;
어필하다 **27** 문장; 선고, 형벌; 선고하다 **28** fine
29 신념, 확신; 유죄 판결 **30** 결백한, 무고한; 순진한

Day 42 도덕과 윤리

1 moral **2** 윤리적인 **3** 양심 **4** 존엄(성), 위엄
5 고무하다; 불어넣다 **6** 희생; 희생하다[시키다]
7 commitment **8** 주장하다; 계속되다 **9** virtue
10 동정심, 불쌍히 여김 **11** 소중히 하다 **12** 의도,
의향 **13** 지원하다; 부양하다; 지지; 부양
14 궁극적인, 최종의 **15** 가치; 가치 있게 여기다
16 가치 있는, 보람 있는 **17** 책임; 의무 **18** 규범,

기준; 평균 **19** duty **20** 복종하다, 따르다
21 strict **22** 타협; 타협하다; 굽히다 **23** 순진한,
때 묻지 않은 **24** 경향, 추세; 버릇, 성향
25 dilemma **26** 판단(력); 재판, 판결 **27** critical
28 관대한; 잘 견디는 **29** 상급의, 우월한
30 현명한, 분별 있는

Day 43 종교

1 religious **2** 의식, 행사 **3** (r)itual **4** 서비스,
사업; 예배, 예식 **5** 예배; 숭배; 숭배하다
6 설교[전도]하다; 훈계하다 **7** 경전; 성경, 성서
8 명상, 묵상 **9** 기념[경축]하다; 널리 알리다
10 temple **11** (h)oly **12** 신의, 신성한
13 성스러운, 신성시되는 **14** 성인(聖人) **15** icon
16 (p)riest **17** 수녀 **18** 교황 **19** monk
20 기도, 기도문 **21** (s)in **22** 추종, 숭배; 종교 집단
23 배타적인; 양립할 수 없는 **24** 미신
25 (s)piritual **26** (f)aith **27** 자백하다;
고백[고해]하다 **28** (d)estiny **29** 운명, 숙명
30 convert

Day 44 사회적 이슈

1 (o)ccur **2** 생기다, 발생하다 **3** 접근(법);
~에 접근하다 **4** (a)ttempt **5** 기초, 근거, 바탕
6 측면, 일면, 관점 **7** 의견의 일치, 합의 **8** 논쟁의,
논란의 여지가 있는 **9** right **10** civil **11** 성, 성별
12 가난, 빈곤, 결핍 **13** minority **14** 이주해 오다
15 피난민, 난민 **16** 다문화의 **17** 융통성 있는,
유연한 **18** 속도 **19** 없애다, 제거하다
20 인공 지능 **21** privacy **22** suicide **23** 중독
24 (s)afety **25** abandon **26** 세대; 생성, 발전
27 나이 많은; 상급의 **28** population
29 death penalty **30** 낙태, 임신 중절

Day 45 정치와 외교

1 political **2** 이데올로기, 이념 **3** 민주주의;
민주 국가 **4** 공화국 **5** government **6** 연방의,
연방제의 **7** 의회, 국회 **8** 의회; 회의, 협회 **9** 헌법;
구성, 구조 **10** authority **11** 정치인, 정치가
12 scandal **13** 사임하다, 물러나다 **14** 부패한;
부패하게 만들다 **15** 시장 **16** debate

17 관련[참여]시키다; 수반하다 **18** 조종하다,
조작하다 **19** 폭동, 소요 **20** election
21 campaign **22** 후보자, 지원자 **23** vote
24 외교관 **25** 협상, 교섭 **26** 개입하다 **27** ally
28 대사, 사절, 특사 **29** 대사관 **30** neutral

Day 46 전쟁과 군사

1 military **2** army **3** 해군 **4** 병력, 부대
5 warrior **6** 참전 용사, 퇴역 군인; 베테랑 **7** 계급,
지위; 계급을 갖다 **8** weapon **9** 총알, 탄알
10 trigger **11** (b)attle **12** 전투, 격투;
~에 맞서 싸우다 **13** 발발, 발생 **14** 적, 적군, 원수
15 mission **16** 반란군; 반역[반항]하다
17 invade **18** 정복하다 **19** 공격; 급습하다;
폭행(하다) **20** ~와 맞서다[직면하다] **21** betray
22 완전히 파괴하다; 엄청난 충격을 주다 **23** 순찰(대),
정찰(대); 순찰하다 **24** (e)scape **25** 도망치다,
달아나다 **26** 항복하다; 넘겨주다; 항복; 양도
27 retreat **28** 붙잡다, 사로잡다; 포획 **29** 부상,
상처; 다치게 하다 **30** rescue

Day 47 경제 일반

1 economic **2** 총계의, 전반적인 **3** stock market
4 통화의, 화폐의 **5** 재정, 재무; 자금을 조달하다
6 invest **7** tax **8** 호황; 대유행 **9** 통화 팽창,
인플레이션 **10** depression **11** demand
12 supply **13** 다양하다, 다르다; 달라지다
14 상품, 일용품; 원자재 **15** trade **16** 통화, 화폐
17 exchange **18** employment **19** 기업; 사업;
진취성 **20** 모험; 벤처 사업; 모험하다 **21** income
22 예산, 경비 **23** 최소[최저]의; 최소(한도)
24 통계, 통계학 **25** quarter **26** rate **27** 비율,
비(比) **28** 대략의; ~에 근접하다 **29** 보여주다,
나타내다 **30** gap

Day 48 경제생활

1 consumer **2** bill **3** 비싸지 않은; 분별 있는
4 싸게 파는 물건; 합의; 흥정(하다) **5** 절약하는,
알뜰한 **6** 요인, 요소 **7** receipt **8** 소매; 소매의
9 불매 운동(을 하다) **10** 사치스러운, 호화로운
11 주된, 주요한, 첫째의 **12** profit **13** 번창하다;
잘 지내다[자라다] **14** saving(s) **15** account
16 afford **17** 자산, 재산; 가치 있는 존재
18 withdraw **19** fortune **20** 보증금; 예금(하다)
퇴적시키다 **21** 축적하다, 모으다 **22** 재산, 소유물;
성질, 특성 **23** 적당한, 충분한; 어울리는 **24** 초기의,

시작의; 머리글자 **25** 경매; 경매로 팔다 **26** 대출, 융자; 빌려주다 **27** (d)ebt **28** 파산한; 파산시키다 **29** 무일푼의, 빈털터리의 **30** strike

PLAN 14 필수 어휘

Day 49 부사

1 현재, 지금 **2** then **3** suddenly **4** 즉시, 바로, 곧바로 **5** 결국, 궁극적으로 **6** yet **7** originally **8** 빈번히, 자주 **9** 드물게, 좀처럼 ~않는 **10** 때때로, 이따금 **11** 분명히, 명백히 **12** 확실히; 물론 **13** 겉보기에; 보아하니 **14** 겉보기에; 보아하니 **15** 주로, 대개 **16** (n)early **17** 대략, 거의 **18** 아마도, 어쩌면 **19** 어느 정도, 약간 **20** rather **21** 정말로, 실로 **22** 대단히, 몹시 **23** 단지, 그저 **24** 특히, 특별히, 각별히 **25** (e)specially **26** 점점, 더욱더 **27** 급격히, 극적으로 **28** still **29** closely **30** 전반적으로, 전체적으로

Day 50 전치사 · 접속사 · 연결어

1 ~ 사이에서; ~ 중에서 **2** ~ 바로 밑에, ~ 아래에 **3** except (for) **4** ~에 관하여, ~에 대해 **5** ~의 범위 안에; ~ 이내에 **6** ~ 동안 내내; ~의 전체에 **7** ~인 반면에 **8** while **9** once **10** ~인지; ~이든 **11** (h)owever **12** 그럼에도, 그렇기는 하지만 **13** 대조적으로, 반면에 **14** 그 반대로, 오히려 **15** 정반대로, 역으로 **16** 반면에, 다른 한편으로 **17** (t)herefore **18** 그 결과, 결과적으로 **19** 그 결과, 결과적으로 **20** 그에 따라, 그에 맞춰 **21** (m)oreover **22** 뿐만 아니라, 더 나아가 **23** 덧붙여, 게다가 **24** 다시 말해서, 즉 **25** 즉, 다시 말해 **26** 예를 들어 **27** 결론적으로 **28** 요컨대, 요약하자면 **29** 마찬가지로, 비슷하게 **30** 그렇지 않(았)다면

Index

goodwill	250	hook	195	index	158
gorgeous	15	hopeful	79	indicate	316
government	300	horizon	264	indifferent	100
grab	15	horn	132	industry	182
graceful	16	horror	224	infant	35
graduation	45	hospitable	204	infectious	25
grain	136	hostile	42	infer	125
graphic	217	however	334	inflation	313
grateful	81	humanitarian	250	influence	112
grave	74	humble	98	influenza	26
gravity	165	humid	148	informal	93
graze	192	hurricane	151	inherit	36
greasy	58	hut	68	initial	321
greedy	99	hybrid	140	inject	28
grind	60	hypothesis	158	injury	231
grocery	61			innocent	278
gross	312			innovation	182
guideline	44			input	175
guilty	87			insight	120
gulf	262			inspire	280
gym	48	iceberg	262	install	174
		icon	288	instant	184
		ideology	300	instinct	90
		ignorance	125	institution	73
		illegal	275	instructor	46
habitat	134	illustrate	216	instrument	214
hail	150	imaginative	212	insult	88
handicap	27	imitate	39	insurance	270
hardworking	53	immediately	326	integrate	183
harsh	149	immigrant	72	intellectual	123
harvest	189	immigrate	294	intelligent	123
hatred	88	immune	28	intensive	190
heir	256	impact	250	intention	281
helpful	98	impolite	99	interest	243
hemisphere	260	impression	125	international	228
herb	140	improve	47	interpret	106
herd	133	in addition	335	interrupt	177
heritage	74	in conclusion	336	intervene	304
heroine	210	in contrast	334	intimate	40
hesitant	117	in other words	336	intrigue	221
highway	268	incident	257	invade	308
hire	53	income	315	invest	313
historian	254	increasingly	330	involve	302
historic	254	incredible	183	irrigate	188
holy	287	indeed	329	irritate	84
		independent	97		

H

I

mostly	328			overlook	124
motion	12			overnight	237
motivation	117	obey	283	overseas	235
motorcycle	267	objective	97	overweight	16
multicultural	294	observation	119	owe	41
murder	275	observe	158		
mushroom	140	obvious	91		
mysterious	94	obviously	327		
mystery	210	occasion	73		
myth	209	occasionally	327	pace	294
		occupation	50	Pacific, pacific	261
		occur	292	parallel	162
		ocean	194	parasite	132
		odor	92	parental	36
		offend	88	parliament	301
naïve	283	offer	248	participate	247
nanny	34	offshore	194	particle	156
narrative	210	on the contrary	334	particularly	329
narrator	222	on the other hand	334	passenger	268
native	258	once	333	passion	243
navigate	269	operate	175	passionate	78
navy	306	operation	24	passport	236
nearly	328	opinion	111	pastime	240
nectar	139	opponent	232	patent	274
neglect	36	optimistic	96	patrol	309
negotiation	304	oral	74	pavement	269
nervous	85	orbit	170	paw	133
network	178	orchard	190	peak	263
neutral	304	orchestra	215	peasant	189
nevertheless	334	order	61	pedestrian	269
nightmare	21	ore	198	peel	60
noble	249	organ	19	penalty	231
nocturnal	134	organic	61	pension	54
nod	14	organization	246	perceive	91
nomad	258	original	221	performance	186
nominate	224	originally	327	perhaps	328
nonprofit	246	orphan	34	permanent	51
nonsense	108	otherwise	336	persist	281
norm	282	outbreak	308	personality	96
note	216	outdoor	241	perspective	217
novel	209	outline	256	perspire	20
nuclear	144	output	175	pessimistic	100
nun	288	overall	330	pesticide	189
nurture	33	overfishing	195	petal	138
nutrition	62	overhead	14	petroleum	142

N

O

P